Horizontes gramaticales

GRACIELA ASCARRUNZ DE GILMAN
MARIAN ZWERLING SUGANO

University of California, Berkeley

HARPER & ROW, PUBLISHERS, New York
Cambridge, Philadelphia, San Francisco
London, Mexico City, São Paulo, Sydney

1817

Sponsoring editor: Alan McClare
Development editor: Marian Wassner
Project editor: Brigitte Pelner
Designer: Gayle Jaeger
Production manager: Marion A. Palen
Photo researcher: June Lundborg
Compositor: TriStar Graphics
Printer and binder: The Murray Printing Company

Cover photo: Río Chapalagana, México. Karl Muller, Woodfin Camp & Associates

HORIZONTES GRAMATICALES

Library of Congress Cataloging in Publication Data

Gilman, Graciela Ascarrunz de
  Horizontes gramaticales.

  Includes index.
  1. Spanish language—Grammar—1950–   . 2. Spanish
language—Textbooks for foreign speakers—English.
I. Sugano, Marian Zwerling, 1951–   . II. Title.
PC4112.A83   1984   468.2'421   83–17165
ISBN 0–06–042314–5

Acknowledgments

Page 61: "El juguete pedagógico" from Cambio 16, #504, págs. 73–74.

Page 72: "Los misteriosos OVNIs" from Documentos de Siete Días.

Page 94: "Mayordomo automático" from Cambio 16, #345 (Vivir hoy).

Page 94: "Tendrán que barrer el espacio para evitar choques de naves" from © 1972 Vanidades Continental.

Page 102: "Gasolina a crédito" (Art Buchwald) from Los domingos de ABC, 2 sept. 1979.

Page 126: "Reservaciones para un viaje a Málaga" from Cambio 16, #346, 23 julio 1978 (Consuelo del televidente, Aeropuerto 78).

Page 142: "La fábula de la golondrina y las ranas" from Fábulas, 1974, Colección Nuevos Horizontes. Every effort has been made to locate the copyright holder of this selection. A suitable fee for this use has been reserved by the publisher.

Page 176: "Vivienda para las mayorías" from Revista del consumidor, #41, julio 1980. Every effort has been made to locate the copyright holder of this selection. A suitable fee for this use has been reserved by the publisher.

Page 222: "Que su niño goce del ambiente" from © 1978 Vanidades Continental.

Page 226: "Pierda peso y goce de buena salud" from Buenhogar Magazine ("Seis consejos para perder peso"), published by Editorial América, S.A. © 1978 The Hearst Corporation.

Page 228: "Vivamos rodeados de plantas" from © 1980 Vanidades Continental ("Viva rodeada de plantas").

Page 229: "¡Que no se te olvide nada!" from Buenhogar Magazine, published by Editorial América, S.A., © 1978 The Hearst Corporation.

Page 240: "Reservaciones en los hoteles" from Revista del consumidor, #41, julio 1980 ("Recomendaciones").

Page 250: "La prensa electrónica: ¿Desaparecerán los periódicos?" from Cambio 16, #504, págs. 73–74.

Page 270: Mafalda, by Joaquín S. Lavado, QUINO, Buenos Aires, Argentina.

Page 270: Económicos (Anuncios por palabra) from Presencia, 6 febr. 1982.

Page 270: Newspaper article (Los comentarios nacionales) from El País, 2 junio 1981.

Page 271: Sociales (La crónica de la sociedad) from Presencia, 6 febr. 1982.

PHOTO CREDITS

Page 12: Paul S. Conklin, Monkmeyer Press Photo Service / *p. 22:* John Launois, Black Star / *pp. 24, 40, 45, 54:* © Beryl Goldberg 1983 / *p. 66:* Carl Frank, Photo Researchers / *p. 73:* © Robert Rattner 1983 / *p. 81:* H. W. Silvester, Rapho, Photo Researchers / *p. 90:* Sybil Shelton, Peter Arnold / *p. 100:* Tom Hollyman, Photo Researchers / *p. 107:* Bernard Pierre Wolfe, Photo Researchers / *p. 118:* J. H. A. Kleijn, Taurus Photos / *p. 122:* Hugh Rogers, Monkmeyer Press Photo Service / *p. 132:* Carl Frank, Photo Researchers / *p. 137:* Alfredo Linares, Monkmeyer Press Photo Service / *p. 153:* Arthur Glauberman, Photo Researchers / *p. 164:* Claudio Edinger, Kay Reese & Associates / *p. 185:* Andrew Rakoczy, Editorial Photocolor Archives / *p. 189:* Wilhelm Braga, Photo Researchers / *p. 192:* Arthur Tress, Photo Researchers / *p. 199:* Emil Schulthess, Black Star / *p. 210:* Hirshhorn Museum & Sculpture Garden, Smithsonian Institution; Scala, Editorial Photocolor Archives / *p. 215:* George Holton, Photo Researchers / *p. 220:* © Beryl Goldberg 1983 / *p. 230:* David S. Strickler, Monkmeyer Press Photo Service / *p. 232:* Claudio Edinger, Kay Reese & Associates / *p. 244:* © Beryl Goldberg 1983 / *p. 255:* Robert Rapelye, Editorial Photocolor Archives / *p. 260:* Laimute Druskis, Editorial Photocolor Archives / *p. 267:* Andrew Sacks, Editorial Photocolor Archives / *p. 274:* Hugh Rogers, Monkmeyer Press Photo Service / *p. 284:* Scott Newton, Picture Group / *p. 289:* Michal Heron, Woodfin Camp & Associates / *p. 293:* Editorial Photo Color Archives / *p. 297:* Jim Anderson, Woodfin Camp & Associates

Para Bob y Bobby.
Gracias

Contenido

Preface

Horizontes is a fully coordinated program designed to bridge the gap between elementary and advanced Spanish at the college level. It consists of a grammar text *(Horizontes gramaticales)*, a reader *(Horizontes culturales y literarios)*, a workbook-laboratory manual and a coordinated series of cassette tapes. The program provides a complete review of first-year studies as well as appropriate new materials to meet the needs and stimulate the interests of continuing students.

As its title suggests, *Horizontes gramaticales* gives students a broader grasp of the concepts of Spanish through a unique, contextual presentation of grammatical material. Each of the ten lessons features a cultural theme that is the vehicle for presenting grammar and vocabulary. New structures are introduced by lively reading selections that expand the theme and exemplify the grammatical points being discussed. Thus the text is really much more than a grammar review: each lesson explores a cultural context and provides exercises for conversation and composition in addition to a comprehensive review of the structures of the Spanish language.

Another unique feature of *Horizontes gramaticales* is the use of charts to explain grammar. Wherever possible, grammatical discussion is streamlined and highlighted in a clear tabular format. These charts clarify explanations and provide quick reference. Their visual rather than verbal character makes grammatical principles easy to understand and remember.

Horizontes gramaticales is written entirely in Spanish, except for those occasions where we found English necessary for complete and efficient explanation of grammar or vocabulary. We feel that an all-Spanish text complemented by a classroom where Spanish is spoken encourages students to think in Spanish and to free themselves from their dependence on English. Even students who have previously used texts written in English will not be at a disadvantage, because learning Spanish grammar is facilitated through the visual nature of the grammatical explanations.

Emphasis on grammar and the development of reading and writing skills is balanced throughout the text by attention to the spoken language and expansion of conversational skills. We feel that equal attention to all four language skills is as important at the intermediate level as in the first year of language study. We have included many creative activities that offer ample opportunity for oral communication between instructor and student or among the students themselves. This frequent, interpersonal contact invites students to perfect their language skills in a natural and challenging way and to discover the rich potential of their new language as a vehicle of communication.

Horizontes gramaticales can be taught in a semester, two quarters, or year-long course format, depending on the number of hours of instruction per week and whether the book is used separately or in conjunction with *Horizontes culturales y literarios,* the *Manual de laboratorio y ejercicios,* and the audio program. We begin the second half of the course with the subjunctive to allow those instructors who divide the course in half to present the subjunctive in one block. Although the lessons are largely independent and interchangeable, in the earlier lessons we have tried to avoid use of constructions not presented until the latter part of the book. This highly flexible grammatical organization can be readily adapted to a variety of class formats.

Portions of the text have been used in manuscript form by our students in several classes at the University of California, Berkeley. We gratefully acknowledge their enthusiastic response and comments that have guided our project.

We warmly thank our friends and colleagues at Berkeley whose generous support and contributions helped us throughout the preparation of the manuscript. We extend special thanks to Milton Azevedo, Inés Bergquist, Jorge Duany, Robert Gilman, Javier Herrera, Tamra Suslow-Ortiz, and Jann Sweenie. We are grateful to the following reviewers of the text for their many helpful suggestions:

Ronald M. Barasch; E. A. Echevarria, Colorado State University; Francine Wattman Frank, State University of New York at Albany; Bernardo Antonio González, Wesleyan University; Theodore B. Kalivoda, University of Georgia; Steve M. Rivas, California State University, Chico; Emily Spinelli, University of Michigan-Dearborn; Judith Strozer, University of California, Los Angeles

and to Marian Wassner of Harper & Row for her friendship and invaluable assistance.

G.A.G.
M.Z.S.

Organization of the Text

The material in each of the ten lessons of *Horizontes gramaticales* is organized as follows:

1. *Enfoque: Gramática en contexto* provides an overview of the major grammatical concepts developed in the lesson. Its two components are:

- A brief story or article that presents the grammar of the lesson within a context provided by the theme.
- A chart that explains the grammatical principle illustrated by each usage within that story or article.

The *Enfoque* thus serves to refresh students' memories about material covered in first-year Spanish and to allow students and teachers to determine problem areas requiring special attention. Because it contains the major points of the lesson in capsule form, students may refer back to it for quick review.

2. *Perspectivas* contains the in-depth grammatical explanations that form the core of the text. It consists of several sections:

- *Léxico:* A listing of the active vocabulary related to the chapter theme used throughout the lesson in readings, charts, and exercises.
- *Reading selections:* Each grammar section opens with a brief paragraph based largely on material from current periodicals and Spanish language books. These readings provide a natural, interesting framework for studying correct usage of verb tenses, pronouns, prepositions, and other structural items. Bold type highlights the grammatical construction being examined. This enables students to analyze these paragraphs structurally, following the model of the *Enfoque*.
- *Grammatical Presentations:* Concise explanations of several related points follow each paragraph. Charts provide a dynamic focus for grammatical explanations. These presentations, largely visual, make the grammar almost self-explanatory.
- *Exercises:* The *Práctica* section following each grammatical point contains a selection of exercises that allows instructors to choose those most appropriate to the level of their classes. We have avoided repetitious, pattern-type drills, and have included instead challenging exercises that require students to be creative and analytical. Many exercises are in paragraph form rather than isolated sentences; this gives students the opportunity to practice the language as it is spoken and written. All of the *Prácticas* reflect the central theme of the lesson and use its vocabulary. They may serve as individual written homework assignments or as the basis for oral team activities in class.
- *Palabras traicioneras* consists of common words and expressions that are often problem areas for students, such as the distinction between *saber* and

conocer, the different Spanish words that express the English verb *to take*, and certain false cognates. Exercises to build student mastery of this material are provided.

3. *Desarrollo* is composed of a variety of exercises and activities intended to develop language skills:

• *Ampliación de gramática* contains combined exercises that provide additional, more challenging practice of the grammatical points covered in the lesson. These exercises are frequently in paragraph form and further expand the lesson vocabulary and theme.

• *Ampliación de léxico* includes vocabulary exercises that provide additional practice of words and expressions introduced in the *Perspectivas* and used throughout the lesson.

• *Motivos de discusión, Temas de composición, Debate, and Mini-teatro* consist of a wide assortment of materials and topics for conversation and debate, theatrical presentation, and composition. These creative assignments are designed to stimulate the development of oral and written skills both inside and outside the classroom.

Lección preliminar

Los sustantivos
Los artículos
Los demostrativos
Los posesivos

LOS SUSTANTIVOS

1. Género

Como regla general, los sustantivos que terminan en **-o** y un buen número de los que terminan en **-ma, -pa** y **-ta** (de origen griego) son masculinos:

-o	-ma, -pa, -ta
el carro	el cli**ma**
el cuadro	el ma**pa**
el diccionario	el poe**ta**
Excepciones:	
la mano, la soprano	

Los sustantivos que terminan en **-a, -ión, -umbre, -ie, -d** y **-z** generalmente son femeninos:

-a	-ión	-umbre	-ie	-d	-z
la ventana	la uni**ón**	la cost**umbre**	la ser**ie**	la pare**d**	la lu**z**
la libreta	la naci**ón**	la muched**umbre**	la espec**ie**	la liberta**d**	la pa**z**
Excepciones:					
el papá, el día, el avión, el césped, el lápiz					

Los sustantivos que terminan en **-ista** son masculinos o femeninos según el sexo de las personas:

Masculino	_Femenino_
el tur**ista**	la tur**ista**
el dent**ista**	la dent**ista**

2. Número

Si el sustantivo termina en vocal, se añade **-s**[1] para formar el plural:

---

[1]Algunas palabras que terminan en **-í** forman el plural con **-es**:

    el rubí, los rub**íes**

Singular	Plural
el milagro	los milagros
la hora	las horas
el café	los cafés
la mamá	las mamás

Si el sustantivo termina en consonante, se añade **-es**:

Singular	Plural
la operación	las operaciones[2]
el papel	los papeles
la vez	las veces[3]

Si el sustantivo es de más de una sílaba y termina en **-s,** la forma plural no cambia:

Singular	Plural
el paraguas	los paraguas
el tocadiscos	los tocadiscos
el lunes	los lunes

Práctica

Dé el artículo definido apropiado para indicar si el sustantivo es masculino o femenino, y después póngalo en el plural.

1. _____ composición
2. _____ mano
3. _____ cumbre
4. _____ plato
5. _____ vez
6. _____ problema
7. _____ viernes
8. _____ universidad

LOS ARTÍCULOS

3. El artículo definido

El artículo definido es más frecuente en español que en inglés. Puede indicar:

---

[2] Con el aumento de una sílaba, el acento escrito no es necesario.

[3] **z** cambia a **c** delante de **e.**

1. Una persona o cosa específica:

> **La** señora Rosales está enferma.
> **El** libro que está en **el** escritorio es mío.

2. Algo genérico o abstracto:

> Luchamos por **los** derechos humanos.
> **El** oro es un metal precioso.

Formas:

Masculino Femenino	Singular	Plural
	el cartero	**los** carteros
	la máquina	**las** máquinas

ATENCIÓN: Se emplea **el** (artículo masculino singular) delante de sustantivos femeninos que comienzan con **a** o **ha** acentuada para facilitar la pronunciación:

> el agua   las aguas
> el hacha   las hachas
>
> pero: la fría agua
>   la nueva hacha

Se emplea **los** (artículo masculino plural) para indicar un par o un grupo de ambos géneros:

> **Los** padres de Isabel vienen hoy. (el padre y la madre)
> ¿Conoce Ud. a **los** señores Gómez? (el señor y la señora)

Cuando **el** sigue a la preposición **a** o **de**, la contracción es necesaria:

> a **+** el **=** al   Vamos **al** teatro.
> de **+** el **=** del   Volvieron **del** mercado.

Usos:

El artículo definido se usa:	Ejemplos:
1. Delante de los nombres o títulos cuando se habla **de** la persona y no **a** la persona (excepto con **don, doña, san(to), santa**).	**La** señora Ortega me llamó anoche. Ganó la elección **el** presidente Muñoz. PERO: Buenas tardes, señor Martínez. Don Luis me llamó.

El artículo definido se usa:	Ejemplos:
2. Con los nombres de algunos países. Sin embargo, la tendencia hoy es de no usar el artículo.	(la) Argentina, (el) Brasil, (el) Canadá, (la) China, (el) Ecuador, (los) Estados Unidos, (la) Gran Bretaña, (el) Japón, (el) Paraguay, (el) Perú, (el) Uruguay PERO: El Salvador
3. Con los nombres de países y de personas cuando se los modifica.	**la** Europa medieval **el** Japón moderno **la** pobre María
4. Delante de las partes del cuerpo y la ropa en lugar del adjetivo posesivo. (Se usa el singular del objeto de la acción aun cuando la acción sea de más de una persona.)	Se lavaron **los** dientes. Se puso **los** guantes y se fue. Los niños levantaron **la** mano. Los dos hombres se quitaron **el** sombrero al entrar en la iglesia.
5. Con los días de la semana y las estaciones del año (excepto después del verbo **ser**) y con las fechas y la hora.	Voy al cine **los** sábados. PERO: Hoy es lunes. Es invierno. Hoy es **el** dos de noviembre. Era **la** una cuando regresaron.
6. Con los idiomas (excepto después de **en**, **de** y del verbo **hablar**).	**El** ruso es mi lengua preferida. Me gusta **el** francés. PERO: Esta carta está escrita en alemán. Hablamos español.

Práctica

Complete con el artículo definido o la contracción donde sea necesario.

1. _____ sábados generalmente me levanto temprano, me lavo _____ cara, bajo a _____ cocina para preparar _____ desayuno, y a _____ ocho salgo de compras con _____ doña Alicia.

2. ¡Dios mío! Hoy es _____ jueves y se me olvidó que tengo hora a _____ una con _____ Dr. Martínez.

3. Aunque soy francesa tengo que admitir que mi lengua preferida es _____ español. Hace tres meses que asisto a _____ clase de _____ español todos _____ días porque pienso ir a _____ Sudamérica en _____ verano. Voy a visitar _____ Argentina, _____ Chile, y _____ Paraguay.

4. _____ España de hoy en día es muy diferente de _____ España de Franco. El país se está modernizando y convirtiendo en una nación democrática. _____ libertad y _____ igualdad son dos prioridades de _____ gobierno.

5. Al saludar _____ señor Villa a _____ Presidente López le dio _____ mano y _____ presidente muy amablemente le dijo:— Mucho gusto en conocerlo, _____ señor Villa.

4. El artículo indefinido

Formas:

	Singular	Plural
Masculino	**un** perro	**unos** perros
Femenino	**una** botella	**unas** botellas

El artículo indefinido singular se usa por lo general como en inglés. En el plural **unos** tiene el sentido de **varios** (*several*) y **algunos** (*some*).

Omisión del artículo indefinido

El artículo indefinido se omite:	Ejemplos:
1. Después del verbo **ser** con sustantivos de profesión, religión, o nacionalidad. PERO: Se usa el artículo indefinido cuando se modifica el sustantivo.	Mi padre es policía. Este señor no es protestante; es católico. No sé si María Elena es argentina o boliviana. Mi padre es un policía valiente. Este señor no es un protestante practicante. María Elena es una argentina expatriada.
2. Con ciertas palabras y números: otro (-a, -os, -as) medio cien(to) mil	Esta copia no es buena. Déme otra. Mide un metro y medio. Pagó sólo cien dólares por el vestido pero vale más de mil.
3. En frases negativas, y especialmente después de los verbos **tener, haber** y **existir**.	¿Tiene Ud. coche?—No, no tengo coche pero sí tengo bicicleta. No hay casa en ese pueblo que tenga teléfono. No existe estudiante que sepa todas las conjugaciones.
4. Hay tendencia a omitir el artículo indefinido en los proverbios.	Perro que ladra no muerde. En boca cerrada no entran moscas.

Práctica

A. *Conteste las preguntas según las indicaciones usando el artículo indefinido donde sea necesario.*

1. ¿Qué tienes en la mano?   *(libro de matemáticas)*
2. ¿Cuál es la profesión de su padre?   *(médico)*
3. ¿De dónde son sus abuelos?   *(venezolanos)*
4. ¿Tiene Ud. teléfono?   *(no)*
5. ¿Qué quiere Ud.?   *(otra cerveza)*
6. ¿Qué clase de estudiante es Anita?   *(inteligente y aplicada)*
7. ¿Cuál es la religión del autor?   *(judío)*
8. ¿Cuántos centavos hay en un peso?   *(cien)*
9. ¿A qué distancia viven de aquí?   *(medio kilómetro)*
10. ¿Quién es esa muchacha?   *(amiga mía)*

B. *Modifique el sustantivo con un adjetivo.*

> *Ejemplo:* **Es profesora. (malo)**
> **Es una profesora mala.**

1. El señor que acaba de entrar es pianista.   *(famoso)*
2. Es amiga de María.   *(antiguo)*
3. Me dijeron que eras religiosa.   *(devoto)*
4. ¿Es Ud. vendedor?   *(agresivo)*
5. Mi padre es político.   *(conocido)*

LOS DEMOSTRATIVOS

5. Los adjetivos demostrativos

Singular		Plural	
Masculino	*Femenino*	*Masculino*	*Femenino*
este	esta	estos	estas
ese	esa	esos	esas
aquel	aquella	aquellos	aquellas

Este se refiere a lo que está cerca en tiempo o lugar de la persona que habla, **ese** a lo que está cerca de la persona con quien se habla, y **aquel** a lo que está alejado en tiempo o lugar de las personas que hablan:

Estos muebles son hechos a mano.
Ese vestido que llevas es muy bonito.
¡Éramos tan perezosos en **aquellos** días!

6. Los pronombres demostrativos

Singular			Plural			Neutro
Masculino	Femenino		Masculino	Femenino		
éste	ésta		éstos	éstas		esto
ése	ésa		ésos	ésas		eso
aquél	aquélla		aquéllos	aquéllas		aquello

Los pronombres demostrativos se forman con un acento escrito[4] sobre la sílaba acentuada del adjetivo demostrativo. Se usan para reemplazar al sustantivo.

¡Qué flores tan bonitas! **Éstas** me gustan mucho, pero voy a comprar **ésas** que son más baratas.
Aquélla es la casa donde viven mis abuelos.

Los pronombres demostrativos neutros no llevan acento. Se refieren a algo no identificado o a una idea abstracta.

¿Qué es **esto?**—Es una fruta tropical.
Todo **eso** que ves, es el barrio residencial que está en construcción.
Te prometo que **aquello** que me dijiste no se lo contaré a nadie.

Los artículos **el, la, los** y **las** pueden usarse como pronombres demostrativos para evitar la repetición del sustantivo:

Hay dos grandes almacenes en la ciudad: **el** de la calle Comercio y **el** que está cerca de donde trabajamos.
Uds. estudian las costumbres del norte del país, y yo **las** del sur.

𝒫ráctica

A. Complete con el adjetivo demostrativo apropiado.

1. (*Those*) _____ nubes distantes van a traernos la lluvia que necesitamos.
2. (*This*) _____ disco que tengo aquí tiene varias canciones de los mariachis.
3. Compramos (*that*) _____ mesa que está cerca de ti en Guatemala.
4. (*These*) _____ frutas que comemos hoy no se comparan con (*those*) _____ manzanas de mi niñez.

---

[4]La Academia de la Lengua Española aconseja usar este acento cuando el pronombre da lugar a confusión con el adjetivo.

B. Indique la palabra que **no** completa la oración correctamente.

1. Este carnaval no es tan grande como (éste / el / ése) del año pasado.
2. La procesión de la Semana Santa en Sevilla es mucho más impresionante que (aquélla / aquél / la) que vi en Santiago.
3. El flan que comimos anoche en casa de tu amigo era más rico que (el / ésa) de mi mamá.
4. Esta paella no es muy buena. (Ésa / la / aquél) del restaurante tiene más mariscos.
5. Me gusta más la comida de México que (la / éste) del Ecuador.
6. Todo (éste / eso / esto) que acabamos de ver tiene mucha importancia.
7. No me acuerdo de (aquello / los) que me dijiste hace cinco años.
8. Este pueblo es mucho más grande que (eso / aquél) en que nací.

LOS POSESIVOS

7. Los adjetivos posesivos

Singular		Plural	
mi		mis	
tu		tus	
su		sus	
nuestro, -a		nuestros, -as	
vuestro, -a		vuestros, -as	
su		sus	

Los adjetivos posesivos concuerdan en número con los sustantivos que modifican. Sólo la primera y la segunda persona del plural tienen género masculino y femenino:

Con **mi** ambición y **tus** conocimientos **nuestra** labor tendrá éxito.
Ellos quieren conocer el origen de **su** apellido.

Si se necesita aclarar el significado del adjetivo posesivo **su** o **sus,** se usa el artículo definido y una frase preposicional:

$$\text{su nombre} = \begin{cases} \text{el de Ud. (Uds.)} \\ \text{el de él (ellos)} \\ \text{el de ella (ellas)} \end{cases} \quad \text{sus casas} = \begin{cases} \text{las de Ud. (Uds.)} \\ \text{las de él (ellos)} \\ \text{las de ella (ellas)} \end{cases}$$

Dales su llave. La [llave] de ella.

8. Los adjetivos posesivos enfáticos

Singular	Plural
mío, -a	míos, -as
tuyo, -a	tuyos, -as
suyo, -a	suyos, -as
nuestro, -a	nuestros, -as
vuestro, -a	vuestros, -as
suyo, -a	suyos, -as

Los adjetivos posesivos enfáticos se colocan después del sustantivo. Su uso es menos común que el de los posesivos que preceden al sustantivo. Se usan principalmente en exclamaciones o con el verbo **ser** y concuerdan en género y número con la cosa poseída:

¡Dios **mío**! Esos papeles que acabas de romper no son **míos**. ¡Son de mi jefe!
Un amigo **nuestro** nos aconseja hacerlo.
Hija **mía**, ¡cuánto te quiero!

9. Los pronombres posesivos

Los pronombres posesivos tienen las mismas formas que los adjetivos posesivos enfáticos pero se usan con el artículo definido. Concuerdan en género y número con la cosa poseída. Se usan para reemplazar al sustantivo:

Éste es mi vaso; **el tuyo** está en la cocina.
Tu libro no es igual que **el mío**; tiene más páginas.
Sus resultados son mejores que **los nuestros**.
La suya es una historia muy larga pero muy interesante.

Si se necesita aclarar el significado del pronombre posesivo **el suyo, la suya, los suyos** o **las suyas**, se lo puede reemplazar por la frase preposicional:

Las suyas [**las de Ud.**] son las mejores estudiantes.
Los suyos [**los libros de María**] le costaron mucho dinero.
Aquella tierra es la suya [**la de ellos**]; no es la nuestra.

10. Lo + adjetivo posesivo

Se usa **lo** + adjetivo posesivo enfático para referirse a una idea general de cosas poseídas:

No te preocupes por **lo mío** (mis cosas, mis problemas).
Lo nuestro (nuestro amor, nuestra asociación) ha terminado.
Nos adorábamos tanto que todo **lo mío** era suyo y **lo suyo**, mío.

Práctica

A. *Cambie los adjetivos posesivos a la forma enfática.*

Ejemplo: mis plantas
las plantas mías

1. sus ideas
2. tu bolsa
3. nuestros recuerdos
4. mi compañero
5. su familia

B. *Indique la forma que **no** completa correctamente la oración.*

1. Estas cestas son (mías / las mías / mis). (Las tuyas / tuyas) están todavía en el coche.
2. (Sus / suyos) historias siempre me gustan. (Su / sus) sentido de humor es excelente.
3. Vino un amigo (suyo / de él / el suyo) a visitarlo. Se quedó en (su / suya) casa por dos semanas.
4. (Nuestros / los nuestros) abuelos vienen del sur del país. (Los de ellos / los suyos / suyos) son del norte.
5. No me interesa (lo suyo / lo de él / suyo). Tengo suficiente con mis propios problemas.
6. Una carta de negocios se empieza con «Muy señor (mío / el mío)».
7. Este cuaderno es (mío / lo mío / el mío). (Los de Uds. / los suyos / suyos) son rojos.

Los vínculos familiares

EL PASADO DEL INDICATIVO

Los tiempos simples
   El pretérito
   El imperfecto
   El pretérito y el imperfecto en interacción

Los tiempos compuestos
   El presente perfecto
   El pluscuamperfecto

Enfoque: Gramática en contexto

Lea el siguiente relato y en el cuadro que sigue analice los usos del pretérito y del imperfecto.

UNA PARTIDA INESPERADA

Yo **tenía** sólo diez años aquel día que papá **regresó** a casa, **reunió** a toda la familia, hasta a la abuelita, y **se sentó** a hablar de «cosas serias». Papá **parecía** cansado; ya no le **brillaban** los ojos y de golpe **me di cuenta** que ya no **era** joven.

5　　**Eran** las ocho. Alrededor de la mesa nos **mirábamos** silenciosos y ansiosos. Con una voz muy triste papá nos **explicó** que esa mañana el país había caído en manos de un tirano. Papá **temía** por nuestra seguridad y **creía** que lo mejor sería salir inmediatamente del país.

Yo no **entendía** muy bien todo lo que papá **decía**, pero sí **comprendí**

10　que **partíamos**. Esa noche cuando **me acosté**, **recordé** todas las tardes que **nos sentábamos** en el patio después de cenar, los paseos que **dábamos** en el parque, y los domingos cuando **íbamos** con los vecinos a la iglesia del pueblo. Por fin **me dormí** llorando.

Al día siguiente mi hermano Juan Carlos le **ayudó** a Papá a sacar las

15　maletas del desván° y **empezamos** a empaquetar. Juan Carlos **terminó** rápidamente con sus maletas y nos **ayudó** a todos mientras nos **contaba** chistes para animarnos. **Trataba** de sonreír diciendo que, después de todo, lo que nos **esperaba** tal vez sería lo mejor. Al atardecer **partimos**. No **sabía** adónde **íbamos** pero **me consolaba** pensando que por lo menos **estábamos** todos

20　juntos.

desván attic

Examine los usos del pretérito y del imperfecto en la lectura *Una partida inesperada.*

El pretérito narra:	*El imperfecto describe:*				
Una acción o acciones que se completan en el pasado.	Acciones habituales en el pasado (**used to**)	Características personales y físicas	Estados mentales o emocionales	Acción o estado que no expresa resultado (**was + . . . ing**)	La hora y la edad
Yo: 　me di cuenta (l. 3) 　comprendí (l. 9) 　me acosté (l. 10) 　recordé (l. 10) 　me dormí llorando 　(l. 13)			no entendía (l. 9) no sabía (l. 18) me consolaba (l. 19)		tenía sólo diez años (l. 1)
Papá: 　regresó a casa (l. 1) 　reunió a toda la 　familia (ll. 1–2) 　se sentó a hablar 　(l. 2) 　nos explicó (l. 6)		parecía cansado (l. 3) ya no le brillaban los ojos (l. 3)	temía por nuestra seguridad (l. 7) creía que lo mejor (ll. 7–8)	lo que papá decía (l. 9)	
Juan Carlos: 　le ayudó a papá 　(l. 14) 　terminó rápidamente 　(ll. 15–16) 　nos ayudó a todos 　(l. 16)				nos contaba chistes (l. 16) trataba de sonreír (l. 17)	
Nosotros: 　empezamos a empaquetar (l. 15) 　al atardecer 　partimos (l. 18)	nos sentábamos en el patio (ll. 10–11) los paseos que dábamos (l. 11) íbamos con los vecinos (l. 12)			nos mirábamos silenciosos y ansiosos (ll. 5–6) adónde íbamos (ll. 18–19)	
					eran las ocho (l. 5)

Perspectivas

Léxico *LOS VÍNCULOS FAMILIARES*

Los parientes (Relatives)

el abuelo, la abuela grandfather, grandmother
el cuñado, la cuñada brother-in-law, sister-in-law
la esposa, mujer wife
el esposo, marido husband
los esposos, cónyuges spouses
el gemelo, la gemela twin
el hermano, la hermana brother, sister
el hijo mayor (menor) oldest (youngest) child
el nieto, la nieta grandson, granddaughter

la nuera daughter-in-law
los padres parents
el padre, el papá father, dad
la madre, la mamá mother, mom
el primo, la prima cousin
el sobrino, la sobrina nephew, niece
el suegro, la suegra father-in-law, mother-in-law
el tío, la tía uncle, aunt
el yerno son-in-law

El noviazgo y el matrimonio (Courtship and marriage)

el amor a primera vista love at first sight
el anillo, la sortija de compromiso engagement ring
la boda wedding
el divorcio divorce
el matrimonio married couple; matrimony; marriage
el novio, la novia fiancé(e), boyfriend, girlfriend
la pareja couple
el soltero, la soltera single (person)

besar to kiss
casarse (con) to get married to
comprometerse to get engaged

cortejar to court
disputar, reñir to quarrel
enamorarse to fall in love
estar celoso, tener celos to be jealous
estar embarazada to be pregnant
hacer las paces to make up
pelear to fight
querer (e > ie), amar to love
romper el compromiso to break an (the) engagement
salir (con alguien) to go out (with someone), to date
tener un bebé, dar a luz un niño to have a child, to give birth

Entre parientes y amigos (Between relatives and friends)

la costumbre custom
el hogar home
los lazos ties
los quehaceres domésticos chores
la tradición tradition

cooperar cooperate
encargarse (de) to take responsibility for, to take charge of
llevarse bien to get along
obedecer to obey
respetar to respect
reunirse to get together
sentirse (e > ie) orgulloso to feel proud

LOS TIEMPOS SIMPLES: EL PRETÉRITO EN ACCIÓN

Los Reyes Magos en un hogar mexicano

La visita de los tres Reyes Magos **fue** la costumbre que **predominó** durante mi infancia. Cada seis de enero[1] mis hermanos y yo esperábamos ansiosamente la mañana para abrir los regalos que dejaban estos benefactores.

Los primeros regalos que recuerdo **fueron** siempre cuadernos, libros de texto y uniformes para la escuela. Durante los tres o cuatro años siguientes **recibí,** además de las necesidades escolares, colecciones diversas de historias para niños, las que más tarde **regalé** a unos niños pobres que vivían cerca de mi casa. Con el correr del tiempo yo mismo **compré** mi propia colección, y de esta manera me **inicié** en la lectura literaria. Así **pasaron** varios años en los cuales la calidad de los regalos **aumentó** con la mejoría económica de la familia. Durante ese tiempo, **empezamos** a intercambiar regalos con los primos e hijos de los mejores amigos de mis padres.

La fecha de esta costumbre tradicional **cambió** de repente cuando la fuerza de la propaganda comercial nos **obligó** a adoptar el día veinticinco de diciembre como el día del intercambio de regalos. **Dejamos** de ver la Navidad como un día únicamente sagrado,° cuando **mezclamos** el nacimiento del Niño Jesús con la llegada de Santa Claus. **Juntamos** también los tradicionales nacimientos° con los árboles de Navidad llenos de ornamentos de colores diferentes y de luces brillantes.

Sin embargo, este cambio no nos **afectó.** La unión familiar, el placer de estar todos juntos para celebrar, nunca **se perdió,** y tampoco **disminuyó** el carácter religioso de la tradición.

sagrado *holy*

nacimientos *nativity scenes*

Preguntas

1. ¿Cuál fue la costumbre que imperó durante la infancia del narrador?
2. ¿Cuáles fueron los primeros regalos que recuerda? ¿Cómo cambiaron?
3. ¿Cómo influyó la propaganda comercial en esa costumbre tradicional?
4. ¿Afectó este cambio la unión familiar?

---

[1]En España y en Hispanoamérica el día 6 de enero se celebra la fiesta de los Reyes Magos que llegan, guiados por una estrella, para adorar al Niño Jesús que acaba de nacer.

1. Las formas del pretérito

Los verbos regulares tienen las siguientes terminaciones:

contestar	*comprender*	*escribir*
contest { -é, -aste, -ó, -amos, -asteis, -aron	comprend { -í, -iste, -ió, -imos, -isteis, -ieron	escrib { -í, -iste, -ió, -imos, -isteis, -ieron

Los verbos enteramente irregulares en el pretérito son tres:

ir/ser	*dar*
fui	di
fuiste	diste
fue	dio
fuimos	dimos
fuisteis	disteis
fueron	dieron

Hay muchos verbos que en el pretérito tienen dos aspectos en común: (1) las terminaciones y (2) la acentuación de la primera y de la tercera persona que recae en la penúltima sílaba en lugar de la última como en los verbos regulares. (EJEMPLO: **estuve, estuvo** en vez de **hablé, habló**.)

Clave	*Infinitivo*	*Raíz*	*Terminación*
-u-	andar	anduv-	{ -e
	caber	cup-	-iste
	estar	estuv-	-o
	haber	hub-	-imos
	poder	pud-	-isteis
	poner	pus-	-ieron
	saber	sup-	
	tener	tuv-	

-i-	hacer querer venir	hic-[2] quis- vin-	$\begin{cases} \text{-e} \\ \text{-iste} \\ \text{-o} \\ \text{-imos} \\ \text{-isteis} \\ \text{-ieron} \end{cases}$
-j-	decir producir[3] traer	dij- produj- traj-	$\begin{cases} \text{-e} \\ \text{-iste} \\ \text{-o} \\ \text{-imos} \\ \text{-isteis} \\ \text{-eron} \end{cases}$

Los verbos de la primera y de la segunda conjugación (**-ar** y **-er**) que cambian la vocal del radical en el presente no tienen ese cambio en el pretérito:

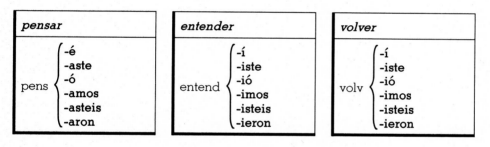

pensar	*entender*	*volver*
pens $\begin{cases} \text{-é} \\ \text{-aste} \\ \text{-ó} \\ \text{-amos} \\ \text{-asteis} \\ \text{-aron} \end{cases}$	entend $\begin{cases} \text{-í} \\ \text{-iste} \\ \text{-ió} \\ \text{-imos} \\ \text{-isteis} \\ \text{-ieron} \end{cases}$	volv $\begin{cases} \text{-í} \\ \text{-iste} \\ \text{-ió} \\ \text{-imos} \\ \text{-isteis} \\ \text{-ieron} \end{cases}$

Los verbos de la tercera conjugación (**-ir**) que cambian el radical en el presente, sufren en el pretérito un cambio en la vocal de la tercera persona del singular y del plural:

$e > i$ **divertirse**[4]	$o > u$ **dormir** (morir)
me divertí nos divertimos te divertiste os divertisteis se divirtió se divirtieron	dormí dormimos dormiste dormisteis durmió durmieron

---

[2]ATENCIÓN: hice, hiciste, **hizo,** hicimos, hicisteis, hicieron

[3]Todos los verbos que terminan en **-ducir** se conjugan como **producir:** traducir, conducir, reducir, etc.

[4]Otros verbos que sufren estos cambios: conseguir, corregir, despedir, elegir, pedir, preferir, reír, repetir, seguir, sentir, servir, sugerir, vestirse.

Los verbos que terminan en **-car, -gar** y **-zar** sufren los siguientes cambios ortográficos en la primera persona:

-car **c > qu** delante de **e**	buscar	bus**qué**, buscaste, buscó, buscamos, buscasteis, buscaron
	sacar	sa**qué**, sacaste, sacó, sacamos, sacasteis, sacaron
-gar **g > gu** delante de **e**	llegar	lle**gué**, llegaste, llegó, llegamos, llegasteis, llegaron
	jugar	ju**gué**, jugaste, jugó, jugamos, jugasteis, jugaron
	pagar	pa**gué**, pagaste, pagó, pagamos, pagasteis, pagaron
-zar **z > c** delante de **e**	comenzar	comen**cé**, comenzaste, comenzó, comenzamos, comenzasteis, comenzaron
	gozar	go**cé**, gozaste, gozó, gozamos, gozasteis, gozaron
	almorzar	almor**cé**, almorzaste, almorzó, almorzamos, almorzasteis, almorzaron

Los siguientes verbos que llevan una vocal delante de la terminación (**-ar, -er, -ir**) sufren los siguientes cambios ortográficos en la tercera persona del singular y del plural:

i > y (**-yó, -yeron**)	leer	leí, leíste, le**yó**, leímos, leísteis, le**yeron**
	creer	creí, creíste, cre**yó**, creímos, creísteis, cre**yeron**
	oír	oí, oíste, o**yó**, oímos, oísteis, o**yeron**
	caer	caí, caíste, ca**yó**, caímos, caísteis, ca**yeron**
	distribuir	distribuí, distribuiste, distribu**yó**, distribuimos, distribuisteis, distribu**yeron**
	construir	construí, construiste, constru**yó**, construimos, construisteis, constru**yeron**

𝒫ráctica

Complete con el pretérito de uno de los verbos de la lista.

1. *bailar cantar despedirse divertirse volver*

   Todos los invitados _____ el día de la boda: _____ la rumba,
   _____ sus canciones favoritas, y cuando por fin _____ a la una de la
   noche, _____ a casa rendidos pero contentísimos.

2. *comprometerse contar creer empezar oír ponerse sonreír venir*

   Nunca olvidaré el día que mi hermana mayor _____ con su novio,
   Alejandro. Estábamos en la sala cuando _____ un grito de afuera.
   Marta _____ corriendo y nos _____ con cara radiante lo que había

pasado. Al principio mi mamá _____ alegremente, pero después de un rato _____ pálida, y _____ a llorar: _____ en ese momento que iba a perder a su hijita.

3. *comenzar decir gozar llenarse producir saber ser telefonear*

El día que yo _____ que iba a ser abuelo _____ un día difícil porque de repente me di cuenta de que ya no era joven. Pero cuando mi yerno me _____ del hospital, y me _____ que mi hija había tenido un niño, la noticia me _____ un efecto mágico: yo _____ a comprender los misterios de la vida. Mi corazón _____ de un sentimiento de orgullo y en ese momento _____ de un júbilo poderoso.

LOS TIEMPOS SIMPLES: EL IMPERFECTO EN ACCIÓN

Recuerdos de mi abuela

Cuando **éramos** pequeños, mi abuela nos **contaba** las angustias de la vida durante la Revolución Mexicana.[5] Nos **decía** que no **había** un solo día de tranquilidad en su pueblo.

Por las mañanas, cuando todavía no **cantaban** los gallos, se **escuchaba** con frecuencia la voz familiar de algún campesino que **gritaba**: «todos a esconderse° que ya vienen los carrancistas».° La gente **corría** a resguardarse° a algún lugar seguro, y ahí **permanecía** oculta.

esconderse ocultarse / **carrancistas** los que luchaban por Carranza / **resguardarse** *to take shelter* / **cotidiana** de cada día

Cuando **se iban** las tropas del pueblo, la vida cotidiana° **volvía** a la normalidad, pero sólo por algún momento. Ya la gente no **se sorprendía** de ver en el lapso de unas cuantas horas, a tropas de tres generales diferentes, enemigos entre sí, ocupando la plaza principal.

Como mi abuelo **era** doctor, a su familia siempre la **respetaban** porque entre los soldados **abundaban** los heridos que **necesitaban** curación. Él **era** de las pocas personas que **podía** caminar por el pueblo sin ningún temor.

En más de una ocasión, mientras él **ayudaba** a algún herido, **llegaba** a la región un general del bando enemigo, y mi abuelo **se veía** obligado a esconder en su propia casa al convaleciente. Sus características humanas **estaban** por encima de° las ideologías.

por encima de *above*

El grito de ¡alerta! se hizo tan común y cotidiano, que después de un tiempo ya la gente no **hacía** caso° al oírlo.

no hacía caso no prestaba atención

Sonriendo todavía, mi abuela **decía** que ella llegó a escuchar en labios de Mari, una mujer nativa que **vivía** con ellos, la siguiente frase, lanzada al aire con toda la angustia del que huye: «¡A correr, todos a correr, que ya vienen los villistas° violando ancianos, mujeres y niños!»

villistas los que luchaban por Villa

---

[5] Después de que el dictador Porfirio Díaz fue obligado a renunciar a la presidencia de México en 1911, convocó elecciones libres y fue elegido presidente Francisco I. Madero. Victoriano Huerta, jefe de las fuerzas federales, traicionó a Madero y lo hizo asesinar, provocando el levantamiento de distintas facciones al mando de los líderes revolucionarios Francisco Villa, Emiliano Zapata y Venustiano Carranza que lucharon por el poder hasta 1920.

En el Ecuador, un muchacho ayuda a su abuelita a bajar las gradas de la iglesia después de la misa.

Preguntas

1. ¿Qué les contaba la abuela cuando eran pequeños?
2. Describa la vida en los pueblos durante la Revolución Mexicana.
3. ¿Por qué respetaban a la familia del abuelo del narrador?
4. Describa al abuelo. ¿Qué clase de hombre era?

2. Las formas del imperfecto

Los verbos regulares tienen las siguientes terminaciones:

saludar		beber		asistir	
salud	-aba -abas -aba -ábamos -abais -aban	beb	-ía -ías -ía -íamos -íais -ían	asist	-ía -ías -ía -íamos -íais -ían

Los verbos irregulares en el imperfecto son solamente tres:

ser	ir	ver
era	iba	veía
eras	ibas	veías
era	iba	veía
éramos	íbamos	veíamos
erais	ibais	veíais
eran	iban	veían

Práctica

Cambie los verbos del pretérito al imperfecto.

1. Cuando *fuimos* a Caracas, *visitamos* a todos nuestros parientes y *vimos* nuestros sitios favoritos.
2. Los dos amigos *jugaron* en el parque y *se contaron* todos sus sueños y fantasías.
3. Marcos *fue* el único que *desobedeció* a sus padres.
4. El anciano les *enseñó* a cazar, les *habló* de los misterios de la naturaleza, y *contestó* sus preguntas sobre la vida.
5. Cuando mi tío *volvió* de sus viajes orientales me *trajo* tarjetas y otros recuerdos.
6. *Recibí* colecciones diversas de historias para niños.
7. Mi abuelo *ayudó* a los campesinos que *llegaron* a la región.

EL PRETÉRITO Y EL IMPERFECTO EN INTERACCIÓN

Las lecciones de la vida

Este verano ya no es como los anteriores. Nuestros dos hijos mayores se han casado. El menor **se fue** a estudiar al extranjero y el otro, el ingeniero, trabaja ahora en la capital.

En esta pequeña casa de campo, que con tantos esfuerzos° compramos mi esposa y yo, **nos reuníamos** todos los años con nuestros hijos una o dos semanas, durante las cuales **paseábamos** a caballo, **subíamos** al volcán (que ya **se apagó**° hace muchos años), o bien **nos íbamos** a pescar al río. **Regresábamos** los hombres por la tarde, seguros de que **íbamos** a encontrar la cena preparada. Y así **era,** en efecto, hace muchos años. En los años más recientes, mis hijos me **hicieron** ver que los hombres **debíamos** cooperar con los quehaceres de la casa. **Tuvimos** que aprender a cocinar, y lo **hacíamos** con mucho gusto. **Aprendimos** a limpiar aquí y allá y a remendar° nuestra propia ropa.

Por su parte, mi esposa y mi hija **aprendieron** a montar a caballo y frecuentemente **se aventuraban** a subir con nosotros hasta la boca del volcán. En realidad, los cambios de actitud **resultaron** benéficos, ya que de esta manera **andábamos** juntos todo el día y luego **teníamos** más aventuras que comentar.

esfuerzos *effort*

se apagó *became inactive*

remendar *to mend*

Una familia mexicana pasa un día al aire libre en el Parque de Chapultepec en la ciudad de México.

Y ahora más que nunca, pienso que los hijos nos **enseñaron** mucho. ¿Qué haría yo paseando solo a caballo? Y mi esposa, ¿qué haría sola en la casa pensando en aquellos hijos que **partieron** en busca de nuevos horizontes?

Sí, puedo decir que nuestros hijos nos **enseñaron** la dificilísima tarea de estar juntos, mi esposa y yo, alegremente y cooperando.

Preguntas

1. ¿Por qué no es este verano como los anteriores? ¿Cómo pasaba la familia los veranos en el pasado?
2. ¿Cómo fueron cambiando los papeles tradicionales en esa familia?
3. ¿Qué les enseñaron los hijos a sus padres?
4. ¿Cree Ud. que los hijos pueden dar lecciones a los padres? ¿Ha dado Ud. alguna lección a los suyos? Cuéntenosla.

3. Los usos del pretérito y del imperfecto

El pretérito se usa cuando el que habla ve las acciones como unidades completas en el pasado. El imperfecto se emplea cuando se da énfasis a la continuación, no al principio o al fin de la acción.

El pretérito narra:	El imperfecto describe:

El pretérito narra:

1. Una acción que se completa en el pasado:

   Vino a verme esta mañana.
   Anoche **me divertí** en la fiesta.

2. Acciones sucesivas que se consideran terminadas en el pasado:

   El cobrador me **dio** un billete y **me senté** a contemplar la ciudad por la ventanilla.

3. Cambios bruscos o condiciones vistas como terminadas en los estados mentales (deseos, opiniones, estados de ánimo):

   En aquel momento **tuve** miedo de perderla para siempre.
   Hasta ese día fatal **creí** que me quería, pero **me equivoqué**.
   Estuvimos enamorados hasta que **se puso** celoso.

El imperfecto describe:

1. Acciones que se repiten en forma habitual en el pasado (INGLÉS: *would/ used to*):
   Venía a verme todas las mañanas.
   Siempre **me divertía** en las fiestas.

2. Acciones que ocurrían al mismo tiempo sin precisar la duración:

   El cobrador me **daba** un billete mientras **me sentaba** a contemplar la ciudad por la ventanilla.

3. Estados mentales generales:

   En esos días **tenía** miedo de perderla para siempre.
   Creía que me **quería** pero **me equivocaba**.
   Estábamos tan enamorados que nos **consideraban** locos.

4. Escenas y condiciones que ocurrían en el pasado sin prestar atención a su duración o resultado (INGLÉS: *was/were + -ing* form of verb):

   Caminaba por las calles de Madrid.
   El día de la boda **llevaba** un vestido blanco.

5. Características de las personas o cosas y descripciones de condiciones físicas en el pasado:

   Era una muchacha llena de vida.
   La casa **estaba** pintada de blanco.

6. Acciones en el discurso indirecto cuando el verbo de la cláusula principal está en el pasado:

   Marcos dijo que **tenía** una hermana.
   (discurso directo: Marcos dijo:—Tengo una hermana.)
   Juan le preguntó cómo **se llamaba**.
   (discurso directo: Juan preguntó:—¿Cómo se llama?)

7. La hora y la edad en el pasado:

   Eran las cinco de la tarde.
   En esa época **tenía** quince años.

En la misma oración, el imperfecto puede describir el escenario o ambiente en el que otra acción (en el pretérito) sucede:

Los jóvenes **se besaban** cuando **entró** su papá.
Hacía mal tiempo, el cielo **estaba** nublado, y de pronto **empezó** a llover.

Práctica

A. *Complete las siguientes oraciones con sus propias ideas empleando un verbo en el imperfecto.*

1. María estaba celosa porque . . .
2. Siempre que íbamos a la playa . . .
3. Todos los fines de semana . . .
4. Antiguamente los cónyuges no peleaban tanto porque . . .
5. Cuando estaba en la escuela secundaria . . .
6. Antes las mujeres tenían que quedarse en casa porque . . .
7. No pudimos comprar la casa que queríamos porque . . .
8. Durante la Revolución Mexicana no había un solo día de tranquilidad en el pueblo porque . . .
9. Una mujer nativa que vivía con mi abuela decía que cuando llegaban los villistas al pueblo, había que correr porque . . .
10. La gente del pueblo respetaba a mi abuelo porque . . .

B. *Complete el párrafo con el pretérito de los verbos indicados.*

El día que me casé con Mercedes

Aquel día yo _____ (despertarse) tarde. De pronto _____ (recordar) que era el día de mi boda. _____ (Levantarse) y _____ (vestirse) con prisa y _____ (ir) en busca de mis padres que esperaban muy angustiados por mi tardanza. Sin cruzar palabras _____ (nosotros partir) en el coche. En el camino yo les _____ (explicar) el motivo de mi tardanza. _____ (Nosotros cruzar) la ciudad y _____ (seguir) por las estrechas callecitas que tantas veces había recorrido con Mercedes.

Había llegado el momento tan deseado. _____ (Nosotros detenerse) delante de la iglesia y precedido por mis padres _____ (llegar) al altar. Felizmente la novia aún no estaba allí. _____ (Nosotros esperar) un rato y de pronto la _____ (ver) aparecer toda vestida de blanco. Estaba hermosísima y me sentía orgulloso de ella.

C. *Escriba el siguiente diálogo en forma narrativa empleando el pretérito o el imperfecto.*

LUIS FERNANDO: Mamá, ¿puedo llevarme el coche?
DOÑA MATILDE: Lo necesito. Tengo que ir a la peluquería.
LUIS FERNANDO: ¿No deseas ir a pie? Hace muy buen tiempo.
DOÑA MATILDE: ¿Para qué quieres el coche?
LUIS FERNANDO: Sé que María acaba de llegar de España y quiero llevarla de paseo.

DOÑA MATILDE: ¿Hace cuánto tiempo que no la ves?

LUIS FERNANDO: No puedo recordarlo, pero creo que no la veo desde hace seis meses.

DOÑA MATILDE: En ese caso, puedes tener el coche. Además, ya son las tres de la tarde y no debes dejar a la muchacha esperando.

LUIS FERNANDO: ¡La vida es un sueño!

Comience el relato así:

Luis Fernando le preguntó a Doña Matilde si podía llevarse el coche . . .

4. Verbos que cambian de significado en el pretérito

Al traducirse al inglés, algunos verbos cambian de significado en el pretérito:

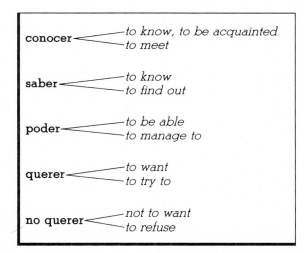

conocer — *to know, to be acquainted* / *to meet*	**Conocía** a María desde niño. Anoche **conocí** a María en la fiesta.
saber — *to know* / *to find out*	**Sabíamos** la verdad por muchos días. **Supimos** la verdad ayer.
poder — *to be able* / *to manage to*	**Podía** hablar con ella a menudo. Por fin **pudo** hablar con ella.
querer — *to want* / *to try to*	**Quería** escapar pero no lo intenté. **Quise** escapar pero no pude.
no querer — *not to want* / *to refuse*	**No quería** ir al cine pero fue. **No quiso** ir al cine.

Práctica

A. *Complete las oraciones con el pretérito o el imperfecto de los verbos entre paréntesis.*

1. Hace dos días yo _____ (conocer) a un joven muy guapo.
2. Ellos _____ (conocerse) desde que eran niños.
3. Siempre que lo veía le _____ (querer) hablar.
4. Cuando le ofrecieron el trabajo por primera vez a mi nieta no _____ (querer) aceptarlo y dijo que «no» sin pensarlo más.
5. Yo no _____ (saber) que tu cuñado tenía tanto dinero.
6. Ayer nosotros _____ (saber) que María se graduó.
7. A diario nosotros _____ (poder) ver desde la torre los aviones que llegaban.
8. ¿ _____ (Poder) tú resolver los problemas del examen?

9. Todos los días Luis Fernando _____ (querer) vernos porque _____ (saber) que nosotros lo estábamos esperando.
10. El empresario no _____ (saber) cuántas personas había en el concierto hasta que llegó al auditorio.

B. Con los siguientes pares de oraciones invente una historia que incluya y explique el sentido del pretérito y del imperfecto del verbo indicado.

Ejemplo: **Sabíamos que ibas a casarte.**
Supimos que ibas a casarte.

Anoche *supimos* por tus primos *que ibas a casarte.* Inmediatamente llamé a tu papá para felicitarlo y averiguar la fecha del matrimonio. Se sorprendió cuando le dije que no *sabíamos que ibas a casarte* tan pronto. Él pensaba que tú ya nos habías escrito. Desde hace algún tiempo *sabíamos* que salías con Luis Felipe pero como ya no escribiste, no *supimos* nada más, hasta la visita de anoche.

1. Quise ir de compras.
   Quería ir de compras.
2. Conocía a Juan.
   Conocí a Juan.
3. No quería hacerlo.
   No quise hacerlo.
4. Generalmente podía llegar a las tres.
   No pude llegar a las tres.

LOS TIEMPOS COMPUESTOS: EL PRESENTE PERFECTO EN ACCIÓN

Una vuelta al pasado

La casita junto al río **ha quedado** abandonada. Es verdad que ya **ha transcurrido**° mucho tiempo, que hacía muchos años que no la visitaba. Hoy al entrar en ella creí encontrar la alegría del pasado, pero el eco de sus voces infantiles **ha cesado.** En silencio **he visitado** una por una las habitaciones de mis hijos; **he recorrido** el patio de alegres madreselvas° y **he visto** un pájaro posarse, como siempre, sobre el rojo tejado.° Nada en ella **ha cambiado**; son los hijos los que **se han hecho** hombres y **han partido** y me **han dejado** sola con mis recuerdos.

ha transcurrido ha pasado

madreselvas honeysuckle
tejado roof

𝒫reguntas

1. ¿Quién habla en el párrafo? ¿Cómo lo sabemos?
2. ¿Dónde está la narradora? ¿Qué hace?
3. Describa Ud. la casita. ¿Cómo era, y cómo ha cambiado?
4. ¿Ha tenido Ud. alguna vez una experiencia parecida? Descríbanosla.

5. Las formas del presente perfecto

Formamos el presente perfecto con el presente de **haber** y el participio pasado. Recuerde que se forma el participio pasado con las siguientes terminaciones:

Infinitivo	Terminación	Participio pasado
charlar	-ado	charlado
temer	-ido	temido
recibir	-ido	recibido

Formación del presente perfecto			
	charlar	**temer**	**recibir**
he has ha hemos habéis han	charlado	temido	recibido

Algunos participios pasados son irregulares.[6]

Clave	Infinitivo	Participio pasado
-to	abrir cubrir describir escribir morir poner resolver romper ver volver	abierto cubierto descrito escrito muerto puesto resuelto roto visto vuelto
-cho	decir hacer satisfacer	dicho hecho satisfecho
-so	imprimir	impreso

---

[6] Las formas compuestas de estos verbos llevan la misma irregularidad en el participio pasado: **suponer**—**supuesto**; **devolver**—**devuelto**; **descubrir**—**descubierto**, etc.

Práctica

Cambie el verbo al presente perfecto.

> **Ejemplo:** Hace sus tareas para mañana.
> _Ha hecho sus tareas para mañana._

1. Finalmente _descubre_ la fórmula.
2. _Compone_ música moderna.
3. _Volvemos_ temprano a casa.
4. Yo _río_ mucho con sus bromas.
5. ¿_Pones_ todas tus cosas en orden?
6. En un día tan lluvioso _sale_ sin llevar paraguas.
7. Con frecuencia _haces_ preguntas muy tontas.
8. ¿Quién _dice_ tantas tonterías?
9. Lo _explica_ de una manera muy sencilla.
10. _Vuelve_ para ver a Margarita.

LOS TIEMPOS COMPUESTOS: EL PLUSCUAMPERFECTO EN ACCIÓN

Nuestro último encuentro

El día de su partida nos hicimos novios. Yo le **había rodeado** la cintura° con mis brazos y **había sentido** su cara contra mi pecho.° Ella **se había vuelto** para mirarme y en silencio comprendimos lo que era el amor. Luego la vi partir. No sabía qué hacer ni adónde ir. **Había dicho** a mamá que regresaría pronto pero en ese instante no pensaba más que en mi prometida.° Bajé a la playa. El sol ya **se había escondido;**° sólo quedaban unos pocos pescadores. Los castillos de arena que con tanto afán° **habían construido** los niños, comenzaban a deteriorarse azotados° por las olas. Pasé por todos los lugares que juntos **habíamos recorrido** días antes y por primera vez sentí el peso de mi soledad.

cintura waist
pecho chest

prometida novia
escondido ocultado
afán trabajo
azotados golpeados

Preguntas

1. Describa Ud. el último encuentro de los enamorados. ¿Cómo lo pasaron?
2. ¿Adónde fue el narrador después del encuentro?
3. ¿Qué hora del día era? ¿Qué ve el narrador?
4. ¿Cuál de los dos cree Ud. que está más enamorado? ¿Cómo lo sabe?

6. Las formas del pluscuamperfecto

Formamos el pluscuamperfecto con el imperfecto de **haber** y el participio pasado.

Formación del pluscuamperfecto			
	ayudar	**comer**	**subir**
había habías había habíamos habíais habían	ayudado	comido	subido

Práctica

Cambie el verbo al pluscuamperfecto.

> *Ejemplo:* **La familia Calderón les *regaló* la torta.**
> **La familia Calderón les *había regalado* la torta.**

1. Yo *tomé* todas las precauciones antes de viajar.
2. ¿*Visitó* Ud. esta región antes?
3. La niña *se quedó* sola con su perro.
4. Los Guillén *se fueron* de vacaciones por una semana.
5. Mi tía *pudo* levantarse temprano.
6. *Hacía* todo lo posible para complacerme.
7. ¿*Viste* aquel cuadro tan famoso?
8. Él *abrió* la puerta con mucho cuidado.
9. Sonia *escribió* muchísimas cartas.
10. Para ese día *rompió* su compromiso con Alicia.

7. Los usos del presente perfecto y del pluscuamperfecto

El presente perfecto expresa:
1. Una acción que ha terminado en el pasado inmediato.[7] Mi esposa ya **ha acostado** al niño y ahora estamos para salir. Aún recuerdo todo lo que me **ha prometido**. **He roto** mi compromiso con Juan y estoy saliendo con Miguel.

El pluscuamperfecto expresa:
1. Una acción pasada, anterior a otra acción también pasada: Mi esposa ya **había acostado** al niño y por eso pudimos salir. Aún recordaba todo lo que me **había prometido**. Ya **había roto** mi compromiso cuando conocí a Miguel.

---

[7] En ciertas regiones de España y algunos países hispanoamericanos se usa el presente perfecto en lugar del pretérito para expresar una acción terminada en un pasado no muy reciente:

Este año **he visitado** a mi tía tres veces.
Jaime López **ha ganado** la carrera con un tiempo de diez segundos.

El presente perfecto expresa:
2. Una acción pasada que continúa o puede repetirse en el presente: **Ha estado** visitándome a menudo. Día a día **he visto** crecer a mis hijos. Aún no me **has dicho** por qué no me quieres.

Práctica

A. *Complete con la forma apropiada del presente perfecto o del pluscuamperfecto.*

1. Antes de salir de casa Juan Carlos le dijo a su madre que no _____ (dormir) bien. La noche anterior _____ (tener) una pesadilla en la que dos hombres lo perseguían por calles y plazas. Al llegar a la escuela su compañero Pepe le preguntó:—Oye, Juan Carlos, ¿qué tienes? Me parece que tú _____ (ver) al diablo.—Juan Carlos, tratando de sonreír, le respondió con otra pregunta:—¿ _____ (soñar) alguna vez que querías escapar pero no podías?—Pepe se puso pensativo y dijo:—No exactamente, pero sí, me despierto a veces pensando que _____ (descubrir) una zona desconocida.

2. Aquel día yo _____ (cobrar) mi sueldo y quería hacerle un regalo a mi madre. Ella me _____ (decir) que le gustaría tener una blusa de seda. Sus amigas la _____ (invitar) a una fiesta y deseaba estar muy elegante porque le _____ (informar) que una de sus amigas de la infancia estaría allí. Entré en un almacén pensando en una blusa que sería del agrado de mi madre. Aún yo no _____ (escoger) una de ellas cuando oí a la vendedora que me decía:—Estas blusas _____ (ser) rebajadas de precio y son muy bonitas. Hoy nosotros _____ (vender) muchísimas.—No dudé más y compré una de ellas.

B. *Forme oraciones completas en el pasado.*

1. Anoche / cuando / yo / salir / casa / padres / no / haber / volver / todavía
2. Mi esposo / ya / haber / poner / platos / mesa / cuando / acordarse / que / (él) / no / haber / traer / vino
3. Hoy / nosotros / haber / ver / película / chistoso
4. Cuando / tú / llegar, / María Inés / ya / haber / terminar / tarea
5. Yo / no / darse cuenta / que / años / haber / pasar / hasta que / hijo / menor / irse / estudiar / Estados Unidos
6. ¿Haber / llevar / tú / hijos / parque?
7. novio / ya / haber / comprar / sortija de compromiso / cuando / novia / desaparecer

Palabras traicioneras

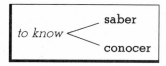

saber *to know something, to know a fact*
Sé que estás cansada pero tenemos que terminarlo hoy.

to know well, to know by heart
Si quieres, recito el poema que **sé**.

to know a language
Los hijos de los Bousquet **saben** francés y español.

to know how to do something
Sabe tocar el piano y la guitarra.

conocer *to be acquainted with a person or place*
¿Cuántos años hace que **conoces** a María?
Conozco San Francisco mejor que Los Ángeles.

to be familiar with
Todos **conocen** la gran novela española *Don Quijote de la Mancha*.
¿**Conoce** Ud. el proyecto del nuevo ingeniero?

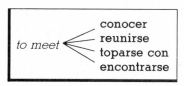

conocer *to meet (someone) for the first time*
Conocí a mi novio en un baile.

reunirse *to meet with a group or club*
Nos reuniremos mañana para discutir la propuesta del señor Núñez.

toparse (tropezar) con *to meet by accident, to run into*
Caminando por la Quinta Avenida de Nueva York, **nos topamos con** Julio Cortázar.

encontrarse *to meet by appointment or chance*
Nos encontraremos a las ocho en el parque.
¡Imagínate! Cuando estuve en Sevilla **me encontré** con tu hermana.

Práctica

A. ¿*Saber o conocer?*

1. El señor Rodríguez (conoce / sabe) los vinos de Chile mejor que los chilenos.
2. Tuvimos que memorizar ese poema en la escuela secundaria y yo lo (sé / conozco) todavía.
3. Es evidente que Ud. (sabe / conoce) hablar portugués muy bien.
4. ¿(Sabe / Conoce) Ud. a María Teresa?—No personalmente, pero (sé / conozco) que trabaja en el Banco Popular.
5. ¿(Saben / conocen) Uds. arreglar coches?
6. Anoche nosotros (supimos / conocimos) a la hermana de Juan en casa de los Suárez.

B. *Complete la oración con uno de los verbos en español que expresa* to meet.

1. Ayer los dirigentes obreros _____ para hablar con el representante de la compañía.
2. Cuando Caperucita Roja _____ con el lobo en el bosque, tuvo mucho miedo.
3. El día que yo te _____, mi primera impresión fue que eras muy tímido.
4. Susana me dijo que Uds. van a _____ en San Juan de Puerto Rico.
5. Quiero _____ al nuevo estudiante; me han dicho que es muy simpático.

Desarrollo

Ampliación de gramática

A. *Ponga el siguiente relato en el pasado.*

Todos los días mi madre entra silenciosamente en nuestro dormitorio. Mi hermano menor y yo nos ponemos de pie para saludarla y preguntarle si ha dormido bien. Con la sonrisa de siempre nos responde que ha descansado agradablemente y, a su vez, nos pregunta si hemos pasado una buena noche. A veces permanece un momento con nosotros y mientras escucha nuestros proyectos para el día, va y viene por la habitación poniendo todo en orden. Después de darnos algunos consejos y algunas monedas, vuelve a sus quehaceres domésticos. ¡Indudablemente ella es imprescindible en nuestro hogar!

B. *Complete con la forma apropiada del tiempo pasado.*

Mi tío marinero

Cuando yo _____ (abrir) la puerta lo _____ (reconocer) al instante. Él _____ (ser) como me lo _____ (haber / imaginar) tantas veces: alto, fuerte, con su gorra (*cap*) marinera que le _____ (llegar) hasta los ojos. Me _____ (sonreír) a través del humo que _____ (escapar) de su pipa. Me _____ (preguntar) si (yo) _____ (saber) quién era y (yo) _____ (mover) afirmativamente la cabeza sin atreverme (*daring*) a llamarlo tío. _____ (Ser) la primera vez que lo _____ (ver). Mi madre me _____ (haber / contar) muchas anécdotas de un tío marinero que pasaba su vida en alta mar, y por las noches, cuando (yo) _____ (encontrarse) solo en mi cuarto, me _____ (gustar) imaginar que algún día sería como él. Ahí _____ (estar), en el umbral (*threshold*) de la puerta. Mi madre lo _____ (recibir) con todo afecto y la noche _____ (transcurrir) plácidamente. Yo _____ (traer) mi cajita verde donde _____ (guardar) todas las postales que nos _____ (haber / enviar) de los diferentes puertos. Se las _____ (enseñar) y tímidamente le _____ (preguntar): «¿Quieres llevarme contigo?» Pasándome su tosca (*rough*) mano por el cabello me _____ (contestar) sonriente: «El día que tengas barba zarparás (*set sail*) conmigo.»

C. *Complete con la forma apropiada del tiempo pasado.*

Recuerdos de mi infancia

_____ (Ser) una mañana clara de primavera. A lo lejos se _____ (ver) la antigua iglesia del pueblo bajo las nubes que _____ (pasar) tranquilamente. De pronto yo _____ (oír) un sonido que nunca antes _____ (haber / escuchar). _____ (Sonar) como si miles de olas (*waves*) rompieran en la playa. Yo _____ (correr) rápidamente a la zona norte del pueblo de donde _____ (venir) el ruido desconocido. Se _____ (poder) ver, por encima de los techos de las casas, una gran columna de humo. Yo _____ (pensar) que quizá _____ (haber / explotar) alguna máquina de unos obreros que _____ (trabajar) en esa zona. Mucha gente _____ (correr) en la misma dirección, los niños _____ (llorar) y la gente _____ (salir) a las ventanas con caras de sorpresa. Por fin, (yo) _____ (llegar) lo suficientemente cerca para observar lo que _____ (suceder). _____ (Haber) miles de hombres y mujeres alrededor de un monstruo de hierro (*iron*). Muchos de ellos _____ (reír) nerviosamente, mientras otros _____ (acercarse) para tocar con sus propias manos aquella maravilla. Otros _____ (alejarse) (*move away*) con miedo. Nunca antes nadie _____ (haber / ver) aquel espectáculo en mi pueblo. Yo _____ (sonreír) por un momento. Luego _____ (pensar) que al fin la civilización nos _____ (haber / alcanzar) (*reach*). Ahí _____ (estar), entre la gente, el primer ferrocarril de vapor (*steam*) que _____ (venir) a mi pueblo.

La familia de Juan Ruiz León

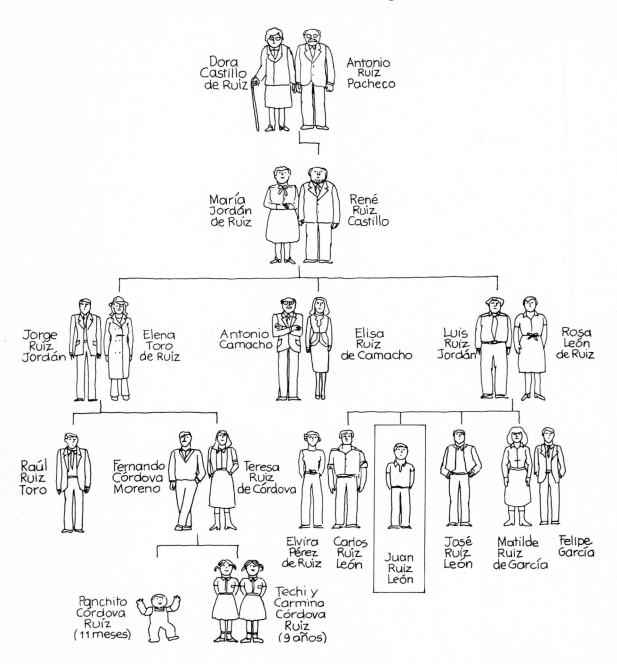

Dora Castillo de Ruiz — Antonio Ruiz Pacheco

María Jordán de Ruiz — René Ruiz Castillo

Jorge Ruiz Jordán — Elena Toro de Ruiz — Antonio Camacho — Elisa Ruiz de Camacho — Luis Ruiz Jordán — Rosa León de Ruiz

Raúl Ruiz Toro — Fernando Córdova Moreno — Teresa Ruiz de Córdova — Elvira Pérez de Ruiz — Carlos Ruiz León — Juan Ruiz León — José Ruiz León — Matilde Ruiz de García — Felipe García

Panchito Córdova Ruiz (11 meses) — Techi y Carmina Córdova Ruiz (9 años)

Ampliación de léxico

A. Fíjese en el árbol genealógico y conteste las preguntas.

1. ¿Quiénes son los padres de Juan Ruiz León?
2. ¿Cuántos hermanos tiene Juan? ¿Cuántas hermanas?
3. ¿Cómo se llama la abuela de Juan?
4. ¿Quién es Elvira?
5. ¿Quiénes son los tíos de José?
6. ¿Tiene hermanos solteros? ¿Quiénes son?
7. ¿Cómo se llama su sobrino? ¿y las sobrinas gemelas?
8. ¿Cuál es el lazo familiar con Felipe García?
9. ¿Son las hermanas gemelas mayores que Panchito?
10. ¿Cuál es la relación de Juan Ruiz León y René Ruiz Castillo?

B. Complete las oraciones con la palabra apropiada de la lista.

hogar	nos casaremos	celoso	dio a luz
niño	cooperar	comprometidos	a primera vista
nuera	cortejando	embarazada	
tía	respetamos		
suegra			

1. Ya mi novio me regaló el anillo de compromiso. Estamos _____.
   Dentro de un año _____.
2. Desde que lo vi me enamoré de él. Fue amor _____.
3. Cuando su marido la estaba _____, le regalaba flores y
   caramelos.
4. Su novio es muy _____. Nunca la deja salir sola.
5. La palabra *casa* se refiere más al edificio donde vivimos, mientras que
   su sinónimo, _____, indica el centro íntimo de la familia.
6. Juanita va a tener un bebé. Está _____.
7. Clara fue al hospital con dolores anoche, pero no _____ hasta esta
   mañana. Tuvo un _____ que pesa nueve libras.
8. La esposa del hermano de mi madre es mi _____.
9. Mi esposa y yo nos llevamos bien porque nos _____ y sabemos _____.
10. La mamá de mi marido es mi _____. Yo soy su _____.

Motivos de discusión

1. Describa Ud. cómo es su familia. ¿Es grande? ¿pequeña?
   ¿interesante? ¿aburrida? ¿religiosa? ¿cariñosa? ¿tradicional? ¿moderna?
   En su opinión, ¿en qué aspectos es típica? ¿en cuáles única?
2. Cuente Ud. alguna anécdota familiar que recuerde. Puede ser un
   acontecimiento reciente o pasado, cómico o triste, importante o trivial.
3. ¿Cuáles son las obligaciones de los padres para con los hijos? ¿y las
   obligaciones de los hijos para con los padres? ¿Deben trabajar las
   madres con niños pequeños? ¿Hasta qué punto tienen que obedecer
   los hijos a sus padres?

4. ¿A qué se debe la debilitación de los vínculos familiares? Según lo que Ud. sabe de los cambios sociales de los últimos años, ¿cuáles son los aspectos de la sociedad moderna que han contribuido a esta debilitación?

5. ¿Quién debe ser el jefe de la familia? ¿Cuáles son las implicaciones sociales y psicológicas de la tradición en la que el padre es el jefe?

6. ¿Conoce Ud. a una familia hispánica? ¿Qué aspectos encuentra Ud. diferentes de la familia norteamericana?

7. ¿Cómo difieren las generaciones? ¿En qué aspectos son parecidas? ¿Cuáles son algunas de las causas de los conflictos entre las generaciones?

8. ¿Cómo ha cambiado la familia en los últimos diez o veinte años? ¿Puede Ud. ofrecer varias explicaciones para los cambios que hemos experimentado?

9. La institución del matrimonio: ¿cree Ud. que ha pasado de moda? ¿Por qué piensa Ud. que vemos tantos divorcios hoy en día? ¿Cómo han cambiado nuestras ideas sobre las obligaciones de los esposos?

10. ¿Cómo ve Ud. el papel de la mujer y del hombre en la situación familiar? ¿Está Ud. de acuerdo con los principios de la liberación femenina? ¿Qué sabe Ud. de la vida, de los derechos y de los deberes de la mujer en los países de habla española?

11. ¿Piensa Ud. casarse algún día? ¿y tener hijos? Si pudiera escoger, ¿cómo sería su familia ideal?

Temas de composición

1. Piense en una situación familiar por la cual ha pasado su familia y cuéntela poniendo atención a los tiempos verbales del pasado. Trate de recordar sus emociones en aquel momento. Ud. puede describir (a) la mudanza de la familia a otra ciudad, (b) el nacimiento de un bebé, (c) una riña entre Ud. y otra persona, (d) un divorcio, (e) una muerte, (f) la boda de un(a) hermano (-a), (g) su partida a la universidad, o cualquier otra situación que se le ocurra. Ahora, ¡a escribir!

2. Ud. acaba de cumplir los 85 años y es bisabuelo (-a) de ocho, abuelo (-a) de seis, y padre (madre) de cuatro. Ud. ya ha visto dos guerras mundiales, varias crisis económicas y muchos problemas sociales. Dé sus opiniones sobre el mundo de hoy, especialmente sobre el nuevo concepto de la familia: la liberación de la mujer, el divorcio y las relaciones entre padres e hijos. ¿Qué consejos podría Ud. ofrecer para una vida mejor?

Debate

¿Predominan los derechos de los padres o los derechos de los hijos?

Hace unos años un joven de doce años emigró con su familia de un país comunista a los Estados Unidos. Después de algún tiempo el padre decidió volver a su país porque no encontró aquí la vida que esperaba llevar. El joven, sin embargo, se había acostumbrado a este país y dijo que preferiría quedarse aquí sin sus padres que volver a su país de origen. Pero como los padres insistían en que el niño regresara con ellos, este asunto familiar se convirtió en un problema internacional que tuvo que decidirse en los tribunales.

Formen dos grupos, uno que apoya la causa del joven y otro que da la razón a los padres y discútanlo en clase.

Pro joven	*Pro padres*
El niño tenía el derecho de decidir su futuro. Los Estados Unidos no sólo le habían otorgado asilo y residencia permanente sino que le encontraron un nuevo hogar para que el niño permaneciera en este país.	El estado no tiene derecho de mezclarse en los asuntos familiares. El niño tenía que obedecer a sus padres hasta llegar a la mayoría de edad (18 años). Además, éste es un asunto familiar en el que el estado jamás habría intervenido si los padres hubieran decidido quedarse en los Estados Unidos.

Mini-teatro en dos actos

Lugar: una vivienda modesta

Personajes: Paco Juárez—esposo de Josefina
Josefina de Juárez—esposa de Paco
Doña Matilde—madre de Josefina

Antecedentes: Paco y Josefina Juárez se casaron hace cinco años. Los primeros años de matrimonio fueron muy felices; por supuesto que reñían de vez en cuando, como todas las parejas jóvenes, pero muy pronto hacían las paces. Cuando Josefina dio a luz su primer bebé, Doña Matilde vino para ayudar con la niñita y con los quehaceres de la casa. Al principio Paco estaba muy contento con su suegra porque ella se encargaba de todo y ni él ni Josefina tenían que preocuparse de nada. Después de seis meses de hacer las cosas como quería la mamá de Josefina, Paco comienza a sentirse extraño en su propia casa y desde hace dos semanas busca la oportunidad de hablar con su esposa.

Guía para la escenificación:

Primer acto: ¿Qué dirá Paco? ¿Cómo reaccionará la esposa? ¿Estará enojada con Paco pensando que él es un ingrato y defenderá a su «pobre mamá»? ¿Estará sorprendida? ¿O estará de acuerdo con él y tendrá ganas de independizarse de su madre y cuidar personalmente a su niña?

Segundo acto: Paco y Josefina han discutido el asunto y ahora están en presencia de Doña Matilde. ¿Qué le dirán? ¿Le agradecerán por todo y la devolverán a su propio hogar donde su esposo la necesita más? ¿Cuál será la reacción de la suegra?

Telón

Lección 2

Los senderos de la enseñanza

SER, ESTAR, TENER Y HABER

Ser, estar, tener y haber *en función del verbo «to be»*
Ser, estar, tener y haber *en sus diversas funciones*
El verbo hacer *en expresiones temporales*

Enfoque: Gramática en contexto

Lea el diálogo y en el cuadro que sigue analice los usos de los verbos **ser**,
estar, **tener** y **haber**.

EXPERIENCIAS ESTUDIANTILES

RICARDO: ¡Hola, Pedro! ¿Qué tal? Hacía mucho tiempo que no te veía. ¿Dónde **estuviste** el año
pasado?

PEDRO: **Estuve** en España. **Fui admitido** por la Universidad de Madrid y asistí a un curso intensivo
sobre la historia y la cultura española.

5 **RICARDO:** ¿Y cuáles **son** tus impresiones estudiantiles?

PEDRO: Pues, el curso **fue** excelente. Algunas de las asignaturas que seguí **fueron** muy difíciles y
tuve que estudiar mucho para no **ser suspendido** en los exámenes. Pero valió la pena: no
sólo aprobé el curso sino que **fui felicitado** por el decano de la facultad.

RICARDO: ¿**Hay** muchas diferencias entre el sistema universitario americano y el español?

10 **PEDRO:** Para nosotros, que **somos** americanos, el sistema de enseñanza en España nos parece algo
rígido. **Hay** muy pocas materias electivas y todos los estudiantes que se matriculan en una
carrera deben seguir las mismas asignaturas para recibir el título de licenciado.

RICARDO: ¿Te gustaron los catedráticos españoles?

PEDRO: ¡Ya lo creo! Sobre todo el Sr. Sánchez que dictó el ciclo de conferencias sobre la historia
15 de España. **Es** un hombre muy dinámico que quiere y admira mucho su país. **Era**
interesante observar la atención con que lo escuchaban los alumnos y los muchos apuntes
que tomaban durante las clases.

RICARDO: ¿**Estuviste** también de vacaciones?

PEDRO: Sí, fui a Barcelona con algunos compañeros de la residencia estudiantil, pero no **fueron**
20 muy buenas. Hacía mal tiempo, los días **fueron** muy lluviosos, y no **tenía** sentido ir a la
playa; así **es** que **estuvimos visitando** museos e iglesias. **Había que aprovechar** el tiempo.

RICARDO: Pues, hombre, veo que **estás** muy contento de tu viaje. Yo también **tengo pensado** un
viaje. **Estoy solicitando** una beca para estudiar en México el año que viene. Además, **tengo**
una hermana en Veracruz y me gustaría visitarla.

25 **PEDRO:** Me alegro mucho. Tú **eres** un estudiante muy bueno y mereces **ser recompensado**.

RICARDO: Mira, aquel café que **está abierto**, **es** de nuestro antiguo compañero, Jorge. Aún no lo
he visitado. ¿Por qué no le damos una sorpresa? Hace mucho calor y **tengo** sed.

PEDRO: **Es** verdad, pero dime, ¿qué hora **es**?

RICARDO: **Son** las dos y veinte y la próxima clase no comienza hasta las tres. ¿**Estás** de acuerdo?

30 **PEDRO:** Bueno, vamos, pero **hemos de apurarnos**. No quisiera llegar tarde a clase.

Examine los usos de **ser, estar, tener** y **haber** en la lectura *Experiencias estudiantiles*.

¿Qué expresa el verbo *ser*?	¿Qué expresa el verbo *estar*?
1. Características esenciales: . . . las asignaturas que seguí **fueron** muy difíciles . . . (l. 6) (mis vacaciones) . . . no **fueron** muy buenas. (ll. 19–20)	1. Estados o condiciones: . . . veo que **estás** muy contento de tu viaje. (l. 22)
2. Origen o nacionalidad: . . . nosotros . . . **somos** americanos . . . (l. 10)	2. Lugar o situación: ¿Dónde **estuviste** el año pasado? (ll. 1–2) **Estuve** en España. (l. 3)
3. Posesión: . . . aquel café . . . **es** de nuestro antiguo compañero, Jorge. (l. 26)	3. Expresiones especiales: ¿**Estuviste** . . . de vacaciones? (l. 18) ¿**Estás** de acuerdo? (l. 29)
4. Identidad entre el sujeto y un sustantivo: (El Sr. Sánchez) . . . **es** un hombre muy dinámico. (l. 15)	4. Acción progresiva (con el participio presente): . . . **estuvimos visitando** museos e iglesias. (l. 21) **Estoy solicitando** una beca. (l. 23)
5. La hora: ¿Qué hora **es**? **Son** las dos y veinte . . . (ll. 28–29)	5. Estado o resultado de una acción anterior (con el participio pasado): . . . aquel café **está abierto** . . . (l. 26)
6. La voz pasiva (con el participio pasado): **Fui admitido** por la Universidad de Madrid . . . (l. 3) . . . mereces **ser recompensado**. (l. 25)	

¿Qué expresa el verbo *tener*?	¿Qué expresa el verbo *haber*?
1. Posesión: . . . **tengo** una hermana en Veracruz . . . (ll. 23–24)	1. Existencia: ¿**Hay** muchas diferencias entre el sistema universitario americano y el español? (l. 9) **Hay** muy pocas materias electivas . . . (l. 11)
2. Obligación personal (**tener que** + infinitivo): . . . **tuve que estudiar** mucho . . . (l. 7)	2. Obligación impersonal (**haber que** + infinitivo): **Había que aprovechar** el tiempo. (l. 21)
3. Expresiones especiales: . . . no **tenía** sentido ir a la playa. (ll. 20–21) . . . **tengo** sed. (l. 27)	3. Compromiso o leve obligación para el futuro (**haber de** + infinitivo): . . . **hemos de apurarnos**. (l. 30)
4. Acción ya cumplida (con el participio pasado): . . . **tengo pensado** un viaje. (l. 22)	4. Tiempos compuestos (con el participio pasado): Aún no lo **he visitado**. (ll. 26–27)

Perspectivas

Léxico *LOS SENDEROS DE LA ENSEÑANZA*

Los que enseñan y aprenden *(Teachers and learners)*

el **alumno,** la **alumna** pupil
el **bachiller,** la **bachiller** high school graduate
el **compañero,** la **compañera de cuarto** roommate
el **decano,** la **decana** dean
el **estudiante,** la **estudiante** student

el **licenciado,** la **licenciada** university graduate
el **maestro,** la **maestra** teacher
el **oyente,** la **oyente** auditor
el **profesor,** la **profesora** / el **catedrático,** la **catedrática** professor
el **rector,** la **rectora** principal

Los sitios de la enseñanza *(Places of education)*

el **colegio** private elementary or high school
la **escuela primaria** elementary school
  secundaria high school
  vocacional vocational school
  preparatoria preparatory school

la **facultad** school (division of a university)
el **jardín de infantes** kindergarten
la **residencia estudiantil** dormitory
la **sala de clase,** el **aula** classroom
la **universidad** university

Las actividades universitarias *(University activities)*

aprobar (o>ue) to pass
asistir a to attend
corregir (e > i) un error to correct an error
deletrear to spell
dictar una conferencia to give a lecture
estar equivocado to be wrong
fracasar, ser suspendido to fail
graduarse to graduate
matricularse, ingresar (a) to register

pasar lista to call the roll
prestar, poner atención to pay attention
sacar notas, recibir calificaciones to get grades
salir bien (mal) en un examen to do well (poorly) on an exam
solicitar una beca to apply for a scholarship
tener razón to be right
tomar apuntes to take notes

Los estudios *(Studies)*

la **asignatura, materia** (school) subject
la **carrera** profession
el **curso** (year-long) course
la **especialización** major
el **juguete pedagógico** educational toy
la **lectura** reading

los **requisitos** requirements
la **tarea** homework
los **títulos** titles, diplomas
  el **bachillerato** high school diploma
  la **licenciatura** university degree

SER, ESTAR, TENER Y HABER *EN FUNCIÓN DEL VERBO «TO BE»*

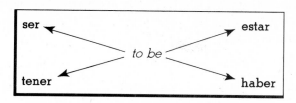

Un problema de la educación superior en España

El gran problema actual de la educación en España **es** que dominan las carreras tradicionales con menos futuro. **Son** muchos los estudiantes que siguen carreras para las que no **hay** demanda en el mercado de trabajo. Un gran número de estudiantes desprecia la formación técnica para la que **hay** mejores perspectivas. Esta tendencia **está** en contradicción con las corrientes mundiales y conduce a miles de estudiantes hacia el fracaso seguro.

Hay quienes piensan que la actual estructura educativa **es** inadecuada y no resuelve el problema del desempleo en España. En el futuro **será** necesario

En un patio de la Universidad de Barcelona un grupo de estudiantes charla después de las clases.

tener más cuidado en la elaboración de los programas educativos. Un objetivo deseable para esta década **sería** duplicar el número de alumnos de formación técnica (mecánicos, electricistas, mineros, etc.) y congelar° el número de alumnos de bachillerato que aspiran a carreras como derecho, medicina, filosofía y letras, etc. **Es** conveniente empezar a valorar más la educación técnica, que **está** muy desprestigiada,° y dejar de pensar que lo mejor para los niños **es** un título universitario.

congelar *to freeze*

desprestigiada sin prestigio

𝒫*reguntas*

1. ¿Cuál es el gran problema actual de la enseñanza en España?
2. ¿Cuál es la diferencia entre la formación técnica y el bachillerato?
3. ¿Cómo se puede resolver el problema?
4. ¿Cree Ud. que existe el mismo problema en los Estados Unidos? Explique su respuesta.

1. **Ser** *y* **estar** + *adjetivo en función del verbo «to be»*

ser + *adjetivo*	**estar** + *adjetivo*
Expresa características esenciales de personas o cosas:	Expresa condiciones o estados transitorios o la apariencia (y no la esencia) de personas o cosas:
La estudiante **es** bonita.	¡Qué bonita **estaba** la estudiante el día de la fiesta!
El profesor Gómez **es** viejo. Tiene 80 años.	El profesor tiene sólo 32 años, pero **está** viejo porque ha sufrido mucho.
La casa **es** blanca. La alumna **es** venezolana. El cura **es** católico.	La casa **está** amarilla por el sol.

Algunos adjetivos expresan distintos significados según el uso con **ser** *o* **estar:**	
Fernando **es** bueno (*good character*). 　　　　**es** aburrido (*boring*). 　　　　**es** callado (*taciturn*). 　　　　**es** listo (*smart*). 　　　　**es** interesado (*selfish*). 　　　　**es** malo (*bad*). 　　　　**es** preparado (*cultivated*). 　　　　**es** vivo (*alert*). El coche **es** nuevo (*brand new*). Las uvas **son** verdes (*green*).	Fernanda **está** buena (*in good health*). 　　　　**está** aburrida (*bored*). 　　　　**está** callada (*silent*). 　　　　**está** lista (*ready*). 　　　　**está** interesada (*interested*). 　　　　**está** mala (*sick*). 　　　　**está** preparada (*prepared*). 　　　　**está** viva (*alive*). El coche **está** nuevo (*unused*). Las uvas **están** verdes (*not ripe*).

Práctica

A. *Explique oralmente el uso de* **ser** *o* **estar** + *adjetivo.*

> *Ejemplo:* **Mi maestra *está* preocupada.**
> ***Explica la condición mental; por lo tanto usamos el verbo estar.***

1. Mi compañero de cuarto *es* gordo.
2. El niño *estaba* muy callado; creía que *estaba* enfermo.
3. Aunque *era* muy listo, *estaba* nervioso porque hoy comenzó en su nuevo puesto.
4. Mi perrita aún *está* viva, pero *está* muy mala.
5. Mi vestido *era* rojo pero después de lavarlo *está* rosado.

B. *Seleccione el verbo apropiado.*

1. ¿(Es / Está) Ud. lista para ir a la facultad? Tenemos que apurarnos.
2. Todos dicen que el nuevo estudiante (es / está) muy inteligente.
3. Creo que Uds. (eran / estaban) preparados para las malas noticias.
4. La maestra (era / estaba) muy seria pero aquel día (era / estaba) muy alegre.
5. Jaime y Roberto (son / están) aburridos porque sus clases (son / están) muy aburridas.

2. Ser y estar + preposición en función del verbo «to be»

ser + de Expresa posesión, origen o material: Los cuadernos no **eran de** María. (posesión) El conferenciante **es de** Bolivia. (origen) Aquel bolígrafo **es de** plata. (material)	**estar + de** Es equivalente de **ocupar el cargo de, actuar como:** La última vez que lo vi **estaba de** jardinero.[1] Ahora **está de** director del programa.[1]
ser + para Expresa destino o fecha de vencimiento: Los libros **son para** el rector. (destino) Esta residencia **es** sólo **para** mujeres. (destino) La tarea **es para** mañana. (fecha de vencimiento)	**estar + para** + *infinitivo* Es equivalente de **listo para . . .** (*to be about to . . .*): Cuando me llamaste **estaba para salir.** Después de recibir su nota final **estaba para llorar.**

---

[1]También se podría expresar estas frases con el verbo **ser:**

> La última vez que lo vi **era** jardinero.
> Ahora **es** director del programa.

Práctica

Complete las oraciones con el presente del verbo **ser** o **estar** y la preposición **de** o **para:**

1. El reloj de la clase _____ _____ bronce.
2. En este momento nosotros _____ _____ comer.
3. ¿Quién pregunta si esa muchacha _____ _____ Centroamérica?
4. La tarjeta dice que las flores _____ _____ mí.
5. Sólo sé que mi amigo _____ _____ director de una escuela rural.
6. La composición sobre los problemas universitarios _____ _____ la próxima semana.
7. La escalera de aquel museo _____ _____ mármol.
8. La biblioteca _____ _____ cerrarse.
9. Todos estos libros _____ _____ ti.
10. Yo _____ _____ oyente en la clase de español.

3. Ser y estar + sustantivo o pronombre en función del verbo «to be»

ser + *sustantivo o pronombre*
Expresa identidad entre el sujeto y el sustantivo o pronombre: La señora Alonso **es** profesora en la facultad de ingeniería.   Un colegio **es** una escuela secundaria.   Alfonso X **fue** rey de Castilla y León.   Los que asistieron al concierto **fueron** ellos.

estar + *sustantivo o pronombre*
Indica que una persona o cosa está presente o lista: (Los adjetivos o adverbios **lista, aquí, allí, en casa** no se expresan.)   ¿**Está** Juanita? (*Is Juanita there/ here/at home/ready?*)   Fui a su oficina pero no **estaba** (allí) el profesor.   ¿Ya **están** (listas) las tareas?   ¿Cuándo **estarán** ellos?—Creo que a las nueve.

Práctica

Conteste las preguntas usando **ser** o **estar** + *sustantivo o pronombre.*

1. ¿Quién es ese señor?
2. ¿Ya está el almuerzo?
3. ¿Qué es una facultad?
4. ¿Qué es esto?
5. ¿Quiénes no están?
6. ¿Cuál es la universidad más conocida de España?
7. ¿Cuál fue su asignatura favorita en la escuela secundaria?
8. ¿Cuál es su especialización?

4. Ser, estar y haber *para expresar existencia*

ser
Expresa existencia en el sentido de **tener lugar, ocurrir**:   La fiesta **será** [tendrá lugar] en casa de los profesores.   La reunión **fue** a las ocho.

estar	haber
Expresa la localización de personas o cosas: ¿Dónde **estaban** los alumnos?—**Estaban** en la sala de conferencias. La información sobre los nuevos cursos **está** en la mesa.	En la tercera persona singular expresa la existencia de personas o cosas (INGLÉS: *There is . . . There are . . . Is there . . . ? Are there . . . ?*): ¿Qué **había** en la sala de conferencias? —**Había** muchos alumnos en la sala. **Hay** mucha información sobre los nuevos cursos.

Práctica

A. *Conteste de una manera original.*

1. ¿Cuántos libros hay en la colección?
2. ¿Dónde estaban los cuadernos que buscabas?
3. ¿Dónde será la conferencia sobre anatomía?
4. ¿Quiénes estaban en el aula?
5. ¿A qué hora fue la reunión del club de español?
6. ¿Qué hay en esa caja que llevas?

B. *Conteste con la forma apropiada de* **estar** *o* **haber**.

La semana pasada _____ un incendio misterioso en la residencia estudiantil. Como era la semana de los exámenes finales, la mayoría de los estudiantes _____ en sus dormitorios rompiéndose la cabeza con los estudios. Unos pocos _____ en los corredores comentando y riéndose sobre los incidentes del día. Poco antes de que sonara la alarma, yo vi que en el cuarto piso _____ un grupo de cinco muchachos que hablaba en voz baja. Los volví a ver cuando salí de mi cuarto para hablar con un amigo. Los cinco desconocidos _____ en un rincón, cerca de una mesita donde _____ un montón de periódicos viejos. Por un instante pensé que los muchachos no debían de _____ allí, pero no presté mucha atención al asunto porque tenía que estudiar para el día siguiente. Serían las diez y cuarto cuando sonó la alarma. Abrí la puerta y vi que _____ una gran confusión en los corredores y pasillos.

Más tarde expliqué lo que había visto a los bomberos (*firemen*) que dirigían la investigación pero todavía no _____ bastante evidencia para encontrar a los culpables (*guilty ones*).

5. Ser, estar, hacer, haber *y* tener *en expresiones de tiempo (cronológico y meteorológico) que expresan «to be»*

ser	*estar*
Expresa el día, la fecha, la hora, las estaciones del año: Hoy **es** lunes. **Eran** las cinco y media. En los meses de junio, julio y agosto **es** invierno en Chile.	Expresa los estados del tiempo: **Está** nublado. El día **está** lluvioso. El cielo **está** despejado.
hacer	*haber*
En la tercera persona singular expresa el tiempo meteorológico: ¿Qué tiempo **hace** hoy?—**Hace** buen (mal) tiempo. **Hace** fresco bajo los árboles. **Hacía** (había) mucho viento y llovía.	Se usa en la tercera persona singular en expresiones impersonales de tiempo donde el aspecto visual es importante: **Había** una gran tempestad. **Hay** nieve en la cumbre. **Había** (hacía) mucha neblina.
tener	
Expresa el efecto de la temperatura en personas y animales: Paco, si **tienes** calor, ¿por qué no te quitas la chaqueta? Mi gato se sienta cerca del hogar cuando **tiene** frío.	

Práctica

Complete con la forma apropiada de **ser**, **estar**, **hacer**, **haber** *o* **tener** *en expresiones de tiempo.*

Había pasado el verano. Ya _____ invierno. Los estudiantes de la residencia opinaban que las nubes que se veían en el cielo anunciaban una gran tempestad. Sería imposible jugar el partido de fútbol. _____ mucha humedad y la atmósfera _____ cargada de electricidad. De pronto se oyeron los primeros truenos y comenzó la lluvia. Dos jóvenes jugadores se lamentaban:

—Como ———— mal tiempo creo que se suspenderá el partido.

—Todavía ———— temprano. ———— las tres de la tarde y el partido ———— a las cinco.

—¿Qué hacemos mientras esperamos para ver lo que pasa?

—Bueno, como ———— fresco y me parece que tú ———— frío, ¿por qué no tomamos un café?

6. Estar y tener *en expresiones especiales para expresar* «to be»

$$
\text{estar de} \begin{cases} \text{acuerdo (con)} \\ \text{buen (mal) humor} \\ \text{moda} \\ \text{pie} \\ \text{regreso} \\ \text{rodillas} \\ \text{vacaciones} \\ \text{viaje} \end{cases}
\qquad
\text{tener} \begin{cases} \text{calor} \\ \text{celos} \\ \text{cuidado} \\ \text{frío} \\ \text{ganas (de)} \\ \text{hambre} \\ \text{la culpa (de)} \\ \text{miedo} \\ \text{prisa} \\ \text{razón} \\ \text{sed} \\ \text{sueño} \\ \text{vergüenza (de)} \end{cases}
$$

Ejemplos:

Como **estuvimos de pie** durante muchas horas, **teníamos ganas** de sentarnos.

Sé que no **estás de acuerdo** con Raúl y creo que **tienes razón**.

¿Por qué **estás de rodillas?**—Porque **tengo frío, hambre** y **sueño** y te ruego que volvamos a casa.

Me parece que las mini-faldas **están** nuevamente **de moda**.

Tenemos prisa por llegar a la hora.

Tiene vergüenza de sus malas calificaciones.

Práctica

Conteste de una manera original.

1. ¿Por qué tiene Ud. celos de su compañero de cuarto?
2. ¿Cuándo estará de regreso el decano?
3. ¿Quiénes tenían miedo el primer día de clase?
4. ¿Por qué tienen Uds. tanta prisa?
5. ¿Qué clase de zapatos está de moda ahora?
6. ¿Por qué está de buen humor la maestra?

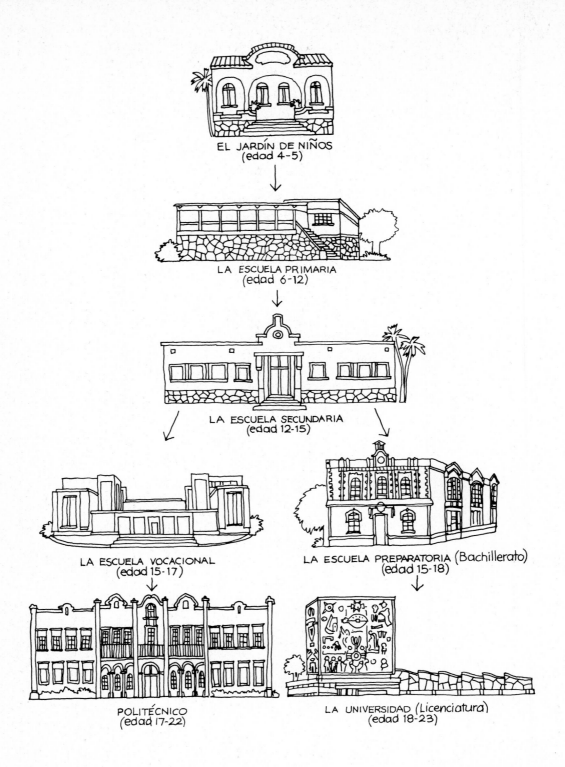

EL JARDÍN DE NIÑOS
(edad 4-5)

LA ESCUELA PRIMARIA
(edad 6-12)

LA ESCUELA SECUNDARIA
(edad 12-15)

LA ESCUELA VOCACIONAL
(edad 15-17)

LA ESCUELA PREPARATORIA (Bachillerato)
(edad 15-18)

POLITÉCNICO
(edad 17-22)

LA UNIVERSIDAD (Licenciatura)
(edad 18-23)

SER, ESTAR, TENER *Y* HABER *EN SUS DIVERSAS FUNCIONES*

El sistema educativo en Hispanoamérica

Los que **han tenido** la oportunidad de estudiar en Hispanoamérica y los Estados Unidos **han podido** observar que la educación recibida es esencialmente la misma. Las diferencias que se encuentran son más de nombre que de hecho.°

La educación básica es semejante. En todos los países hay jardines de niños por los cuales **tienen que** atravesar todos los infantes antes de pasar a la escuela primaria, equivalente a la escuela elemental norteamericana.

El siguiente ciclo de seis años, el bachillerato, **está dividido** generalmente en dos partes. A los primeros tres años se les suele llamar la «secundaria», y a los siguientes tres, la «preparatoria». Los alumnos que desean seguir una carrera técnica sólo **tienen que** cursar dos años después de la secundaria en escuelas vocacionales. Una vez que se **tienen completados** los cursos del bachillerato, que corresponden al *high school* estadounidense,° el estudiante ingresa a la universidad.

Generalmente hay universidades privadas y otras que son del estado. Todas **están constituidas** de escuelas o facultades como la facultad de derecho, la facultad de filosofía y letras, la facultad de ciencias, etc.

Las universidades tienen un grupo de profesores que trabajan permanentemente. Estos catedráticos **son ayudados** por profesores adjuntos en la corrección de exámenes y tareas. En algunas ocasiones los sustituyen como maestros en las salas de clase.

Entre las universidades estadounidenses y las hispanoamericanas hay una diferencia notable que **hemos de** explicar. Mientras que los estudiantes norteamericanos sólo **tienen que** llevar cursos o materias por cuatro años antes de graduarse, en las universidades hispanoamericanas este ciclo es de cinco años. Al terminar su carrera el estudiante hispanoamericano recibe su título profesional que tiene un rango° ligeramente° superior al diploma estadounidense.

> **de hecho** *in fact, in actuality*

> **estadounidense** de los Estados Unidos

> **rango** *rank* / **ligeramente** *slightly*

Preguntas

1. ¿Cómo está organizado el sistema educativo en Hispanoamérica?
2. ¿Qué son la «secundaria» y la «preparatoria»?
3. ¿Qué es una facultad?
4. ¿Cuál es la diferencia entre un catedrático y un profesor adjunto?
5. ¿Qué diferencia existe entre las universidades estadounidenses y las hispanoamericanas?

En esta escuela rural en México los alumnos aprenden a escribir el alfabeto.

7. Estar *con el gerundio*

Con el gerundio, se emplea **estar** para expresar una acción que está en progreso.[2]

> En este momento **están leyendo**.
> Cuando los vi, **estaban caminando** hacia la residencia.

Práctica

*Cambie el verbo indicado a la forma de **estar** + gerundio.*

> *Ejemplo:*   Los niños *juegan* en el jardín de infantes.
> ***Los niños están jugando en el jardín de infantes.***

1. Yo *trabajo* en la biblioteca en la sección de periódicos.
2. ¿*Piensas* en lo que vas a hacer en el futuro?
3. ¿*Caminaban* hacia la residencia estudiantil?
4. ¿Por qué *esperas* a tu compañero de cuarto?
5. Ellos *estudiaban* cuando oyeron la noticia.
6. *Leemos* el libro que nos regalaste.

8. Ser, estar, tener *y* haber *con el participio pasado*

| ser + participio pasado |

expresa la voz pasiva:[3]

> La escuela **fue abierta** a las ocho. (Expresa una acción.)

---

[2] Véase la Lección 10 para el estudio detallado del gerundio.

[3] Véase la Lección 4 para el estudio detallado de la voz pasiva.

Elena **ha sido suspendida** en los exámenes.
Serán recibidas por el presidente.

| **estar +** participio pasado | expresa un estado, condición o resultado de una acción anterior: |

La escuela **estaba abierta** a las ocho. (Expresa un estado o condición.)
¿Cerraron las ventanas?—Sí, **están cerradas.**
La conferencia ya **estaba preparada** el día anterior.

| **tener +** participio pasado | expresa una acción ya cumplida: |

Tengo preparada la tarea.
Espero que **tengan escritas** las composiciones.
Tenemos resuelto el problema.

ATENCIÓN: Con los verbos **ser, estar** y **tener** el participio pasado funciona como adjetivo y concuerda en género y número con el sustantivo que modifica.

| **haber +** participio pasado | expresa los tiempos compuestos:[4] |

¿No **has preparado** la tarea?
Espero que **hayas escrito** las composiciones.
Hemos resuelto el problema.

ATENCIÓN: Con el verbo **haber** el participio pasado funciona como parte del verbo compuesto; por lo tanto es invariable.

Práctica

Seleccione uno de los verbos entre paréntesis y escriba la forma apropiada del participio pasado del verbo indicado.

Ejemplo: **El alumno no (*había / estaba*) *estudiar* bastante anoche.**
El alumno no había estudiado bastante anoche.

1. El estudiante (*había / estaba*) *salir* mal en los exámenes porque no (*tenía / había*) *estudiar* como debía.
2. Este texto (*fue / hubo*) *escribir* por un catedrático famoso.
3. Tú no (*estabas / tenías*) *preparar* la tarea y por eso no podías ir con nosotros.
4. Cuando entró el maestro los alumnos ya (*eran / estaban*) *sentar.*
5. El decano me felicitó porque (*había / era*) *recibir* la mejor nota en el examen.

---

[4] Véase la Lección 1 para los tiempos compuestos.

6. Carlos no vino a la escuela hoy porque (*fue / hubo*) *expulsar* del colegio ayer.
7. ¿(*Has / estás*) *ver* a tu compañera de cuarto?—Sí. La pobrecita no durmió anoche y (*tenía / estaba*) muy *cansar* hoy.
8. Nosotros (*habíamos / éramos*) *pasar* a máquina las composiciones para la profesora.

9. Tener *y* haber *para expresar obligación*

| tener que + infinitivo |

expresa una obligación personal:

Ellos **tienen que tomar** muchos apuntes porque no tienen buena memoria.
El maestro **tenía que corregir** los exámenes antes de salir de la escuela.
Mi compañero de cuarto **tendrá que matricularse** pronto.

| haber que + infinitivo |

en la tercera persona singular expresa una necesidad u obligación impersonal:

Hay que tomar muchos apuntes si se quiere obtener buenas calificaciones.
Había que corregir los exámenes con mucho cuidado.
Habrá que matricularse pronto porque el lunes comienzan las clases.

| haber de + infinitivo |

expresa:

1. leve obligación personal (*to be supposed to*):

   He de obtener buenas notas aunque me cueste mucho trabajo.

2. probabilidad:

   He de haber cometido un error.

3. la idea del futuro:

   Han de visitarnos mañana por la tarde.

Práctica

Empleando **tener que, haber que** *o* **haber de** + *infinitivo, modifique las oraciones para expresar la misma idea. Siga el ejemplo.*

Ejemplo: **Es necesario que te matricules sin demora.**
            Tienes que matricularte sin demora.

1. Es preciso pagar los impuestos.
2. Es urgente que Francisco estudie hoy para salir bien en el examen.
3. El profesor tratará de ayudar más a sus estudiantes.
4. Es importante estudiar las matemáticas antes de estudiar la física.
5. Vamos a ir al cine esta noche.

6. Es preciso que los decanos escuchen las demandas de los estudiantes.
7. Es necesario pasar lista todos los días.
8. No es necesario pensar en los problemas sino en los resultados.
9. Es urgente que Paquita preste atención a la maestra.
10. El presidente cenará conmigo esta noche.

EL VERBO HACER EN EXPRESIONES TEMPORALES

Manifestaciones° en la universidad

Hacía diez años que no había una huelga en la universidad. Por eso, nos sorprendió la fuerza con la que hoy comenzaron las manifestaciones contra el gobierno militar.

En un discurso pronunciado hoy, el líder del movimiento estudiantil expresó que **hace más de tres años que vivimos** sin nuestros derechos civiles. Anunció también que **hacía unas semanas se había formado** un centro de oposición, dentro de la universidad, que lucharía contra las medidas opresivas del gobierno. Por su lado, **hace una hora** el rector y un grupo de catedráticos **lanzaron** un comunicado manifestando su apoyo al centro de oposición estudiantil. Todavía no se conoce la reacción oficial de la junta militar.

Manifestaciones
Demonstrations

Preguntas

1. ¿Cuántos años hacía que no había una huelga en la universidad?
2. ¿Qué dijo el líder del movimiento estudiantil en su discurso?
3. ¿Cómo reaccionó el rector?
4. ¿Qué opina Ud. de la importancia de la política en la universidad? ¿Cómo describiría Ud. la conciencia política de los estudiantes en su facultad?
5. ¿Qué sabe Ud. de la política en las universidades hispánicas?

10. Hacer *en expresiones temporales*

Para expresar el tiempo transcurrido, se emplea **hacer** en la tercera persona singular.

1. Tiempo transcurrido de una acción que comenzó en el pasado y que todavía continúa:

> **hace** + tiempo + **que** + presente
> + presente progresivo

Hace dos años que **viven** allí.
Hace dos años que **están viviendo** allí. } *They have been living there for two years.*

2. Tiempo transcurrido de una acción que comenzó en el pasado y que continuó hasta otro momento en el pasado:

> **hacía** + tiempo + **que** + imperfecto
> + pasado progresivo

Hacía dos horas que **estudiaba** (cuando la llamé). ⎫ *She had been studying for two*
Hacía dos horas que **estaba estudiando** (cuando la llamé). ⎭ *hours (when I called her).*

3. Tiempo transcurrido desde que terminó una acción. (INGLÉS: *ago*):

> **hace** + tiempo + **que** + pretérito
> + imperfecto
> + pasado progresivo

Hace algunos días que **salió.** ⎫ *He left a few days ago.*
(**Salió hace** algunos días.) ⎭

Hace algunos días que **se preparaba** para salir. ⎫ *He was preparing to leave a few*
Hace algunos días que **estaba preparándose** para salir. ⎭ *days ago.*

4. Tiempo transcurrido desde que terminó una acción anterior a otra acción en el pasado. (INGLÉS: *previously, before*):

> **hacía** + tiempo + **que** + pluscuamperfecto

Hacía unos minutos que **había salido.**   *He had left a few minutes before.*

Práctica

A. *Comenzando con la expresión temporal* **hace**, *forme oraciones completas.*

> *Ejemplo:* dos días / Elena / no salir / casa.
> *Hace dos días que Elena no sale de casa.*

1. una semana / (tú) / no ir / cine
2. media hora / (yo) / buscar / amigo
3. tres años / (ellos) / estar casados
4. dos años / tía / vivir / esta / casa
5. más de ocho horas / nosotros / no comer
6. ¿mucho tiempo / (tú) / esperar / carta?

B. *Lea los siguientes párrafos y conteste las preguntas:*

1. Salí de casa a las ocho y me dirigí a la tienda de comestibles de la que mi compañero me había hablado tantas veces. A las once todavía estaba caminando y media hora más tarde me pregunté si no me había extraviado. Decidí volver a casa pero ya no sabía dónde estaba ni por dónde debía regresar.

   ¿Cuánto tiempo hacía que el narrador caminaba cuando decidió volver a casa?

2. Robert Stanton volvió de México en 1969. Allí aprendió a hablar español y ahora está trabajando para el gobierno. Comenzó a trabajar en el año 1973.

   ¿Cuánto tiempo hace que Robert volvió de México?
   ¿Cuánto tiempo hace que trabaja?

Palabras traicioneras

to fail
- fracasar
- suspender, reprobar
- dejar de
- faltar (a)

fracasar *to fail, to come to ruin, to fail a course*

> Si tienes confianza en ti misma, no podrás **fracasar**.
> Los estudiantes **fracasaron** en el examen.

suspender (reprobar) a alguien *to fail (someone)*

> Los profesores lo **suspendieron** en tres materias.
> Juanita fue **reprobada** en matemáticas porque no se presentó al examen.

dejar de *to fail (to do something), to stop*

> No **dejes de** apagar la luz cuando te acuestes.
> **Dejamos de** escribirnos después de mi matrimonio.

faltar (a) *to fail (to fulfill), to be lacking*

> Nunca **falto a** mis promesas.
> **Faltan** veinte minutos para las ocho.

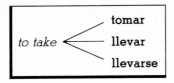

tomar   *to take, to get hold of, to drink, to take (a bus, cab, etc.)*

Tomó los papeles y se fue.
¿**Toma** Ud. vino o leche en el almuerzo?
Tomaron el tren de la medianoche.

llevar   *to take a person somewhere, to bring or carry something*

Esta tarde **llevaré** a mi mamá al teatro.
Pienso **llevar** una ensalada de frutas a la fiesta.

llevarse   *to take away, to carry off*

Llévese esas revistas viejas, por favor.

Algunas expresiones idiomáticas:

to take (*a course*)   **seguir un curso, estudiar**

Estudio matemáticas y geografía.
¿Qué **curso sigues** este año?

to take an exam   **examinarse** (en)

Nos examinamos en los verbos reflexivos.

to take off (*clothing*)   **quitarse**

Se quitó la chaqueta porque tenía mucho calor.

to take out   **sacar**

Los estudiantes **sacaron** los libros y empezaron a estudiar.

to take place   **tener lugar, suceder**

El campeonato **tuvo lugar** ayer a las ocho.

Práctica

Conteste las preguntas.

1. ¿Por qué te suspendieron en historia?
2. ¿A quién vas a llevar a la fiesta?
3. ¿Por qué se quitó Ud. el sombrero?

4. ¿Dónde tendrá lugar la reunión del club de alemán?
5. ¿Por qué fracasaron las primeras tentativas de vuelo del hombre?
6. ¿Quién tomó las flores que estaban en el salón?
7. ¿Ha faltado Ud. alguna vez a una obligación? Explique.
8. ¿Cuándo van a llevarse Uds. estos muebles?

Desarrollo

Ampliación de gramática

A. *Seleccione el verbo apropiado.*

El juguete pedagógico

Los juegos (son/están) las actividades infantiles más importantes, especialmente en los años en que los niños se (son/están) formando. Los juguetes didácticos que (son/están) apareciendo en el mercado, han (sido/estado) diseñados (*designed*) para reforzar el valor del juego. Su misión (es/está) preparar al niño para las necesidades futuras de un mundo tecnificado. Muchos de los juguetes que ya (son/están) en los almacenes de consumo poseen valores pedagógicos que estimulan el desarrollo y la creación y no la destrucción y la muerte.

La imaginación de los inventores de juegos (es/está) ilimitada. (Es/Está) muy popular entre los niños el juguete «Habla y escribe» que les enseña a deletrear y escribir las palabras. A través de su cajita se puede oír en voz alta: «(Eres/Estás) equivocado, vuelve a empezar.»

En el ajedrez (*chess*) electrónico que (es/está) muy de moda, (es/está) la máquina la que anota cada movimiento de ficha realizado en el tablero (*board*). Otros juegos electrónicos (son/están) el baloncesto, pistoleros del oeste americano y algunos que (son/están) de carácter militar o de aventuras.

Si el juguete (es/está) elegido con cuidado por los responsables de la educación del niño, éste (será/estará) un instrumento de gran valor educativo.

B. *Complete con la forma apropiada de* **ser, estar, tener, haber** *o* **hacer.**

El nuevo alumno

Aquel lunes _____ el primer día de Carlitos en nuestra escuela. El maestro lo _____ puesto a la cabeza de la fila porque _____ el más pequeño de la clase. Juan, el líder de nuestro grupo, le preguntó:—¿De dónde _____ ?—y el niño contestó tímidamente:—_____ de Nueva York.

_____ la primera vez que _____ delante de nosotros un extranjero y lo asaltamos con preguntas. Queríamos saber cuánto tiempo _____ que _____ salido de su país, por qué _____ venido a nuestra escuela y si él _____ norteamericano, dónde aprendió a hablar tan bien el español. El muchacho _____ muy pálido y parecía que _____ miedo de nosotros. Felizmente _____ la hora de comenzar la lección y él no _____ que responder más.

Aunque _____ mucho sol, al sonar la campanada del recreo nosotros ya _____ reunidos nuevamente alrededor del pequeño neoyorquino. Esta vez nuestras preguntas _____ más insistentes y curiosas pero el maestro vino a decirnos:—¿No _____ Uds. vergüenza de ser tan preguntones? No _____ que ser malo con el pobrecito.—Luego nos dijo que saliéramos de la clase porque _____ buen tiempo. Nos marchamos pensando en cómo íbamos a descubrir los secretos del recién llegado.

Ampliación de léxico

Complete con una palabra de la lista.

apuntes	catedráticos	jardines de infantes	matricularse
beca	conferencia	lectura	son suspendidos
calificaciones	facultad	título	

1. Los niños de cuatro y cinco años asisten a los _____.
2. Para ingresar a la universidad hay que _____ y pagar los derechos de matrícula.
3. En la _____ de derecho se estudian las leyes.
4. Los _____ son los profesores que forman la base de la enseñanza universitaria.
5. Los estudiantes que salen bien en los exámenes reciben buenas _____.
6. El profesor dictó una _____ sobre la _____ que habíamos preparado para ese día.
7. Los malos alumnos generalmente _____ en los exámenes y tienen que repetir el curso.
8. Si un buen estudiante desea estudiar en una universidad extranjera y no tiene dinero, puede solicitar una _____.
9. Al terminar la licenciatura el estudiante recibe su _____ profesional que corresponde al diploma estadounidense.
10. Los estudiantes toman _____ durante las conferencias para poder recordar la materia.

Motivos de discusión

1. Hace unos diez años se decía que la enseñanza universitaria era necesaria para encontrar trabajo y tener éxito en la vida. ¿Cree Ud. que esa afirmación sea todavía válida? ¿Por qué?

2. Hay un problema que encontramos frecuentemente hoy día en las familias norteamericanas. Éste es que los hijos se rebelan contra los deseos de sus padres y se niegan a matricularse en la universidad. Prefieren comenzar a trabajar y a ganar dinero inmediatamente, o deciden viajar para «encontrarse a sí mismo». ¿A qué diferencia de valores personales podemos atribuir este problema? ¿Qué haría Ud. si fuera padre de un hijo tal? ¿Le dejaría hacer lo que quisiera, o le persuadiría que primero hay que asistir a la universidad y que después tendrá tiempo para conocerse mejor?

3. ¿Qué sabe Ud. de la vida universitaria en otros países? ¿Cuáles son algunas de las diferencias entre la vida en un *campus* norteamericano y la vida de un estudiante en Europa o Latinoamérica? ¿Son distintas las relaciones entre profesores y estudiantes? ¿Hay contrastes en la filosofía de los exámenes?

4. Se puede encontrar la política en todas las universidades del mundo. ¿Cree Ud. que se debe mezclar la enseñanza y la política? Explíquese.

5. En el año 1968, hubo una revolución estudiantil en casi todo el mundo. ¿Qué sabe Ud. de esa revolución y cómo se manifestó aquí en los Estados Unidos y en otros países? ¿Cuáles han sido los resultados de esa rebelión? Si Ud. hubiera sido estudiante en esos años, ¿qué habría hecho?

6. Si Ud. fuera decano de esta universidad, ¿qué cambios haría? ¿Cuáles son los problemas más urgentes que tenemos?

7. ¿Le gustaría a Ud. ser profesor o maestro? ¿Cuáles son las ventajas y desventajas de este trabajo?

8. La educación superior: ¿es un derecho o un privilegio?

9. ¿Cuál es el papel actual de los deportes en las universidades norteamericanas? ¿Cree Ud. que los deportes son demasiado importantes?

10. ¿Qué opina Ud. de los requisitos para graduarse en su facultad? ¿Son demasiado rígidos, o se debe tener más requisitos? ¿Qué cambios haría Ud.?

11. Se dice que los estudiantes tienen su propio lenguaje. ¿Cómo es ese lenguaje? ¿Qué abreviaciones usan? ¿Qué sabe Ud. de la jerga (*slang*) universitaria en los países hispanoamericanos?

Temas de composición

1. Generalmente, al pensar en la enseñanza, pensamos en las materias ofrecidas por las escuelas y las universidades: las matemáticas, la literatura, las ciencias naturales y sociales. Pero varios críticos de la enseñanza dicen que estos estudios no nos preparan para la vida y que las instituciones educacionales deben incluir cursos más prácticos. Escriba una composición que defienda o critique el sistema actual de enseñanza.

2. Trate Ud. de recordar su primer día en la universidad: sus impresiones de los edificios, de las caras de los estudiantes desconocidos, de sus profesores, de su residencia o apartamento, y escriba una carta a un pariente o amigo describiéndoselo todo.

3. Algunos profesores y maestros están a favor de la abolición del sistema de calificaciones. Afirman que las notas no significan nada en sí mismas, no pueden resumir el trabajo o el conocimiento de un estudiante con exactitud y hacen que el estudiante se preocupe más de la nota que de lo que aprende en el curso. ¿Qué opina Ud.? Escriba un artículo para el periódico de la universidad desarrollando sus ideas.

Debate

La educación bilingüe: ¿remedio u obstáculo?

La cuestión de la educación bilingüe es uno de los asuntos más polémicos en los EEUU. ¿Debemos obligar a todos a aprender el inglés, o debemos respetar las diferencias de las diversas razas y culturas que forman nuestro país? Seleccione Ud. uno de los papeles siguientes y defienda su opinión en un debate vivo con los otros alumnos de la clase.

Posición:	*Pro educación bilingüe*	*Contra educación bilingüe*
Papeles:	1. Un mexicano-americano, ahora maestro en una escuela primaria, que quiere instituir un programa verdaderamente bilingüe y bicultural que incluya también a los alumnos anglos.	2. Un alumno de la escuela secundaria que pasó por un sistema bilingüe y ahora está desilusionado. Se queja de la falta de materiales educacionales y de maestros especializados.
	3. Una madre de dos alumnos de la escuela primaria que reclama para sus hijos las ventajas de un programa bilingüe que ella no tuvo cuando era pequeña.	4. Un ciudadano naturalizado que vino a los EEUU hace cincuenta años sin saber ni una palabra de inglés. Sufrió aprendiéndolo por sí mismo para asimilarse a la cultura norteamericana. Piensa que todos los extranjeros deben pasar por el mismo proceso.

Mini-teatro

A fuerza de pasar tanto tiempo sentados en una sala de clase escuchando las palabras de un profesor o una profesora, nos acostumbramos a aceptar la enseñanza pasivamente de otros. Pero, ¡despiértense, estudiantes! No se aprende nada sin la participación de una mente deseosa de saber. Ahora les toca a Uds. Cada uno tiene cinco minutos delante de la clase para enseñarnos algo que debemos aprender, algo que queremos aprender, o algo que Ud. quiere que aprendamos. ¿Qué tiene Ud. que ofrecernos?

La vida del mañana

EL PRESENTE Y EL FUTURO DEL INDICATIVO

El presente
El futuro y el futuro perfecto
Las comparaciones, los diminutivos y los aumentativos

Enfoque: Gramática en contexto

Lea el siguiente relato y en los cuadros que siguen analice los usos del presente y del futuro del indicativo.

RUMBO A MARTE

En un rincón del pequeño saloncito, los primeros rayos de sol **iluminan** la mesita donde María José **toma** a diario el desayuno mientras **considera** las varias opciones que **presenta** el día. Hoy su rostro° **parece** distraído. El reloj **marca** las ocho de la mañana. **Hará** cerca de una hora que una taza de café 5 **se enfría** sobre la mesa mientras ella **lee** el periódico.

Lo que **acaba de leer** la llena de emoción. En 1969 los primeros astronautas **pisan** la luna y **marcan** una nueva era espacial. Hoy la prensa **anuncia** en grandes titulares° que en un futuro muy cercano, posiblemente en esta década, el hombre **podrá** llegar a Marte. Se **considera** que una misión a 10 Marte **exigirá** poner en órbita una nave espacial que **albergará°** a unos diez tripulantes. La nave que **llevará** hombres a territorio marciano **se habrá terminado** de construir para fines de la década del ochenta y **tendrá** motores nucleares. Los primeros hombres que **irán** a Marte **se quedarán** en su misión unos dos años y medio en total.

15 Los pensamientos de María José **se centran** en el universo y en lo infinito del espacio sideral.° **Piensa** que mientras los planetas **giran** tranquilamente alrededor del sol, el hombre **tiene** ya el propósito de visitarlos uno por uno. De pronto **comprende** que todas sus fantasías infantiles se han hecho realidad, y sonriendo **se dice** que en un futuro no muy lejano **podrá** preguntarse: «¿**Voy** 20 a la luna o a Marte este verano?»

rostro cara

titulares *headlines*

albergará hospedará

sideral de los astros

Examine los usos del presente y del futuro en la lectura *Rumbo a Marte*.

El presente del indicativo			
El presente expresa:	El pasado pensado como presente	El presente	El presente pensado como futuro
1. Acciones simultáneas con el momento presente.		. . . su rostro **parece** distraído. (l. 3) El reloj **marca** las ocho de la mañana. (ll. 3–4) Los pensamientos de María José **se centran** en el universo . . . (l. 15)	
2. Acciones que se repiten habitualmente.		. . . María José **toma** a diario el desayuno mientras **considera** las varias opciones que **presenta** el día. (ll. 2–3)	
3. Verdades universales.		. . . los planetas **giran** tranquilamente alrededor del sol . . . (ll. 16–17)	
4. Acciones del futuro inmediato.			¿**Voy** a la luna o a Marte este verano? (ll. 19–20)
5. Acciones que comenzaron en el pasado y que continúan en el presente.	Hará cerca de una hora que una taza de café **se enfría** sobre la mesa . . . (ll. 4–5)		
6. Acciones históricas vistas como presentes.	En 1969 los primeros astronautas **pisan** la luna y **marcan** una nueva era espacial. (ll. 6–7)		
7. Una acción que ha terminado en el momento inmediatamente anterior.	Lo que **acaba de leer** la llena de emoción. (l. 6)		

El futuro

El futuro expresa:	El presente como posibilidad	El futuro anterior	El futuro
1. Acciones que van a ocurrir.			. . . el hombre **podrá** llegar a Marte. (l. 9) Los primeros hombres que **irán** a Marte **se quedarán** en su misión unos dos años y medio . . . (ll. 13–14)
2. Una acción futura anterior a otra acción. (Con el verbo **haber +** participio pasado).		La nave que llevará hombres a territorio marciano **se habrá terminado** de construir para fines de la década del ochenta . . . (ll. 11–12)	
3. Conjeturas y probabilidades en el presente.	**Hará** cerca de una hora que una taza de café se enfría sobre la mesa . . . (ll. 4–5)		

Perspectivas

Léxico LA VIDA DEL MAÑANA

La exploración del espacio *(Space exploration)*

el **astronauta, la astronauta** astronaut
los **astros** celestial bodies
   el **sol** sun
   la **luna** moon
el **científico, la científica** scientist
la **estrella** star
la **nave espacial** spaceship
los **planetas** planets
   Júpiter Jupiter
   Marte Mars
   Mercurio Mercury
   Neptuno Neptune
   Plutón Pluto
   Saturno Saturn
   la **Tierra** Earth
   Uranio Uranus
   Venus Venus

el **satélite** satellite
el **tripulante, la tripulante** crew member
el **universo** universe

aprovechar to take advantage of
avanzar to advance
averiguar to inquire, to verify
descubrir to discover
estar (poner) en órbita to be (put) into orbit
explorar to explore
girar to spin
investigar to investigate
lanzar el cohete to launch a rocket
medir (e > i) to measure
resolver (o > ue) to resolve, to solve

rumbo a towards, in the direction of

Los sueños con otros mundos *(Dreams of other worlds)*

la **década** decade
el **horóscopo** horoscope
el **invento** invention
el **marciano** Martian
el **OVNI (objeto volador no identificado)** UFO
el **paraíso** paradise
el **platillo volador** flying saucer
el **riesgo** risk
el **ser humano (extraterrestre)** human (extraterrestrial) being

el **siglo** century
el **signo zodiacal** zodiac sign
la **utopía** utopia

amenazar to threaten
arriesgar to risk
inventar to invent
soñar (o > ue) con to dream of (about)

automático automatic
desconocido unknown

el ambiente environment	**el hambre** (*f.*) hunger
el analfabetismo illiteracy	**la malnutrición** malnutrition
el avance advance	**la planta nuclear** nuclear plant
la bomba atómica atomic bomb	**la población** population
la central de energía solar solar energy plant	**el proyecto** project
la computadora computer	**los recursos naturales** natural resources
la contaminación del aire (agua) air (water) pollution	**la responsabilidad** responsibility
	la técnica technique
la crisis del petróleo oil crisis	**la tecnología** technology
el desarme nuclear nuclear disarmament	
el desempleo unemployment	**padecer** to suffer, to endure
los energéticos energy sources	
la explosión demográfica population explosion	

EL PRESENTE DEL INDICATIVO EN ACCIÓN

Los misteriosos OVNIs

Los OVNIs—al igual que la fe—han dividido el mundo en dos categorías: los que **creen** en los OVNIs y los que **niegan** su existencia. La palabra OVNI ya no **es** una mala palabra para los científicos, pero todavía la **pronuncian** con cierta desconfianza. Uno de ellos **dice**: «Yo no **puedo** interesarme en el tema partiendo solamente de las impresiones visuales de gente que no **conozco**.»

Se **cree** que los OVNIs **son** máquinas que **alcanzan** velocidades de varios miles de kilómetros por hora y no **producen** el ruido familiar de los aviones supersónicos. **Pueden** girar en ángulos de noventa grados sin desintegrarse, **funcionan** dentro de un campo magnético propio y no **dependen** de la fuerza de la gravedad. Además, estos aparatos **parecen** estar tripulados por seres extraterrestres. Hay quienes **piensan** que **se trata** de una civilización más avanzada que la nuestra que **intenta** comunicarse con los habitantes de la tierra. Sin embargo, hasta ahora la actitud de los OVNIS hacia nosotros **es** casi la de un científico: ni amable ni hostil, simplemente curiosa.

Preguntas

1. ¿Por qué los científicos pronuncian con desconfianza la palabra OVNI?
2. ¿Qué tipo de máquinas se cree que son los OVNIs?
3. ¿Cuál es la actitud de los OVNIs hacia nosotros?
4. ¿Cree Ud. que se trata de una civilización más avanzada que desea comunicarse con nosotros?

Este anuncio de Viaje a las estrellas *que apareció en Buenos Aires muestra el interés en Hispanoamérica por las películas de ciencia ficción.*

1. Las formas del presente del indicativo

Los verbos regulares tienen las siguientes terminaciones:

comunicar	comprender	discutir
comunic { -o -as -a -amos -áis -an	comprend { -o -es -e -emos -éis -en	discut { -o -es -e -imos -ís -en

Muchos verbos cambian la vocal del radical a un diptongo en el presente del indicativo y del subjuntivo. Este cambio no afecta las formas de **nosotros** y **vosotros**:

Clave e > ie	*Otros verbos:*		
negar	*-ar*	*-er*	*-ir*
niego	comenzar	encender	divertir
niegas	despertar	entender	mentir
niega	empezar	perder	preferir
negamos	pensar	querer	sentir
negáis			
niegan			
Clave o/u > ue			
rogar			
ruego	acordar	mover	dormir
ruegas	contar	poder	morir
ruega	encontrar	resolver	
rogamos	mostrar	soler	
rogáis	recordar	volver	
ruegan	jugar		
Clave e > i			
repetir			
repito			concebir
repites			corregir[1]
repite			pedir
repetimos			seguir[1]
repetís			sonreír[1]
repiten			vestir

Algunos verbos tienen irregularidades en el presente. En los siguientes verbos vemos un cambio en la primera persona singular.

---

[1] Estos verbos también sufren otros cambios en el presente. Véase los cuadros de la página 75.

Clave	*Algunos verbos comunes que sufren el cambio:*
-g-	poner: pon**g**o, pones, pone, ponemos, ponéis, ponen caer: cai**g**o decir: di**g**o hacer: ha**g**o oír: oi**g**o salir: sal**g**o tener: ten**g**o traer: trai**g**o valer: val**g**o venir: ven**g**o
c > zc delante de **a** y **o**	conocer: cono**zc**o, conoces, conoce, conocemos, conocéis, conocen merecer: mere**zc**o ofrecer: ofre**zc**o parecer: pare**zc**o producir: produ**zc**o (y todos los verbos que terminan en **-ducir**)
gu > g delante de **a** y **o**	distinguir: distin**g**o, distingues, distingue, distinguimos, distinguís, distinguen seguir: si**g**o
g > j delante de **a** y **o**	coger: co**j**o, coges, coge, cogemos, cogéis, cogen dirigir: diri**j**o escoger: esco**j**o proteger: prote**j**o
i > y	construir: constru**y**o, constru**y**es, constru**y**e, construimos, construís, constru**y**en huir: hu**y**o, hu**y**es, hu**y**e, huimos, huís, hu**y**en incluir: inclu**y**o, inclu**y**es, inclu**y**e, incluimos, incluís, inclu**y**en oír: oigo, oyes, oye, oímos, oís, oyen
se añade el acento	actuar: act**ú**o, act**ú**as, act**ú**a, actuamos, actuáis, act**ú**an continuar: contin**ú**o, contin**ú**as, contin**ú**a, continuamos, continuáis, contin**ú**an enviar: env**í**o, env**í**as, env**í**a, enviamos, enviáis, env**í**an graduar: grad**ú**o, grad**ú**as, grad**ú**a, graduamos, graduáis, grad**ú**an reír: r**í**o, r**í**es, r**í**e, reímos, reís, r**í**en variar: var**í**o, var**í**as, var**í**a, variamos, variáis, var**í**an

Otros verbos con formas irregulares en el presente del indicativo:

```
caber:    quepo, cabes, cabe, cabemos, cabéis, caben
dar:      doy, das, da, damos, dais, dan
estar:    estoy, estás, está, estamos, estáis, están
ir:       voy, vas, va, vamos, vais, van
saber:    sé, sabes, sabe, sabemos, sabéis, saben
ser:      soy, eres, es, somos, sois, son
ver:      veo, ves, ve, vemos, veis, ven
```

Práctica

A. *Complete con el presente de uno de los verbos de la lista.*

caber   jugar   oír   rogar   sonreír
conocer   mostrar   poner   soler   traducir

1. Yo _____ la obra de Julio Verne al inglés.
2. Es una cabina muy pequeña; creo que yo no _____ en ella.
3. Los muchachos _____ que son marcianos.
4. María José _____ tomar el desayuno en el rincón del pequeño saloncito.
5. Ellas _____ ruidos muy extraños.
6. Yo _____ todo mi dinero en el banco.
7. ¿Quién es esa persona que _____?
8. Yo no _____ la ciudad de Bogotá.
9. Parece que no le _____ mucho cariño.
10. ¡Te _____ que me perdones!

B. *Cambie los verbos al presente.*

1. *Trajeron* su nuevo invento.
2. *Perdió* una gran oportunidad.
3. De vez en cuando *han visto* pasar un «platillo volador».
4. Yo no *cabía* en una máquina tan pequeña.
5. Al día siguiente *comenzaban* los grandes experimentos.
6. Hoy día *hemos ido* de compras temprano.
7. *Oí* una música extraterrestre.
8. Yo *sabía* que *eran* habitantes de otro mundo.
9. Lamentablemente él *actuaba* como un loco.
10. Yo *contaba* siempre con tu ayuda.

C. *Cambie los verbos del plural al singular.*

Ejemplo: **Hacemos planes para el futuro.**
            Hago planes para el futuro.

1. No *decimos* todo lo que *sabemos*.
2. *Oyen* la noticia por radio.

3. Ya *estamos* en el espacio.
4. Encendemos los motores.
5. Tenemos un nuevo proyecto.
6. Pedimos ayuda al gobierno.
7. Huimos del peligro.
8. Enviamos un mensaje secreto.
9. Protegemos a los pobres.
10. Dirigimos la construcción del edificio.

2. Los usos del presente del indicativo

El presente habla generalmente de **ahora, en este momento, actualmente,** etc. Sin embargo, el concepto del presente se extiende para cubrir un futuro pensado como presente (nº 4) o un pasado visto como presente (nos 5 y 6). Recordemos también que el uso del tiempo presente es mucho más frecuente en español y equivale en inglés al presente simple, presente enfático, y al presente progresivo. (**Hablo =** *I speak, I do speak, I am speaking*)

El presente del indicativo expresa:	*Ejemplos:*
1. Una acción vista como simultánea con el momento de hablar.	**Sueño** con viajar algún día a la luna. En este momento **estudiamos** el problema del analfabetismo.
2. Acciones generales o habituales.	Le **gusta** leer ciencia ficción. El club de los futuristas **se reúne** todos los viernes.
3. Hechos vistos como verdaderos en el presente o verdades universales.	**Hay** cuatro cambios de la luna durante el mes. Para convertir pulgadas a centímetros se **multiplican** las pulgadas por 2.54.
4. Una acción futura pensada como inmediata.	**Vuelven** a la una para observar el planeta. La semana que viene **visitamos** Disneylandia.
5. Una acción que ha estado en progreso desde el pasado y que continúa en el momento de hablar.	Hace siglos que el hombre **padece** hambre y malnutrición.
6. El presente histórico: hace más vívida la narración de acciones pasadas.	En agosto de 1945 **estallan** las primeras bombas atómicas sobre las islas de Japón. Las explosiones **causan** un número inaudito de muertes y **traen** la destrucción de ciudades enteras.

Práctica

Empareje las oraciones con el uso del tiempo presente que ilustran.

_____1. Todos los miércoles *ve* su programa favorito en la televisión: «Viaje a las estrellas».

_____2. En 1963 el gobierno *cambia* el nombre de Cabo Canaveral a Cabo Kennedy para honrar al presidente asesinado.

_____3. Pasado mañana *planeamos* los asuntos que hemos de tratar en la próxima reunión.

_____4. Desde hace mucho tiempo pienso inventar una ratonera mejor.

_____5. Doce lunas *giran* alrededor de Júpiter.

_____6. Ahora mismo *leo* mi horóscopo para saber si debo salir mañana o no.

a. el presente histórico
b. una acción en progreso desde un momento del pasado que continúa en el presente
c. una acción habitual
d. una verdad universal
e. una acción simultánea con el momento de hablar
f. una acción de un futuro inmediato

EL FUTURO EN ACCIÓN

Pronóstico para el próximo año

Las personas nacidas bajo el signo de Cáncer **gozarán** de un año excepcional con grandes perspectivas de éxito. **Tendrán** oportunidad de dedicarse a los estudios o a los negocios. Los negocios **deberán** ser tratados con mucho cuidado porque existen algunos riesgos de fracasos. La imaginación **valdrá** mucho en sus planes de negocios. Las finanzas **dependerán** de los socios, pero **seguirán** proporcionándoles buena suerte. Alguien **pondrá** en peligro sus aventuras románticas pero no **causará** problemas graves. Las relaciones conyugales **crearán** algunas discusiones debido a que Cáncer no **obtendrá** toda la libertad que desea. La salud no **creará** nungún problema serio. **Recibirán** sorpresas de familiares y amigos de la infancia. **Será** también conveniente interesarse vivamente en las actividades artísticas y deportivas.

Preguntas

1. ¿Cuál es el pronóstico en los negocios para los nacidos bajo el signo de Cáncer? ¿en las finanzas?
2. ¿Cómo serán las relaciones conyugales? ¿Por qué?
3. ¿Bajo qué signo del zodiaco nació Ud.? ¿Le gusta su signo?
4. ¿Podría Ud. escribir un pronóstico para los nacidos bajo el signo de Aries? ¿Libra? ¿Leo? ¿Acuario?

3. Las formas del futuro

Se forma el futuro de los verbos regulares con el infinitivo y las siguientes terminaciones:

Infinitivo	+	Terminación	=	Futuro
viajar		-é -ás -á -emos -éis -án		viajaré viajarás viajará viajaremos viajaréis viajarán

Los verbos regulares en **-er** e **-ir** forman el futuro de la misma manera:

> **volver:** volveré, volverás, volverá, volveremos, volveréis, volverán
> **subir:** subiré, subirás, subirá, subiremos, subiréis, subirán

Algunos verbos son irregulares en el futuro. La raíz cambia, pero las terminaciones son las mismas que las de los verbos regulares:[2]

Clave	Infinitivo	Raíz del futuro	Futuro
cae la **e** del infinitivo	caber haber poder saber querer	cabr- habr- podr- sabr- querr-	cabré habré podré sabré querré
d reemplaza la **e** o **i** del infinitivo	poner tener valer salir venir	pondr- tendr- valdr- saldr- vendr-	pondré tendré valdré saldré vendré
irregulares	decir hacer	dir- har-	diré haré

---

[2] Los verbos compuestos como **man*tener*, su*poner*, des*hacer*,** etc., se conjugan con la misma terminación en el futuro: **man*tendré*, su*pondré*, des*haré*,** etc.

4. Las formas del futuro perfecto

Se forma el futuro perfecto con el futuro de **haber** y el participio pasado:[3]

Formación del futuro perfecto			
	charlar	**temer**	**recibir**
habré habrás habrá habremos habréis habrán	charlado	temido	recibido

Práctica

A. *Cambie los verbos al futuro.*

1. *Fuimos* en busca de la aventura.
2. *Tuve* que hacerlo.
3. ¿No *pusiste* dinero en el banco?
4. No *volvió* a intentarlo.
5. ¿Qué *hiciste* con todos tus libros?
6. Nunca *supimos* la verdad.
7. Tristemente le *dijimos* adiós.
8. Yo *moví* cielos y tierra para encontrarlo.
9. ¡No *valía* la pena!
10. *Enviaron* mensajes secretos.
11. *Vinimos* y *vencimos*.
12. *Hubo* muchos problemas.

B. *Comience las oraciones con* **Para el siglo veintiuno** . . . *y haga las modificaciones necesarias según el ejemplo:*

Ejemplo: **Visitaré** todo el continente sudamericano.
Para el siglo veintiuno habré visitado todo el continente sudamericano.

1. ¿*Resolveremos* el problema de la miseria?
2. *Descubriremos* nuevos medicamentos para curar el cáncer.
3. La población mundial *dejará* de padecer hambre.
4. ¿*Daremos* fin a los limitados recursos naturales?
5. La América hispánica *logrará* su independencia económica.
6. ¿Cuántos millones de dólares se *gastarán* en armamento?
7. Se *dirá* y se *escribirá* mucho sobre el desarme nuclear.
8. Todos los países del mundo *firmarán* un tratado de paz y justicia.
9. *Realizarás* todos tus sueños.
10. Algunos de nosotros *moriremos*.

---

[3] Para los participios pasados irregulares, véase la página 29 de la Lección 1.

5. Los usos del futuro

Usamos el futuro para expresar:	Ejemplos:
1. Una acción que se predice o anticipa desde el momento presente.	El arquitecto nos **mostrará** los planos para el edificio nuevo. Juan dice que en el año 2000 su niño **tendrá** veinticinco años.
2. El sentido de un mandato (con las formas de tú, Ud. y Uds.).	Te digo que lo **terminarás** para mañana. Uds. **recordarán** los usos del futuro.
3. Una conjetura o probabilidad en el presente. Este uso del futuro se distingue del uso regular sólo por el contexto. No indica una acción que va a ocurrir sino la probabilidad de una acción que en inglés se expresa con *must be* o *probably*.	¿Qué hora es?—**Serán** las nueve. (*It is probably nine o'clock.*) ¿Por qué come tanto?—**Tendrá** mucha hambre. (*He must be very hungry.*)

Frecuentemente expresamos también la idea del futuro con:	Ejemplos:
1. El presente. Cuando la acción va a tener lugar en un futuro inmediato, a menudo con adverbios de tiempo.	Mañana **investigamos** esas posibilidades. Lo **preparo** inmediatamente.
2. **Ir a** + infinitivo. Se usa mucho en la conversación como equivalente de *to be going to*.	**Van a explorar** esta tierra desconocida.
3. El presente del verbo **querer** + infinitivo. Se usa para pedir o solicitar algo. (INGLÉS: *will*)	¿**Quieres ayudarme?** (*Will you help me?*)

El agua para las fábricas y los habitantes de las ciudades cruza por el desolado desierto de Chuquicamata, Chile.

Práctica

A. *Complete el horóscopo con el futuro del verbo indicado.*

Horóscopo

Capricornio
Ud. _____ (salir) de todas sus deudas mediante la oferta de trabajo que le _____ (ser) ofrecida muy pronto.

Acuario
Busque la compañía de sus amigos. Ellos le _____ (ayudar) con sus problemas y su vida social _____ (comenzar) un nuevo ciclo.

Piscis
Ud. _____ (sentir) que el estudio es aburrido y _____ (tener) dificultades, pero muy pronto _____ (poder) resolverlas.

Aries
Ud. _____ (recibir) dinero. Aproveche para dar fiestas. Muy buenos amigos _____ (buscar) su compañía.

Tauro
Sus planes _____ (empezar) a dar frutos. Ud. _____ (ganar) más dinero y _____ (hacer) el viaje soñado.

Geminis
Ud. _____ (tener) momentos de duras luchas interiores. No se desanime; no _____ (ser) nada muy grave.

Cáncer
Un amigo _____ (venir) a buscarlo con planes para el futuro. _____ (Valer) la pena considerar su oferta.

Leo
Ud. _____ (sufrir) una traición _____ (Tener) que cuidar sus actos al hablar con parientes y amigos.

Virgo
El día 15 Ud. _____ (recibir) la visita inesperada de un amigo que le _____ (contar) sus penas y _____ (haber) que consolarlo.

Libra
Uno de sus pasatiempos le _____ (producir) dinero y _____ (firmar) grandes contratos con compañías muy importantes.

Escorpión
Sus planes de viaje _____ (tomar) un rumbo positivo. _____ (Conocer) Sudamérica y _____ (encontrar) la felicidad y el amor.

Sagitario
Piense antes de aceptar un trabajo; de lo contrario _____ (tener) muchos problemas que lo _____ (poner) en dificultades.

B. *Conteste las preguntas expresando probabilidad en el presente según el ejemplo.*

> **Ejemplo:** ¿**Cuántos años tiene Ricardo?** (tener / 20 años)
> ***Tendrá 20 años.***

1. ¿Quién es ese individuo tan raro? *(ser / habitante / Marte)*
2. ¿Por qué se acuestan tan temprano los muchachos? *(estar / cansado)*
3. ¿Cuánto crees que vale esa computadora? *(valer / unos mil dólares)*
4. ¿Cómo funciona ese aparato? *(funcionar / baterías)*
5. ¿Qué hace el científico en ese almacén? *(querer / comprar / instrumentos)*
6. ¿Por qué no quiere ir al circo? *(tener miedo / animales)*
7. ¿Quiénes emiten esas señales de radio? *(ser / tripulantes / platillos voladores)*

6. Los usos del futuro perfecto

Usamos el futuro perfecto para expresar:	Ejemplos:
1. Una acción en el futuro, anterior a otra acción también en el futuro.	¿**Habrá llegado** el hombre a Marte antes del siglo XXI? La mujer del futuro **habrá olvidado** nuestra lucha por la igualdad.
2. Conjetura o probabilidad en un pasado reciente. Indica la probabilidad de una acción pasada que está relacionada con el presente.	**Habrá pasado** las vacaciones en ese paraíso. (Probablemente ha pasado las vacaciones . . .) **Habrán descubierto** algo para curarlo. (Probablemente han descubierto . . .)

Práctica

A. *¿Futuro o futuro perfecto? Complete con la forma apropiada del verbo indicado.*

1. Para el próximo año nosotros ya _____ (comprar) la casa y _____ (estar) viviendo en ella.
2. Los señores ya _____ (salir) cuando vuelva Ud.
3. Si dejas de trabajar _____ (poder) vivir en el campo.
4. Mañana yo te _____ (decir) lo que pienso sobre este asunto.
5. Cuando regreses de tu viaje yo ya _____ (terminar) este trabajo y _____ (tener) mucho tiempo para estar contigo.
6. Para cuando vengas, nosotros ya _____ (resolver) el problema que tanto nos preocupa.
7. ¿Tú _____ (venir) a verme la próxima semana?
8. Para fines de diciembre yo ya te _____ (devolver) el dinero que me prestaste.

9. Creo que Raúl _____ (venir) a verla mañana.
10. En el futuro tú _____ (tener) que resolver estos problemas sin mi ayuda.

B. *Conteste las preguntas expresando probabilidad en el pasado según el ejemplo.*

Ejemplo: **¿Por qué corren ellos tan apurados?** **(ver / toro)**
Habrán visto un toro.

1. ¿Dónde aprendió este chico el francés? *(vivir / Francia)*
2. ¿Cómo era el primer satélite? *(ser / pequeñísimo)*
3. ¿Por qué están tan contentos? *(resolver / problema)*
4. ¿Cómo se mantiene tan joven? *(descubrir / secreto / vida)*
5. ¿Por qué está tan pálida? *(estar / enfermo)*

LAS COMPARACIONES, LOS DIMINUTIVOS Y LOS AUMENTATIVOS EN ACCIÓN

¿Serán los hombrecillos o las maquinotas electrónicas más civilizados que nosotros?

Hace **menos de** un siglo se pensaba que los marcianos eran unos extraños hombre**citos** verdes, mucho **más** pequeños **que** nosotros. Hoy sabemos que el planeta Marte no está habitado. Sin embargo, se cree que existe vida en alguna otra parte del universo puesto que **más de** centenares° de misteriosos objetos voladores vienen atravesando el cielo.

centenares cientos

Aunque sean hombre**cillos** o maqui**notas**° llenas de electrónica, estos seres del espacio parecen estar **tan** interesados **como** nosotros en ponerse en contacto con otros seres de la galaxia. Las preguntas que surgen, si alguna vez nos vamos a encontrar con estos seres extraterrestres, son: (1) ¿Se parecerán estos seres a los muñe**quitos**° de la ciencia ficción o serán **más que** nada computadoras sin forma corporal? (2) ¿Serán estos seres **menos** hostiles y peligrosos **de lo que** creemos? Es de esperar que antes de que pasen **más años de los que** tenemos de vida, llegue el feli**císimo** día en que los seres del espacio y los de la tierra se den las manos amigablemente.

maquinotas máquinas muy grandes

muñequitos little men

Preguntas

1. ¿Qué se pensaba hace menos de un siglo sobre los marcianos?
2. ¿Por qué se cree que existe vida en otra parte del universo?
3. ¿Cuáles son las preguntas que surgen a este respecto?
4. ¿Preferiría Ud. que los habitantes de otros planetas fueran hombrecillos o maquinotas electrónicas? ¿Por qué?

7. Las comparaciones de superioridad e inferioridad

Para expresar comparaciones de superioridad e inferioridad se usa **más o menos** en las fórmulas siguientes:

más (menos) + { adjetivo adverbio + **que** sustantivo }	El hombre del futuro será **más alto que** el hombre actual. (*adjetivo*)
	Los científicos predicen **más correctamente que** los magos. (adverbio)
	En esta nave espacial cabrán **menos astronautas que** en la primera. (sustantivo)
verbo + **más (menos) que**	Los inventores sueñan **más que** nosotros.
	Los alquimistas sabían **menos que** nuestros sabios de hoy.
más (menos) de + { cantidad número }	El gobierno gastará **más de** cinco millones en este proyecto.
	Me parece que averiguaron **menos de** la mitad de esas especulaciones.

ATENCIÓN:

1. La palabra comparativa *than* se expresa con **que**. Delante de un número o una cantidad se expresa con **de**.

2. Contrario al inglés, después de **más que** y **menos que** se usan los negativos **nunca, nadie, nada** y **ninguno**.

Necesito dinero **más que nunca.**   *I need money **more than ever**.*
Yo trabajo **más que nadie.**   *I work **more than anyone**.*

Ciertos adjetivos y adverbios muy comunes no emplean **más** o **menos** en las comparaciones. Las siguientes formas son irregulares:

Las comparaciones irregulares

Adjetivo	Adverbio	Forma comparativa
bueno (buen)	bien	mejor
malo (mal)	mal	peor
poco	poco	menos
mucho	mucho	más
pequeño		menor
grande		mayor

ATENCIÓN:

1. Cuando **bueno** y **malo** se refieren al carácter de una persona y no a la calidad, se usan las formas regulares:

> *Carácter:* Jorge es **más bueno** que tú: no se enoja nunca.
> Esa bruja es aun **más mala** que las otras.

> *Calidad:* La segunda película fue **mejor** que la primera.
> Su salud está **peor** que ayer.

2. Cuando los adjetivos **grande** y **pequeño** se refieren a tamaño y no a edad, se usan las formas regulares:

> *Tamaño:* Esa nave espacial es **más grande** que aquélla.
> Este diamante es aun **más pequeño** de lo que pensaba.

> *Edad:* Soy **mayor** que tú por un día.
> Mi tía es **menor** que mi papá.

Práctica

A. *Exprese una comparación de inferioridad según el ejemplo.*

> *Ejemplo:* **El hombre del mañana tendrá petróleo.** (el hombre de hoy)
> *El hombre del mañana tendrá menos petróleo que el hombre de hoy.*

> *1.* Los gatos son astutos. *(los perros)*
> *2.* ¿Los hombres sueñan? *(las mujeres)*
> *3.* Tengo dinero en el banco. *(tú)*
> *4.* El viaje en avión es interesante. *(el viaje en tren)*
> *5.* Somos optimistas. *(ellos)*
> *6.* Hoy me siento mal. *(ayer)*

B. *Exprese una comparación de superioridad según el ejemplo.*

> *Ejemplo:* **Las generaciones futuras tendrán problemas.** (nosotros)
> *Las generaciones futuras tendrán más problemas que nosotros.*

> *1.* La población hispánica crecerá. *(la población anglosajona)*
> *2.* Verdaderamente tengo hambre. *(sueño)*
> *3.* Fernando es amable. *(tú)*
> *4.* Pronto el discípulo sabrá mucho. *(el maestro)*
> *5.* Los habitantes de Marte, ¿serán hostiles? *(nosotros)*
> *6.* ¿Serán las máquinas rápidas? *(los hombres)*
> *7.* Escribo bien a máquina. *(tú)*

8. De + artículo definido + que

Cuando se comparan dos elementos o ideas semejantes (y uno no está expresado) se usa la fórmula **de** + artículo definido + **que**. El artículo concuerda en género y en número con el elemento que modifica.

del que	Pasarán más **tiempo** planeándolo **del que** tenían para este proyecto.
de la que	Con la técnica moderna hoy hay menos **contaminación de la que** teníamos hace cinco años.
de los que	Predicen que en el futuro tendremos que resolver aun más **problemas de los que** tenemos ahora.
de las que	El científico tiene más **responsabilidades de las que** quiere.

Cuando se compara un adjetivo, un adverbio o una idea en general se usa:

de lo que	La energía nuclear es mucho más **peligrosa de lo que** habíamos pensado. (*adjetivo*)
	Los aviones del futuro podrán volar más **rápidamente de lo que** vuelan hoy. (*adverbio*)
	La popularidad de la ciencia ficción es un fenómeno más importante **de lo que** habíamos pensado. (idea general)

9. No más que y no más de

Para indicar:	Se usa:	Ejemplos:
Un número o una cantidad exacta (INGLÉS: *only*):	no más que	El médico opina que **no** tiene **más que** dos meses de vida.
Una aproximación a una cantidad (INGLÉS: *no more than*):	no más de	El médico opina que **no** tiene **más de** dos meses de vida.

Práctica

*Complete las oraciones con **del que, de la que, de los que, de las que** o **de lo que**.*

1. Los astronautas nos enviaron más señales _____ esperábamos.
2. Con ese experimento gané más prestigio _____ tenía previsto.
3. ¿Por qué apostaste más dinero _____ tenías?
4. Tengo menos paciencia _____ tú crees.
5. Hizo menos errores _____ yo esperaba.

6. Me prestó mucha menos ayuda _____ me prometió.
7. Él se da más importancia _____ tiene.
8. Tu porvenir me preocupa más _____ tú te imaginas.

10. El superlativo

Para formar el superlativo de:

1. Adjetivos: se añade el artículo definido a la forma comparativa:

Adjetivo	*Comparativo*	*Superlativo*	
valiente	más valiente	el más valiente	Este astronauta es **el más valiente**.

2. Adverbios: no se usa el artículo:

Adverbio	*Comparativo*	*Superlativo*	
claramente	más claramente	más claramente	Vemos el planeta **más claramente** desde este punto. (*most clearly*)

Para expresar:

1. El superlativo en relación con otros elementos se usa la forma superlativa seguida de la preposición **de** (INGLÉS: *in* o *of*):

artículo **+** **más** **+** adjetivo **+ de** o **menos**	Este astronauta es **el más valiente de** todos. Marta es **la más alta de** las chicas. Uds. son **los más inteligentes de** la clase.

2. Un superlativo independiente se puede usar:

muy adjetivo **sumamente** **+** o **extraordinariamente** adverbio **extremadamente**	El astronauta es **muy valiente**. Marta es **sumamente alta**. Uds. son **extraordinariamente inteligentes**. Vive **extremadamente lejos**.

adjetivo **+ -ísimo(-a, -os, -as[4])**	Es un **grandísimo** tonto. Me trajo flores **hermosísimas**.

adverbio **+ -ísimo**	Llegamos **tardísimo**. Me fui a la cama **tempranísimo**.

---

[4] Se suprime la vocal final del adjetivo o adverbio y se añade **-ísimo**. Algunas formas sufren cambios:

z > c: feliz > feli**c**ísimo   **c > qu:** cerca > cer**qu**ísima
g > gu: largo > lar**gu**ísimo   **ble > bil:** amable > ama**bil**ísimo

Práctica

Cambie al superlativo en *-ísimo (-a, -os, -as)* según el ejemplo.

Ejemplo: **El proyecto es *sumamente peligroso.***
  El proyecto es peligrosísimo.

1. Está *muy feliz* con su nuevo trabajo.
2. Viene de una familia *sumamente noble.*
3. Faltan *muy pocos* días para nuestra partida.
4. Me escribía unas cartas *extremadamente largas.*

5. Me confesó que la extrañaba *mucho.*
6. Tu mensaje me llegó *muy rápido.*
7. Es una persona *muy importante.*
8. Vivimos *muy cerca* de Uds.

11. Las comparaciones de igualdad

Para expresar una comparación de igualdad usamos **tan** o **tanto** (-a, -os, -as) en las fórmulas siguientes:

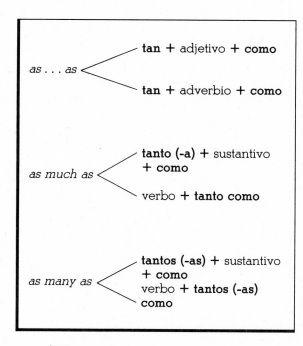

as ... as
  tan + adjetivo + **como**
  tan + adverbio + **como**

as much as
  tanto (-a) + sustantivo + **como**
  verbo + **tanto como**

as many as
  tantos (-as) + sustantivo + **como**
  verbo + **tantos** (-as) **como**

¿Serán más fuertes los seres del año 2000 que nosotros?—No. Serán **tan fuertes como** nosotros.
¿Correrán mucho más rápido que nosotros?—Lo dudo. Correrán **tan rápido como** nosotros.

¿Tendrán menos energía que el hombre actual?—Creo que tendrán **tanta energía como** nosotros.
¿Dormirán menos que nosotros? —Probablemente dormirán **tanto como** nosotros.

¿Leerán más libros y revistas que el hombre de hoy?—Creo que leerán **tantos libros** y **tantas revistas como** el hombre de hoy.
¿Tendrán más problemas que nosotros? —Claro que tendrán **tantos como** nosotros, pero serán diferentes.

Práctica

Exprese una comparación de igualdad según el ejemplo.

Ejemplo: **He leído libros científicos. (Ud.)**
  He leído tantos libros científicos como Ud.

1. ¿Estás cansada? *(María)*
2. El piloto tenía hambre. *(frío)*

La revolución tecnológica es una realidad en la Universidad de Puerto Rico en Mayaguez.

3. Estuvimos preocupados por ti.   *(los demás)*
4. En el futuro el hombre no comerá.   *(nosotros)*
5. El proyecto es indudablemente arriesgado.   *(peligroso)*
6. Este año hubo violencia.   *(el año pasado)*
7. Las computadoras de hace diez años no trabajaban rápidamente.
   (las computadoras de hoy)
8. Esta semana no ha sido calurosa.   *(las anteriores)*
9. Los conservadores dicen que lucharán.   *(los liberales)*
10. Lo veremos frecuentemente.   *(tú)*

12. Los diminutivos y aumentativos

En el mundo hispánico el uso del diminutivo y del aumentativo es muy frecuente, sobre todo en la conversación familiar. Se forman añadiendo a sustantivos, adjetivos y a menudo a adverbios y participios pasados, los siguientes sufijos:

Los diminutivos

Sufijo:	Expresa:	Ejemplos:
-ito, -ita -cito, -cita[5]	pequeñez, aprecio, estimación (Es el más usado.)	En un rincón del pequeño salon**cito**, los primeros rayos de sol iluminan la mes**ita**. (salón, mesa)
-uelo, -uela -illo, -illa -cillo, -cilla	pequeñez, a veces sarcasmo	Los chic**uelos** iban y venían. (chicos) Era un hombre**cillo** sin importancia. (hombre)

[5]El uso de **-ito** o **-cito** es algo arbitrario. Hay, sin embargo, una tendencia a usar **-ito** para las palabras que terminan en las vocales **a** y **o**, y **-cito** para las palabras que terminan en **e** e **i**.

Los aumentativos

Sufijo:	Expresa:	Ejemplos:
-ón, -ona	tamaño grande o apariencia llamativa (a veces expresa desprecio)	La mujer**ona** que vendía era muy antipática. (mujer) Compré cuatro sillas y un sill**ón**. (silla)
-ote, -ota -azo, -aza -aco, -aca	sentimiento despectivo	Tenía una cabez**ota** extraña. (cabeza) Con esta pelot**aza** rompió el vidrio de mi ventana. (pelota) Vi un pajarr**aco** feo y enorme. (pájaro)
-uco, -uca -ucho, -ucha	sentimiento despectivo (son los más despectivos de todos)	La pobre era verdaderamente fe**uca**. (fea) Después de su enfermedad estaba todo flac**ucho**. (flaco)

Práctica

A. *Empareje el diminutivo o el aumentativo en la columna a la izquierda con una de las definiciones a la derecha.*

_____ 1. pajarito   a. una silla grande
_____ 2. casona   b. una casa pequeña
_____ 3. palabrota   c. un cigarro pequeño
_____ 4. cuartucho   d. un cuarto miserable
_____ 5. chiquillo   e. una mala palabra
_____ 6. riachuelo   f. una casa muy grande
_____ 7. pedacito   g. un muchacho joven
_____ 8. sillón   h. un río pequeño
_____ 9. casita   i. una porción pequeña
_____10. cigarrillo   j. un ave pequeña

B. *Ahora, ¿cómo diría Ud. lo siguiente?*

1. Un pueblo pequeño y encantador es un _____.
2. Una casa pequeña, sucia y mal cuidada es una _____.
3. Algo que está muy, muy cerca está _____.
4. Un hombre grande y musculoso es un _____.
5. Un tren de juguete es un _____.

Palabras traicioneras

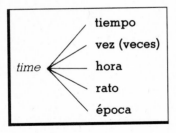

tiempo   *a period or duration of time*

Necesito más **tiempo** para terminarlo.

time in the abstract

El **tiempo** vuela cuando uno se divierte.

una vez   *once*

Solamente **una vez** amé en la vida.

a (particular) time

Ésta es la última **vez** que salgo contigo.

veces   *times*

Te llamé tres **veces** ayer.
Muchas **veces** gano cuando juego a la lotería.

hora   *time of day*

¿Qué **hora** es?—Ya es la una.

the proper time to do something

Es **hora** de comer.

rato   *a short time; a while*

Pasamos un buen **rato** allí charlando.

época   *time during a season; historical time*

En esta **época** del año llueve mucho.
En aquella **época** yo tenía quince años.

divertirse   *to have a good time*

Diviértete mientras seas joven.

```
┌─────────────────────────────┐
│ acabar                      │
│                             │
│ acabarse                    │
│                             │
│ acabar de + infinitivo      │
└─────────────────────────────┘
```

acabar   to finish

Acabó su tarea y salió a ver una película.

acabarse   to run out of

Después de tantas dificultades **se** le **acabó** la paciencia.

to terminate

No quiero verte más: entre tú y yo todo **se acabó**.

acabar de + infinitivo   *to have (had) just* . . .

Acabo de graduarme.
Acabábamos de cenar cuando llegaste anoche.

Práctica

A. *Complete la oración con* **tiempo, vez, veces, hora, rato** *o* **época.**

1. ¿Qué _____ es?—Son las doce. Ya es _____ de comer, ¿no?
2. Ya te lo dije más de una _____ y no vuelvo a repetírtelo.
3. En esta _____ se ven muchas flores.
4. ¿A qué _____ van a venir esta noche?
5. Nos quedamos un _____ pensando cómo le daríamos una sorpresa.
6. ¿Hace cuánto _____ que Ud. me espera?—No sé exactamente.
   Llegué hace un _____ y desde entonces leo el periódico.
7. Fue la primera _____ que salimos dejando a los niños con la niñera.
   Llamé tres _____ para calmar mis nervios.

B. *Complete con la forma apropiada de* **acabar, acabarse** *o* **acabar de.**

1. Puedo salir contigo ahora. _____ terminar de lavar los platos.
2. Nosotros _____ los quehaceres domésticos y nos sentamos a
   descansar.
3. No pude comprar el periódico hoy porque _____ los ejemplares al
   mediodía.
4. Los obreros _____ los trabajos en el puente antes de la estación
   lluviosa.
5. No comprendimos por qué no funcionaba la calculadora: _____
   comprarla.

Desarrollo

Ampliación de gramática

A. *Cambie los verbos al futuro.*

Mayordomo automático

El mayordomo (*butler*) automático *existe* realmente, no en carne y hueso, sino metalizado y transistorizado. *Es* un robot llamado «Klaytu», que *abre* la puerta y *anuncia* al visitante. Le *ayuda* a quitarse el abrigo en invierno; le *pregunta* si quiere tomar una bebida o un café y, en caso afirmativo, los *sirve; pasa* la aspiradora (*vacuum cleaner*) y *limpia* el polvo; *lleva* al perro de paseo; *vigila* los peligros de incendio, robo, o inundación; *regula* la temperatura del aire acondicionado caliente o frío, según las necesidades ambientales; *cuida* a los niños y a los ancianos; *posee* un vocabulario de 250 palabras en seis idiomas diferentes y *es* capaz de ajustar el léxico al sexo de la persona con la que habla («no, señor» o «sí, señora»); *tiene* capacidad para acumular programas adicionales de cultura, que le *permiten* ayudar a los niños en los deberes y responder preguntas concretas.

Por último, y más importante, «Klaytu» *funciona* con baterías que *se recargan* (*recharge*). Nada de Seguridad Social, ni familia en el pueblo, ni problema sindical. «Klaytu» es un prototipo, pero la fabricación en serie *es* inminente. El mayordomo automático *cuesta* más de 4.000 dólares.

B. *Complete con la forma apropiada del verbo en el pasado, presente o futuro.*

Tendrán que barrer el espacio para evitar choques de naves

En un futuro no muy lejano _____ (ser) necesario hacer una «barrida» (*sweeping*) en el espacio para limpiarlo de los miles y miles de objetos artificiales que _____ (orbitar) la tierra y se _____ (tener) que instalar «directores de tránsito espacial» para evitar las colisiones entre naves, cohetes, y satélites.

De acuerdo a los informes de los técnicos, actualmente _____ (haber) en órbita más de 2.500 objetos. En su mayoría _____ (parecer) ser pedazos de cohetes que _____ (atravesar) el espacio desde un día de octubre de 1957 en que el Sputnik soviético _____ (iniciar) la desenfrenada (*unstoppable*) carrera de los hombres por conquistar otros mundos. Por ejemplo, un solo cohete norteamericano _____ (desintegrarse) en 250 trozos, todos los cuales todavía _____ (continuar) en órbita. Cada pedazo _____ (estar) registrado con un número de identificación por los técnicos espaciales de Estados Unidos, porque estos pedazos _____ (plantear) una evidente amenaza para las futuras misiones camino a la luna o a Marte.

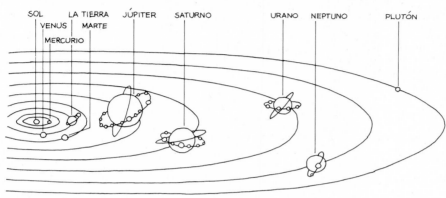

SOL   LA TIERRA   JÚPITER   SATURNO   URANO   NEPTUNO   PLUTÓN
VENUS   MARTE
MERCURIO

C. *Complete con una expresión de inferioridad, superioridad, igualdad o el superlativo. Cada espacio en blanco requiere una palabra.*

1. De todos los planetas, Júpiter es _____ _____ grande.
2. Mercurio es _____ pequeño _____ Saturno.
3. Júpiter tiene _____ lunas _____ la Tierra; tiene más _____ once lunas.
4. La temperatura de la tierra es 59°F; la de Marte, 55°F. Es decir, Marte es casi _____ caliente como la Tierra. En 1970 los científicos rusos midieron una temperatura de 885°F en Venus, comprobando que este planeta es _____ _____ caliente _____ todos.
5. El «día» de un planeta es el tiempo que dura una rotación sobre su eje. Un día en Júpiter dura un poco menos _____ diez horas; mientras que un día en Venus dura más _____ 243 días terrenales. Un día en la Tierra es _____ largo que uno de Júpiter, pero _____ largo que uno de Venus.
6. El año de un planeta es el tiempo que dura una revolución alrededor del sol. Un año en Mercurio dura casi 88 días; una revolución de Plutón dura 249 de nuestros años terrenales. Un año en Mercurio es muchísimo _____ corto _____ un año en Plutón. Un hecho interesante: una rotación de Venus sobre su eje dura 243 días, mientras una revolución alrededor del sol dura sólo 225 días. Es decir, su «día» dura _____ tiempo _____ su «año».

D. *Complete las oraciones con las palabras necesarias para formar una comparación o el superlativo.*

> *Ejemplo:* **Esa estrella resplandece más _____ las otras.**
> ***Esa estrella resplandece más que las otras.***

1. Vino más pronto _____ esperaba.
2. ¿Quién dijo que yo era el _____ cobarde _____ los soldados?
3. Ellos presentaron menos proyectos _____ nosotros.
4. Hay menos _____ cien personas en el laboratorio.
5. Compré más juguetes electrónicos _____ pensaba.
6. María es la _____ inteligente _____ la clase.
7. Hace menos _____ un año que les propusimos la venta.
8. Actualmente hay en el espacio más objetos artificiales _____ planetas.
9. Este proyecto es tan complicado _____ el otro.
10. Marta vive _____ cerca de la universidad como los otros.
11. Los hombres del espacio se parecerán más _____ nada a computadoras.
12. Esta nave espacial es la _____ avanzada _____ todas.
13. Tengo tantos recuerdos _____ tú.
14. Tenía menos amigos _____ deseaba.
15. Roberto es el menos aventurero _____ los tres muchachos.

Ampliación de léxico

A. *Encuentre la palabra que no tiene relación con el grupo.*

1. el año, la década, el riesgo, el siglo
2. la luna, el sol, la estrella, el planeta, la órbita
3. naves espaciales, satélites, cohetes, lanchas
4. descubrir, deshacer, revelar, inventar

B. *Dé la forma adjetival de los sustantivos.*

1. la luna	5. el espacio
2. el sol	6. la tierra
3. la estrella	7. Marte
4. el paraíso	8. la aventura

¿Pudo Ud. adivinarlas? Son: lunar, solar, estelar, paradisíaco, espacial, terrenal o terrestre, marciano, aventurero.

Motivos de discusión

1. ¿Cómo se imagina Ud. la vida del mañana? ¿A qué está destinada la raza humana? El hombre del siglo XXI o XXII, ¿se parecerá al

hombre de hoy? ¿Será más alto, más inteligente, más fuerte, más atlético? ¿Cómo pasará su vida diaria? ¿Trabajará? ¿Cómo se divertirá? ¿Cuáles son las tendencias de la sociedad contemporánea que le hacen pensar así?

2. ¿Qué opiniones tendrá el hombre del futuro de nuestra época? ¿Nos considerará de la misma manera que ahora consideramos al hombre primitivo o medieval?

3. ¿Qué opina Ud. de la ciencia ficción? ¿Por qué es tan popular ahora, no sólo en libros, sino también en la televisión y en películas? ¿Qué diferencias hay entre la ciencia ficción y la ciencia, o entre la ciencia ficción y otra ficción?

4. ¿Cree Ud. que el mundo futuro será mejor o peor que el mundo actual? ¿En qué aspectos avanzaremos? ¿Cuáles serán los problemas del hombre del siglo XXI? ¿la explosión demográfica? ¿la contaminación ambiental? ¿la malnutrición?

5. Describa Ud. el mundo ideal. ¿Cómo será? ¿Qué forma de gobierno tendrá? ¿Existirán los varios aspectos de la sociedad actual, como la educación, el matrimonio, la política, el arte, la guerra, los deportes? ¿Conoce Ud. algún rincón en el mundo semejante a esta utopía?

6. Se dice que no habrá bastantes recursos naturales si continuamos consumiéndolos como hoy. ¿Podrá vivir la gente de siglos futuros con menos petróleo, carbón, madera, aire respirable y agua pura? ¿Cree Ud. que la tecnología podrá resolver estos problemas?

7. ¿Qué avances tecnológicos veremos en el futuro? ¿Cómo serán las televisiones del futuro? ¿Y los teléfonos? ¿Nos veremos en pequeñas pantallas (screens) cuando llamemos? Describa Ud. una cocina típica del año 2025. ¿Qué clase de comida se preparará allí?

8. Los medios de transporte: ¿Cómo se imagina Ud. los automóviles del futuro? ¿Continuará la tendencia a reducir el tamaño del auto? ¿El aumento del costo de gasolina nos obligará a hacer uso del transporte público? ¿Llegará el día en que el avión individual reemplazará al carro?

9. ¿Tiene Ud. en casa su propia computadora? ¿Cómo ha cambiado la vida diaria con la llegada de la computadora doméstica? ¿Cómo la usan los padres? ¿las amas de casa? ¿los niños? ¿Cree Ud. que podemos comparar «la revolución de la computadora» de nuestros días con la Revolución Industrial del siglo XIX? Explique su respuesta.

10. Describa Ud. la última moda del próximo siglo. ¿Tendremos ropa unisexo? ¿Cómo será el cabello del hombre del futuro, o seremos todos calvos?

11. ¿Cómo se imagina Ud. su futuro personal? ¿Qué piensa Ud. hacer en el futuro? ¿Se casará? ¿Tendrá hijos? Si trabaja, ¿dónde y en qué capacidad? ¿Será famoso? ¿rico? ¿filantrópico? ¿Dónde vivirá?

Temas de composición

1. Ud. es columnista para un semanario en una gran ciudad. Su jefe está preparando unas páginas especiales sobre el futuro de la ciudad: es decir, sobre cómo será ésta dentro de cincuenta años. Ud. está encargado de escribir un artículo sobre su visión del futuro de la ciudad, basándose en las ventajas y problemas de la vida actual. Escriba sobre uno de los siguientes temas:

   a. la necesidad de establecer parques y otras áreas de recreo

   b. la escasez de viviendas.

   c. el problema del desempleo

   d. la contaminación ambiental

   Su composición puede ser optimista, sugiriendo varias soluciones para estos problemas de la vida urbana, o pesimista, con intención de advertir a los ciudadanos de las precauciones que hay que tomar para prevenir una crisis futura.

2. En su opinión, ¿vale la pena especular sobre el futuro? ¿Los esfuerzos para penetrar los misterios del futuro nos ayudan a mejorar nuestro modo de vivir? ¿O cree Ud. que es una pérdida de tiempo, que nunca podremos predecir lo que nos va a pasar? Escriba una composición desarrollando sus ideas.

Debate

La energía nuclear: ¿Fuente de energía o amenaza para el futuro?

Posición:	Pro energía nuclear	Contra energía nuclear
Papeles:	Un(a) gerente de una planta de energía encargado (-a) de controlar la seguridad de la planta y la distribución y producción de la energía.	Un(a) residente de una ciudad donde hay una planta nuclear que afirma que la muerte de su abuela y la enfermedad de su hijo se deben a los peligros de la energía nuclear.

Mini-teatro

Fecha: 14 de abril de 2040

Lugar: Una llanura despoblada (*deserted plain*)

Personajes: Cinco habitantes de la Tierra: un(a) astronauta, un(a) ingeniero (-a), un soldado, un cura (una monja), un(a) político (-a)
Varios seres extraterrestres

Acción: El primer encuentro de los habitantes de la Tierra con seres extraterrestres

Hagan uso de su imaginación y presenten a la clase este primer gran encuentro. Este mini-teatro puede ser: (1) una farsa (acto cómico), (2) una sátira de la vida contemporánea, (3) una visión idealista de un mundo mejor.

Guía para la escenificación

¿Cómo reaccionará cada uno de los personajes? ¿Qué propondrá el astronauta? ¿el cura? ¿el político? etc. ¿De qué hablarán? Los modos de vivir, los pensamientos, las esperanzas de los seres humanos, ¿serán diferentes de los de los seres extraterrestres? ¿Cómo se compararán sus sistemas económicos, políticos y sociales? ¿Tendrán algo en común sus diversiones, su arte, su literatura?

¡Luz, cámara, acción!

Lección 4

La oferta y la demanda

LOS PRONOMBRES

Los pronombres personales y preposicionales
Los pronombres reflexivos
Los pronombres en función de complemento

Lea el siguiente relato y en el cuadro que sigue analice los usos de los pronombres:

GASOLINA A CRÉDITO

Escenario: la sucursal del Banco Químico Morgan de Norteamérica. El Sr. Klingle está en el despacho del encargado de préstamos.

ENCARGADO: ¿Puedo hacer algo **por Ud.**, Sr. Klingle?

SR. KLINGLE: Desearía un préstamo para comprar gasolina.

ENCARGADO: Muy bien. ¿Cuánta gasolina va **Ud.** a comprar?

SR. KLINGLE: Un tanque lleno. Queremos asistir a la licenciatura de nuestra hija.

5 El encargado de préstamos saca un impreso:°   **impreso** *printed form*

ENCARGADO: Normalmente no adelantamos dinero para un tanque lleno de gasolina sin ninguna garantía. ¿Qué **nos** propone **Ud.** como aval del préstamo?

SR. KLINGLE: Mi casa.

10 **ENCARGADO:** ¿Y qué más?

SR. KLINGLE: ¿No es suficiente **con ella**?

ENCARGADO: El Banco **le** exigirá **a Ud.** algo más que una casa como garantía.

SR. KLINGLE: **Me lo** temía. ¿Qué **le** parecen mi casa y mi nuevo Cadillac? También tenemos, entre **yo** y mi esposa, cien acciones de la IBM que

15 actualmente **se** venden a 340 dólares cada una.

ENCARGADO: Creo que eso **nos bastará**. Pero tendrá que dejar**nos** las acciones.

SR. KLINGLE: **Lo** haré. No sabía que el Banco **me** exigiría tantas garantías para un préstamo de gasolina.

ENCARGADO: **Nosotros** consideramos estos préstamos muy arriesgados. Cuando

20 comenzamos a conceder**los**, los clientes **se** llevaban el dinero **consigo**, compraban la gasolina, **la** gastaban y luego no pagaban. Por eso tuvimos que asegurar**nos** de que, en el futuro obtendríamos algo a cambio. ¿Cuánto tiempo tardará **Ud.** en pagar el préstamo?

SR. KLINGLE: ¿Cuánto tiempo **me** conceden?

25 **ENCARGADO:** Puede pagar**nos** en un período de veinticuatro meses. Debo advertir**le a Ud.** que **nos** está permitido cargar un 20 por ciento de interés en los créditos para gasolina. Por supuesto, puede pagar el préstamo antes, si **lo** desea; pero en ese caso hay una multa.

SR. KLINGLE: Creo que podré pagar**lo** en veinticuatro meses, si mi esposa

30 consigue un empleo.

ENCARGADO: Está bien. Venga **Ud. conmigo** y llene estos impresos; estos otros
son para que **los** firme el encargado de la estación de gasolina.

SR. KLINGLE: Muchas gracias, señor. No sabe lo que este préstamo significa **para mí.**

ENCARGADO: Sr. Klingle, no **se lo** concedería si no tuviera fe **en Ud.** Además,
35   este Banco cree que la gente debe conseguir las cosas buenas en la vida
sin tener que esperar hasta la vejez.

Los dos hombres **se** levantan y **se** estrechan la mano.

ENCARGADO: Y no **se le** olvide . . . Cuando **nos** devuelva el préstamo,
estaremos muy complacidos en financiar**le** de nuevo otro tanque lleno.
40   ¡Que tenga un buen viaje!

Examine los usos de los pronombres en la lectura *Gasolina a crédito.*

	Singular			*Plural*	
	yo	Ud.	él, ella	nosotros	ellos, ellas
Pronombres personales: 1. Generalmente se omiten.	Desearía un préstamo . . . (l. 2)			Queremos asistir a la licenciatura . . . (l. 4)	
2. Se usan como norma de cortesía con **Ud.** (y **Uds.**)		¿Cuánta gasolina va **Ud.** a comprar? (l. 3)			
3. Se usan para aclarar o dar énfasis al sujeto.				**Nosotros** consideramos estos présta- mos muy arriesgados. (l. 19)	
4. Se usan después de palabras como **entre, según, incluso,** etc.	. . . tenemos, entre **yo** y mi esposa . . . (l. 14)				
Pronombres preposi- cionales: 1. Se usan después de preposiciones.	No sabe lo que . . . significa **para mí.** (l. 33)	¿Puedo hacer algo **por Ud.?** (l. 1)	¿No es sufi- ciente **con ella?** (l. 11)		
2. **Con + mí, ti o sí =** conmigo, contigo, consigo.	Venga Ud. **conmigo** . . . (l. 31)				. . . los clientes se llevaban el dinero **con- sigo.** (l. 20)

	Singular			Plural	
	yo	Ud.	él, ella	nosotros	ellos, ellas
Pronombres reflexivos: 1. Se usan cuando la acción del verbo vuelve a la persona que la efectúa. 2. Se usan para expresar una acción recíproca. 3. **Se +** complemento indirecto expresa una acción no deliberada. 4. **Se** (reflexivo) como sujeto pasivo.		Y no **se le** olvide (a Ud.) . . . (l. 38)		. . . tuvimos que asegurar**nos** . . . (ll. 21–22)	Los dos hombres **se** levantan . . . (l. 37) . . . **se** estrechan la mano . . . (l. 37) . . . tenemos . . . acciones . . . que . . . **se** venden a 340 dólares . . . (ll. 14–15)
Complemento indirecto: 1. Indica a quién o para quién se efectúa una acción. 2. El uso redundante aclara a quién se refiere **le**. 3. Se usa **se** en lugar de **le** delante de **lo, la, los** y **las**. 4. Se usan en construcciones especiales con verbos como **parecer, bastar, gustar**.	No sabía que el Banco **me** exigiría tantas garantías . . . (l. 17)	Debo advertir**le** a **Ud.** . . . (ll. 25–26) . . . no **se** lo concedería si no tuviera fe en Ud. (l. 34) ¿Qué **le parecen** mi casa y mi nuevo Cadillac? (l. 13)		¿Qué **nos** propone Ud. como aval . . .? (l. 7) Creo que con eso **nos** bastará. (l. 16)	
Complemento directo: 1. Indica la persona o cosa sobre la que recae la acción del verbo. 2. Se emplea **lo** para referirse a una idea ya expresada.			. . . compraban la gasolina, **la** gastaban . . . (l. 21) . . . puede pagar . . . antes, si (Ud.) **lo** desea . . . (ll. 27–28)		Cuando comenzamos a conceder**los**. . . (ll. 19–20)

Perspectivas

Léxico LA OFERTA Y LA DEMANDA

El mundo bancario (*The banking world*)

el **aval** guarantee
el **banco** bank
el **banquero, la banquera** banker
la **caja fuerte** safe
el **cajero, la cajera** teller
el **cheque (sin fondos)** (bounced) check
el **cliente, la cliente** client
la **cuenta de ahorros** savings account
la **cuenta corriente** checking account
el **empleado, la empleada** employee
el **gerente, la gerente** manager
el **interés** interest
el **préstamo** loan

la **sucursal** branch
el **talonario de cheques** checkbook

ahorrar to save money
cobrar un cheque to cash a check
depositar to deposit
endosar to endorse
invertir (e > ie) to invest
financiar to finance
otorgar un préstamo to grant a loan
pedir (e > i) prestado to borrow
prestar to loan
retirar to withdraw

Los negocios (*Business*)

el **almacén** department store; warehouse
el **billete** bill
el **cambio** change
el **comprador, la compradora** buyer
la **cuenta** bill
el **descuento** discount
el **despacho** office
el **dinero en efectivo** cash
el **dueño, la dueña** owner
la **empresa** firm
el **encargado, la encargada** agent
el **exportador, la exportadora** exporter
la **fábrica** factory, plant
los **gastos** expenses
el **hombre, la mujer de negocios**
    businessman, businesswoman
el **importador** importer
la **liquidación, la venta** sale

la **mercadería, la mercancía** merchandise, goods
el **mercado** market
la **multa** fine
la **propaganda** advertising
el **socio, la socia** (business) associate
el **sueldo, el salario** salary, wages
la **tarjeta de crédito** credit card
el **vendedor, la vendedora** seller

acusar recibo to acknowledge receipt
comprar (vender) a plazos to buy (to sell)
    on installments
firmar un contrato to sign a contract
jubilarse to retire
pagar al contado to pay cash
pedir (e > i) aumento de sueldo to ask for a
    raise
rebajar to discount, to lower (a price)
renunciar to resign

La economía (The economy)	
la **acción** stock	el **presupuesto** budget
la **Bolsa** stock market	la **quiebra** bankruptcy
la **deuda** debt	el **sindicato** union
el **empleo**, el **puesto** job	la **ventaja**, la **desventaja** advantage, disadvantage
los **impuestos** taxes	
la **inflación** inflation	**hacer falta** to need, to lack
la **lotería** lottery	**sobrar** to exceed, to remain
el **por ciento** percent	

LOS PRONOMBRES PERSONALES Y PREPOSICIONALES EN ACCIÓN

Una propuesta amigable

Madrid, 3 de noviembre de 19..

Señor
Juan Orihuela
Apartado de correo 36
Barcelona

Querido Juan:

Los factores económicos indican que ha llegado el momento propicio para formar esa compañía de importaciones que comentamos durante tu último viaje a Madrid. **Entre tú** y **yo** siempre hemos hecho buenos negocios y veo que ahora es el momento de asociarnos. Te conozco bastante bien y creo que puedes trabajar **conmigo**. Como sabes, **para mí** lo más importante en una sociedad es saber que mi socio es también mi amigo, y me imagino que **contigo** sucede lo mismo. Piensa **por ti mismo** en las ventajas de este futuro proyecto y escríbeme si te interesas **en él**.

Mientras tanto, recibe un cordial saludo.

Jorge Antonio
Jorge Antonio

Preguntas

1. ¿Por qué le escribe Jorge Antonio a Juan?
2. ¿Qué es lo más importante para Jorge Antonio?
3. Imagínese que Ud. es Juan y escriba una carta de respuesta.

No se puede escapar de los anuncios publicitarios ni a la hora del descanso.

1. Los pronombres personales

Singular
yo
tú[1]
él, ella, Ud. (usted)[2]

Plural
nosotros, -as
vosotros, -as
ellos, ellas, Uds. (ustedes)[2]

Como en español el verbo indica la persona y el número, los pronombres personales generalmente se omiten:

Habíamos pensado abrir una cuenta de ahorros.
Pago el cinco por ciento de interés.

Sin embargo, hay casos donde se usa el pronombre personal.

1. Se usan más a menudo las formas **Ud.** y **Uds.** como norma de cortesía, especialmente en preguntas:

¿Quiere **Ud.** el cambio en billetes o en monedas?
¿Qué opinan **Uds.** del nuevo director?

2. Se usa el pronombre personal para dar énfasis al sujeto:

Ella recibió todo el dinero.

Este énfasis es obligatorio al contrastar dos sujetos:

Yo trabajé mucho pero **él** no hizo nada.
Recuerda que **tú** pusiste el anuncio en el periódico, no **yo.**

---

[1] **Tú** es la forma familiar que se usa entre amigos y familiares. **Ud.** se usa cuando una persona habla con desconocidos, personas mayores y personas de respeto.

[2] En el español escrito se prefiere la forma abreviada: **Ud.** o **Uds.**

Para dar aún más énfasis al sujeto se usa **mismo, -a, -os, -as** después del pronombre personal:

> **Uds. mismos** habían solicitado la entrevista.

3. A veces los pronombres personales son necesarios para evitar confusiones con las personas:

> Los dos vinieron juntos pero **ella** tuvo que regresar temprano.

4. Con el verbo **ser**, en casos enfáticos, el pronombre va después del verbo:

> ¿Quién llama?—Soy **yo**.
> Fue **Ud.** el último en llegar.

5. Después de **según, como, salvo, entre, menos** e **incluso**, se usa el pronombre personal como sujeto.

> **Entre tú** y **yo** tenemos que resolver este asunto.
> Todos lo sabían **menos yo**.
> **Según él**, yo no sé nada.

Práctica

Conteste usando los pronombres personales solamente cuando sean necesarios.

Ejemplos: ¿A qué hora saldrá Ud. del trabajo?
Saldré a las cinco.

¿Quién cometió el error, Ud. o yo?
Yo cometí el error.

1. ¿Dónde estuviste esta mañana?
2. ¿Cuántos son Uds.?
3. ¿Quién va hoy de compras, tú o yo?
4. ¿Quiénes piden aumento de sueldo?
5. ¿Según quién, yo no sé nada?
6. ¿Prefiere Ud. partir hoy o mañana?
7. ¿Todos menos tú fueron invitados?
8. ¿Quién es?
9. ¿Cuánto paga ella de impuestos?
10. ¿Recibes cartas a menudo?

2. Los pronombres preposicionales

Singular
mí
ti
él, ella, Ud. [sí (reflexivo)]

Plural
nosotros, -as
vosotros, -as
ellos, ellas, Uds. [sí (reflexivo)]

1. Los pronombres preposicionales, con excepción de **mí** y **ti**,[3] tienen las mismas formas que los pronombres personales. Se usan después de una preposición:

> Compré una calculadora **para ti**.
> Te ruego que lo hagas **por mí**.
> A veces hablamos **de él**.
> ¿Piensas en nuestro trabajo?—No, no pienso **en él** si no es necesario.

2. Si el sujeto del verbo está en la tercera persona del singular o del plural y la acción es reflexiva, se usa el pronombre **sí** después de la preposición:

> El muchacho tímido prefiere no hablar **de sí**.
> Ellos ahorraron mucho dinero y lo guardaron **para sí**.

3. La preposición **con** seguida de **mí, ti** o **sí** tiene formas especiales:

> con **+** mí = conmigo
> con **+** ti = contigo
> con **+** sí = consigo

> ¿Quieres ir **conmigo** al salón de exhibiciones?
> Me gustaría preparar el proyecto **contigo**.
> Cuando van de viaje siempre llevan los documentos **consigo**.

4. Cuando el sujeto del verbo y el pronombre se refieren a la misma persona (forma reflexiva), es frecuente el uso de **mismo** (**-a, -os, -as**) después de los pronombres.

> Marta, investígalo **por ti misma**.
> Pienso **en mí mismo** y no en los demás.

Práctica

A. *Cambie las palabras entre paréntesis por el pronombre correspondiente.*

> *Ejemplos:*   Saldremos con (tú).
> *Saldremos contigo.*
>
> Trabajo para (la empresa).
> *Trabajo para ella.*

> *1.* Nunca pienso en (mis deudas).
> *2.* Obtuve un descuento para (mi hijo).

---

[3]Recuerde que **mí** lleva acento y **ti** no lo lleva.

3. Se fueron sin (yo).
4. Me dijo que formará una sociedad con (tú).
5. Lo hizo por (la patria).
6. Primero me fijé en (la empleada) y después en (el empleado).
7. Confiamos en (el futuro).
8. Salimos tarde sin despedirnos de (nuestros padres).
9. Mi socio se llevó el auto con (él).
10. Todas esas cartas son para (yo).

B. *Cambie a la forma familiar.*

> *Ejemplo:* ¿Desea *Ud.* comprar muebles?
> *¿Deseas comprar muebles?*

1. *Ud.* es el exportador más grande de café.
2. ¿Cuándo dice *Ud.* que recibirá la lista de precios?
3. El alquiler que *Ud.* paga es muy barato.
4. ¿Firmará *Ud.* el contrato?
5. No puedo reunirme con *Ud.*
6. Hace un momento me entregaron un paquete para *Ud.*
7. ¿Quiere *Ud.* hacerme un favor?
8. El Sr. García se acuerda mucho de *Ud.*
9. ¿Fue *Ud.* quien dijo que no había recibido mi carta?
10. Si le otorgaron el préstamo es porque confiaron en *Ud.*

LOS PRONOMBRES REFLEXIVOS EN ACCIÓN

El comprador de último momento

Eran las vísperas° de Navidad y aquella tarde yo había trabajado muchísimo. **Me** había sentado un momento a descansar pensando que dentro de algunos momentos **se** cerraría el almacén y podría ir**me** a celebrar las fiestas. De pronto, como siempre suele ocurrir, entró el comprador de último momento. **Me** levanté lentamente y **me** dirigí al mostrador.° Mi sorpresa fue enorme al oír una voz que decía:—¡No **se** mueva y dígame dónde está el dinero de las ventas! Tenía tanto miedo que no pude decir una palabra. El ladrón **se** acercó al mostrador y volvió a insistir:—Fíje**se** Ud. que estoy armado y si **se** queda ahí tranquilo sin entregarme el dinero va a perder la vida.

Por un instante **me** sentí perdido pero luego **me** acordé de que el botón de la alarma estaba cerca de mi pie. Lo oprimí con fuerza. Un ruido muy fuerte **se** extendió por todo el almacén. El ladrón navideño **se** asustó° y **se** fue corriendo sin llevar**se** el dinero.

vísperas la noche anterior

mostrador *counter*

se asustó tuvo miedo

𝔓𝔯𝔢𝔤𝔲𝔫𝔱𝔞𝔰

1. ¿Qué día era? ¿Por qué quería el narrador volver a casa?
2. ¿Qué sucedió de pronto? ¿Qué dijo el ladrón?

3. ¿Cómo reaccionó el narrador? ¿Qué hizo el ladrón?
4. ¿Qué habría hecho Ud. en lugar del narrador? ¿Le ha sucedido algo parecido? ¡Ojalá que no!

3. Los pronombres reflexivos

Singular
me
te
se

Plural
nos
os
se

1. Los pronombres reflexivos se emplean para indicar que la acción del verbo vuelve a la persona que efectúa la acción:

> **Nos preocupamos** por la inflación.
> **Se sentó** para firmar la carta.
> **Me acerqué** a saludarlo.

2. Hay ciertos verbos que se usan siempre con el reflexivo y que van seguidos de la preposición **a, de** o **en**:

arrepentirse de   *to repent (for)*
atreverse a   *to dare to*
burlarse de   *to mock, to make fun of*
darse cuenta de   *to realize*

empeñarse en   *to insist, persist*
fijarse en   *to notice*
quejarse de   *to complain about*
resignarse a   *to resign oneself to*

EJEMPLOS:

> El comprador no **se atrevió a** pedir una rebaja.
> Pienso que por ahora **te darás cuenta de** tu error.
> ¿Por qué **te empeñaste en** comprar los muebles a plazos?

3. Muchos verbos transitivos (verbos que emplean el complemento directo o indirecto) pueden usarse en forma reflexiva:

acostarse   arreglarse   ducharse   levantarse   peinarse   sentarse
afeitarse   despertarse   lavarse   ponerse   quitarse   vestirse

Compare los siguientes ejemplos:

Forma reflexiva	*Forma no reflexiva*
Me puse el sombrero para salir.	Le **puse** (a mi hijo) el sombrero para salir.
Se viste con ropa muy elegante.	La **viste** (a su hija) con ropa muy elegante.

4. Algunos verbos cambian de significado en inglés al usarse con el reflexivo.

Forma reflexiva	*Forma no reflexiva*
acordarse de *to remember*	acordar *to agree*
alegrarse de *to rejoice, to be glad*	alegrar *to cheer up*
casarse *to get married*	casar *to marry*
despedirse de *to take leave*	despedir *to fire*
dormirse *to fall asleep*	dormir *to sleep*
irse *to go away*	ir *to go*
llevarse *to carry off, away*	llevar *to carry, to bring*
negarse a *to refuse*	negar *to deny*
parecerse *to resemble*	parecer *to seem*
probarse *to try on*	probar *to try, to test*

Compare los siguientes ejemplos:

Forma reflexiva	*Forma no reflexiva*
¿**Te alegraste** de recibir el cheque?	Con su sonrisa **alegraba** a todos los invitados.
Se fueron sin decir una palabra.	Los señores García **fueron** al museo.
¿**Se acuerdan** de los precios de la mercadería?	Los socios **acordaron** subir los precios de la mercadería.
Los invitados **se despidieron** de los huéspedes después de la fiesta.	**Despidieron** a los líderes de la huelga.

5. Se puede usar el reflexivo con cualquier verbo para expresar una acción recíproca entre dos o más personas:

Los gerentes de ambas fábricas **se escribieron** muchas cartas.

A veces, para aclarar el significado, es necesario añadir **mutuamente** o **(el) uno a(l) otro:**

Se acusaban mutuamente de la mala administración de la empresa.
Nos mirábamos (los) unos a (los) otros sin saber qué decir.

6. Hay cuatro verbos que al usarse en forma reflexiva toman en inglés el significado de *to become:*

ponerse   Se usa para referirse a un cambio físico o emocional:

Al ver aquel espectáculo **nos pusimos** tristes.

hacerse   Indica un cambio basado en el esfuerzo personal.

Trabajamos mucho porque queremos **hacernos** dueños de este almacén.

volverse   Expresa un cambio de un estado a otro. No implica esfuerzo personal:

De un día al otro **se volvió** millonario.

convertirse en   Se refiere a un cambio permanente en la naturaleza de una persona o una cosa. Se usa sólo con sustantivos:

El agua al hervir **se convierte en** vapor.

7. La posición de los pronombres reflexivos:

Con verbo conjugado	**Me** senté.
Con verbo compuesto	**Me** he sentado.
Con infinitivo	Quiero sentar**me**. **Me** quiero sentar.
Con gerundio	Estoy sentándo**me**. **Me** estoy sentando.
Con mandato afirmativo	Siénte**se** Ud. Sentémo**nos**. (Se omite la **s** final del verbo.)
Con mandato negativo	No **se** siente Ud. No **nos** sentemos.

Práctica

A. *Conteste usando las formas apropiadas de los verbos reflexivos.*

1. ¿Quiénes se divierten más, los hombres de negocios o los estudiantes universitarios?
2. ¿A qué hora se despertó Ud. el domingo pasado?
3. ¿Es Ud. el cliente que se fue sin pagar la cuenta?
4. ¿Te preocupas mucho por tus deudas?
5. ¿Cuándo se dieron cuenta Uds. de que habían perdido tanto en la Bolsa?
6. Cuando Ud. va a la oficina, ¿a qué hora se levanta?
7. ¿Quién se durmió en la reunión de esta mañana?
8. ¿Se sorprendió Ud. del descuento que le dieron?
9. ¿Por qué se quita y se pone los lentes a cada instante?
10. ¿Por qué te arrepientes de haber venido?
11. ¿Se quejaron Uds. de la mala calidad de los productos?
12. ¿Es una costumbre hispánica sacarse el sombrero al entrar en un edificio público?

B. *Lea con cuidado el siguiente relato.*

Esta mañana Teresa y yo nos encontramos por casualidad en el correo. Nos saludamos con mucho cariño. Hacía tanto tiempo que no nos veíamos que estuvimos mucho tiempo haciéndonos preguntas sobre nuestras vidas. Recordamos el día en que nos conocimos, lo bien que nos llevábamos, y las visitas que nos hacíamos. Cuando nos dimos cuenta de la hora, nos despedimos después de prometernos no dejar pasar el tiempo y llamarnos por teléfono más a menudo.

Ahora, modifique el relato y comience así:
   Esta mañana Teresa y Joaquín . . .

C. *Añada el pronombre reflexivo si es necesario.*

1. El cura _____ casó a los jóvenes con el permiso de sus padres.
2. Yo _____ parezco más a mi abuela que a mi mamá.

3. Tuvimos que vestir _____ de etiqueta para la reunión.
4. Ese hombre _____ ha negado ser el que cometió el crimen.
5. No puedes saber si te queda bien el vestido si no _____ lo pruebas antes.
6. Volvieron rendidos después del trabajo, _____ acostaron y _____ durmieron en seguida.
7. El sindicato no podía ayudar a los obreros que los gerentes _____ habían despedido.
8. Su mamá _____ sentó a la niña y le dijo que no _____ levantara.

D. *Complete con la forma apropiada de* **ponerse, hacerse, volverse** *o* **convertirse en.**

1. En poco tiempo _____ presidente de la corporación.
2. Después de la quiebra del negocio el propietario _____ loco.
3. Si llego tarde a la entrevista, estoy segura que los directores _____ furiosos.
4. Era un vino muy malo y _____ vinagre.
5. Hubo un incendio en un casino y todo _____ cenizas.
6. Si Ud. quiere _____ rico tendrá que trabajar mucho.
7. Es un hombre muy tímido. Cada vez que me ve, _____ rojo.

E. Las tribulaciones de una persona de negocios
Imagínese que Ud. es una persona de negocios que importa artículos del Perú. En su primer viaje a Lima escribe a su socio una carta informándole de las actividades del día. Su carta comienza así:

Lima, 15 de enero de 19..

Estimado Sr. Contreras:

Después de un largo viaje, ayer llegué a Lima. Estaba tan cansado que me dormí en seguida. Hoy me levanté a . . .

Sus actividades:
1. hora de levantarse
2. vestirse rápidamente para llegar temprano a la feria popular
3. ponerse sombrero y abrigo porque hace frío
4. desayunarse con panecillos y café
5. no acordarse exactamente de la dirección
6. equivocarse de camino
7. ponerse furioso
8. sentarse sobre una piedra a meditar
9. darse cuenta de su error
10. poner nuevamente en marcha el motor
11. llegar a la feria
12. reunirse con otros comerciantes
13. comprar tejidos y cerámica de la mejor calidad
14. divertirse mucho
15. despedirse cordialmente de su socio

4. Se: *Usos especiales*

1. **se** indefinido: | **se +** 3ʳᵃ persona singular del verbo

Expresa una actividad generalizada sin indicar quién ejecuta la acción. (Se traduce al inglés con *one, people, they*.)

Se aprende mucho viajando.
Se dice que va a llover.
Hay quienes creen que **se nace** con suerte o no.

2. **se** sujeto no responsable: | **se +** complemento indirecto **+** 3ʳᵃ persona singular o plural del verbo

Expresa una acción que es el resultado de un acto casual, no deliberado, y fuera de nuestro control. (El verbo y el sustantivo concuerdan en número.)

Se me cayó el libro.
Se nos olvidaron las facturas.
Cada vez que salgo **se me cierra** la puerta.

Práctica

A. *Cambie a una oración impersonal con* **se** *según el ejemplo.*

Ejemplo: **Aquí trabajan bien.**
Aquí se trabaja bien.

1. ¡No puedo conducir con tanto tráfico!
2. Prohibimos fumar en esta sección.
3. Discutieron mucho sobre este problema.
4. En verano cosechamos de todo un poco.
5. En general piensan así.
6. ¿Hablan bien el español en los Estados Unidos?
7. Los vendemos por docenas.
8. Servirán lo que pidan.
9. Esperan resolver los problemas muy pronto.
10. Dirán que todo es mentira.

B. *Cambie la oración para expresar una acción no deliberada usando* **se** *sujeto no responsable según el ejemplo.*

Ejemplo: **Perdí mis llaves.**
Se me perdieron las llaves.

1. Me olvidé completamente del asunto.
2. Rompí la carta al abrir el sobre.
3. Agotó los productos que tenía.
4. Mi reloj se paró a las cinco.
5. Nos mojamos la ropa con la lluvia.
6. Destrozó su coche en el accidente.
7. Ayer perdieron la carta que les habías enviado.

5. La voz pasiva y la construcción con se

1. La voz pasiva indica que la acción es más importante que su agente. El participio pasado concuerda en género y en número con el sujeto pasivo. Si se menciona el agente de la acción, la preposición **por** precede a la persona o cosa que ejecuta la acción:[4]

ser + participio pasado + **por** + el agente

Una carta **fue enviada por el gerente.**
Los proyectos **serán presentados por los técnicos.**

2. Si no se menciona el agente de la acción, dos construcciones son posibles:

ser + participio pasado

Las cartas **fueron enviadas** ayer.
El proyecto **será presentado** próximamente.

se + 3ra persona singular o plural del verbo

Se enviará el proyecto próximamente.
Se enviaron las cartas ayer.

Se usa la 3ra persona plural cuando el complemento es plural.

3. Cuando el complemento va precedido por la **a personal**, se usa el verbo sólo en la forma singular:

se + 3ra persona singular (solamente)

Se precisa al secretario del señor López.
Se busca a los directores de los comités recién formados.

---

[4] Cuando la acción es mental o emocional, se puede reemplazar **por** con la preposición **de:**
   Eran temidos **de** todos a causa de su poder económico.

Práctica

A. *Cambie las siguientes oraciones a la voz pasiva. Preste atención al tiempo verbal.*

> *Ejemplo:*   Juanita arregla las flores.
> **Las flores son arregladas por Juanita.**

1. La compañía recibió mi renuncia.
2. Mi padre escribió esta novela.
3. El gobierno dicta las leyes.
4. El jefe de personal entrevistará a los candidatos.
5. Los bancos cobran intereses altos.

B. *Cambie las oraciones al plural según el ejemplo.*

> *Ejemplo:*   **La deuda es pagada por Miguel.**
> **Las deudas son pagadas por Miguel.**

1. La ventana fue abierta por el viento.
2. El libro fue escrito por Cervantes.
3. El cheque fue entregado por el cajero.
4. La carta será entregada mañana.
5. El formulario ha sido distribuido hoy.

C. *Omita la mención del agente en los casos en que aparece, y cambie a la construcción con* **se.** *Preste atención al tiempo verbal.*

> *Ejemplo:*   **El presupuesto fue preparado por el encargado.**
> **Se preparó el presupuesto.**

1. El cheque fue enviado por correo certificado.
2. El contrato será firmado por los jefes de las corporaciones.
3. La caja fuerte fue abierta por la cajera.
4. Los empleados fueron despedidos por el jefe de ventas.
5. Los cheques son endosados por los obreros y después son mandados al sindicato.
6. El informe fue escrito en 1983.
7. Los puestos anunciados fueron solicitados por más de cien personas.
8. Las cuentas serán distribuidas el primero de marzo.

LOS PRONOMBRES COMPLEMENTO EN ACCIÓN

El gordo° de la lotería

Cuando el teléfono **me** despertó y **me** dieron la noticia de que yo había sido premiada con el gordo de la lotería, no podía creer**lo.** Unas horas más tarde vino un periodista a entrevistar**me.**

gordo premio mayor

PERIODISTA: Señora, ¿quién **le** vendió a Ud. el billete?
YO: **Me lo** vendió un chiquillo que venía siguiéndo**me** por la calle para que **le** comprara por lo menos un quinto° de la lotería. «Cómpra**melo** . . . ,

quinto una de las 5 partes

*Este vendedor de la lotería nacional en Bogotá, Colombia, le ofrece
la oportunidad de ser premiado con el gordo de la lotería.*

cómpre**melo** . . . » **me** decía. «**Le** aseguro que éste será el número
premiado.» Finalmente **se lo** compré.

PERIODISTA: ¿Qué piensa Ud. hacer con el dinero?

YO: Aún no **lo** sé. Tengo que pensar**lo**. Por el momento quiero encontrar al
muchacho que **me** persiguió con la fortuna para recompensar**lo**.

PERIODISTA: **La** felicito, señora, por su suerte y su buen corazón.

Preguntas

1. ¿Cuál fue la reacción inicial de la señora al recibir la gran noticia?
2. ¿Qué preguntas le hizo el periodista?
3. ¿Qué piensa hacer la ganadora con su dinero?
4. ¿Qué haría Ud. si fuera premiado con el gordo de la lotería?

6. Los pronombres en función de complemento

Complemento indirecto	
me	nos
te	os
le	les

1. El pronombre del complemento indirecto indica a quién o para quién se efectúa una acción:

   Le enseñé la casa | a Juan.

   Le | enseñé la casa.

   ¿Nos hiciste una pregunta | a nosotros | ?

   ¿ Nos | hiciste una pregunta?

2. Cuando el pronombre en función de complemento indirecto es ambiguo, o se desea aclarar la persona, además del pronombre se menciona a la persona para evitar confusiones:

   Le dimos el descuento ⟨ ¿**a él**?
   ¿**a ella**?
   ¿**a Ud.**?

   Le dimos el descuento **al cliente**.
   ¿**Te** di el dinero **a ti** o a Juan?

3. El pronombre del complemento indirecto se usa con verbos de comunicación como **decir, pedir, preguntar, rogar** y con verbos como **agradecer, ayudar, impedir, pagar** y **prohibir** para indicar a quien se dirige la acción:
   Le pregunté si era rico.
   Les agradecemos por el regalo.
   Te prohibo que salgas.

Complemento directo	
me	nos
te	os
lo[5], la	los[5], las

1. El pronombre del complemento directo indica a la persona o cosa sobre la que recae la acción del verbo:

   ¿Leíste | el informe del presidente | ?

   ¿ Lo | leíste?

   Conocí | a[6] los jefes de venta | .

   Los | conocí.

2. Cuando el pronombre en función de complemento directo es ambiguo o se desea aclarar la persona, además del pronombre se menciona a la persona para evitar confusiones:

   Los vimos hoy ⟨ ¿**a ellos**?
   ¿**a Uds.**?

   Los vimos **a ellos** hoy.
   ¿**Te** vi **a ti** o a Juan?

3. Se usa **lo** como pronombre del complemento invariable:
   a. Para referirse a una idea o a conceptos ya expresados:
      ¿Enviará Ud. la carta? —**Lo** pensaré esta noche.
      Me dijo que pagaría la factura pero no **lo** hizo.
   b. Cuando una frase consiste únicamente del verbo **ser** o **estar**, generalmente en respuesta a una pregunta:

---

[5] En algunas regiones de España e Hispanoamérica se usa **le** y **les** en lugar de los complementos directos **lo** y **los** cuando se refieren a personas:
   ¿Viste a Juan? —Sí, **le** vi.
   Les vimos hoy.

[6] Recuerde que cuando la acción recae sobre una persona se usa la **a personal**.

Complemento directo
—¿Es chileno el gerente? —Sí, **lo** es.   —¿Están cerradas las puertas? —No, no **lo** están.   c. Con los verbos **decir, pedir, preguntar** y **saber** cuando no se expresa el complemento: —¡Eres tan inteligente! —Sí, **lo** sé.   —Pídase**lo**, por favor.   —No se **lo** digas a Rita.

Posición de los pronombres complemento

	Complemento indirecto	Complemento directo
Con verbo conjugado:	**Nos** entregó los documentos.	**Las** vi hace dos horas.
Con verbo compuesto:	**Le** hemos escrito la carta.	Ya **lo** había hecho.
Con infinitivo:	{ Debemos pagar**le** mañana.[7] { **Le** debemos pagar mañana.	{ Traté de resolver**lo** anoche. { **Lo** traté de resolver anoche.
Con gerundio:	{ Está cambiándo**le** dinero.[7] { **Le** está cambiando dinero.	{ Están calculándo**lo** ahora. { **Lo** están calculando ahora.
Con mandato afirmativo:	Cómpre**me** las acciones.	Entréga**lo** pronto.
Con mandato negativo:	No **me** compre las acciones.	No **lo** entregues pronto.

Posición de dos pronombres en la misma oración

1. El pronombre del complemento indirecto precede al complemento directo:
   Me enviaron **los documentos** por correo aéreo. → **Me los** enviaron.
2. Se usa el pronombre **se** en lugar de **le** y **les** delante de los pronombres **lo, la, los,** y **las**:
   Les mandaré **la mercadería** a Uds. → **Se la** mandaré a Uds.
3. El pronombre reflexivo siempre precede al pronombre del complemento directo o al complemento indirecto:
   Me lavé **las manos.** → **Me las** lavé.

   Se le rompió la pierna **a él.** → **Se le** rompió la pierna.

---

[7] Recuerde Ud. que el gerundio exige un acento escrito cuando se añaden los pronombres. El infinitivo exige un acento escrito sólo si se añaden dos pronombres.

Práctica

A. *Reemplace el complemento directo por el pronombre.*

> *Ejemplos:* **Recibimos** *la factura.*
> **La recibimos.**
>
> **Acaba de vender** *su auto.*
> **Acaba de venderlo.**

1. Enviaron *las cartas* por correo certificado.
2. Todos los días recibo *instrucciones.*
3. Se levantó y explicó *el problema.*
4. ¿Ahora quieres decir *la verdad?*
5. Pida *los catálogos* inmediatamente.
6. Buscaba *a la presidenta.*
7. Los Fernández vendieron *su casa.*
8. En su próximo viaje conocerá *al Sr. Rivera.*
9. ¿Dónde compraste *esas camisas* tan baratas?
10. ¿Ya preparaste *el desayuno?*

B. *Conteste las preguntas empleando los pronombres correspondientes.*

> *Ejemplo:* ¿Cuándo toma Ud. *el autobús?*
> **Lo tomo cuando llueve.**

1. ¿A qué hora cierras *tu almacén?*
2. ¿*Me* ves desde allí?
3. ¿Por qué quiere conocer*te?*
4. ¿Sabe Ud. por qué *me* persigue?
5. ¿Dónde guarda Ud. *su dinero?*
6. ¿Busca Ud. *el talonario de cheques?*
7. ¿Están Uds. *cansados?*
8. ¿Te dejan mirar *la televisión?*
9. ¿Leíste todas *las noticias?*
10. ¿Quiere Ud. llamar*me* por mi nombre?
11. ¿Son Uds. *vendedores ambulantes?*

C. *Complete con el pronombre apropiado.*

> *Ejemplo:* **A mí** _____ **dieron una buena garantía.**
> **A mí me dieron una buena garantía.**

1. A Carlos _____ compraron el coche.
2. A ellos _____ interesó el asunto.
3. ¿Quién _____ apoya a nosotros?
4. A mi socio _____ concedieron un préstamo.
5. Dime si _____ otorgan a ti el préstamo.
6. Aunque no lo creas _____ pidieron nuestra opinión.
7. Se comenta que el jefe _____ dará a tu hermano un aumento de sueldo.
8. No _____ digas nada a ellos.

9. ¿A quiénes _____ damos las mercancías?

10. Tendrá que pedir _____ perdón a ti.

D. *Invierta las personas del sujeto y del complemento indirecto, según el ejemplo.*

    Ejemplo: **Les dimos una sorpresa. (Ellos . . .)**

                   Ellos nos dieron una sorpresa.

    1. Pediré diez dólares al Sr. Jiménez. *(El Sr. Jiménez . . .)*

    2. Ellos me contaron la historia. *(Yo . . .)*

    3. Les regalamos todo lo que teníamos. *(Ellas . . .)*

    4. ¿No quiere leerme el informe? *(No quiero . . .)*

    5. Te lo explico todo. *(Tú . . .)*

E. *Conteste las preguntas usando los pronombres del complemento directo e indirecto.*

    Ejemplo: **¿Le entregaste el presupuesto al jefe? Sí, . . .**

                   Sí, se lo entregué.

    1. ¿Le diste la mercadería al cliente? Sí, . . .

    2. ¿Podemos mostrársela? Sí, . . .

    3. ¿Nos ofrecen algunas ventajas? Sí, . . .

    4. ¿Escribió Ud. la carta a la compañía petrolera? No, . . .

    5. ¿Me devolvieron Uds. los documentos? No, . . .

    6. ¿Les pidieron el pago? Sí, . . .

    7. ¿Te han explicado el negocio? No, . . .

    8. ¿Nos la devolviste anoche? Sí, . . .

    9. ¿Le van a mandar la factura a tu padre? Sí, . . .

    10. ¿Le recordaste a Miguel la hora de la cita? Sí, . . .

En Santo Domingo, República Dominicana, dos mujeres compran legumbres en un típico almacén de comestibles.

7. Gustarle *(a uno) y otros verbos similares*

Se usa el pronombre del complemento indirecto con el verbo **gustar** en la tercera persona del singular o del plural para indicar satisfacción:

Me gustan las personas honradas.
No **le gustó** su forma de actuar.

Para dar énfasis o para aclarar la persona que recibe la acción del verbo, se usa **a** + *pronombre preposicional* o **a** + *nombre:*

A mí me gustaría viajar contigo.
A la señora Ramos le gustó el nuevo presupuesto.

Otros verbos de construcción similar:

agradarle (a uno) *to please*	interesarle (a uno) *to interest*
convenirle (a uno) *to suit*	parecerle (a uno) *to seem*
dolerle (a uno) *to hurt*	quedarle (a uno) *to be left over*
faltarle (a uno) *to lack*	sobrarle (a uno) *to have in excess*
hacerle falta (a uno) *to need*	bastarle (a uno) *to suffice, to be enough*

EJEMPLOS:

A Juan **le agradó** la oferta que le hicieron.
Si no me apuro **me faltará** el tiempo.
Después de pagar todas mis cuentas aún **me quedaron** cincuenta dólares.
A Uds. no **les interesan** los asuntos económicos.
Después de hacer todos esos cálculos **nos duele** la cabeza.

Práctica

A. Complete en español con uno de los verbos que exige el uso del pronombre del complemento indirecto.

Ejemplo: _____ *(I like)* el nuevo profesor de economía.
Me gusta el nuevo profesor de economía.

1. _____ *(We need)* tres días para terminar el negocio.
2. _____ *(It seems to me)* que va a llover.
3. _____ *(They are interested in)* el asunto que discutimos anoche.
4. ¿A ti _____ *(Do you like)* los nuevos empleados?
5. A Juan _____ *(pleased him)* el informe que le escribí sobre nuestra situación económica.
6. Después de tanto comer _____ *(it hurts me)* el estómago.

B. Forme oraciones completas.

> *Ejemplo:* (a mí) / gustar / nuevo / directora
> *Me gusta la nueva directora.*

1. él / parecer / caro / precio / casa
2. ser / importante / decirle / que / nosotros / interesar / libros / arte
3. gerente / faltar / dos /mes / jubilarse
4. (a mí) / agradar / rebaja / precio / gasolina
5. países / no convenir / explosión / demográfico
6. ser / evidente / que / Ud. / hacer falta / coche / nuevo
7. ella / quedar / dos / dólar
8. aunque / ellos / no / estar / satisfecho, / no / quedar / más remedio / aceptar / condiciones
9. este / clientes / no gustar / ofertas / que / (yo) / acabar / mostrarles
10. ayer / nosotros / informarles / que / (nosotros) / no convenir / negocio

8. Resumen: Los pronombres

Los pronombres

Personales	Preposicionales	Reflexivos	Pronombres del	
			complemento indirecto	complemento directo
yo	mí	me	me	me
tú	ti	te	te	te
él ella Ud.	él ella Ud.	se	le (se)	lo (le), la
nosotros, -as	nosotros, -as	nos	nos	nos
vosotros, -as	vosotros, -as	os	os	os
ellos ellas Uds.	ellos ellas Uds.	se	les (se)	los (les), las

Palabras traicioneras

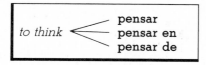

pensar   *to think, to think that*

> **Piensa** mucho cuando está solo.
> **Pienso** que tu idea es estupenda.

pensar en   *to think about*

> ¡Qué coincidencia! Estaba **pensando en** mi hermana cuando me llamó.

¿Qué + pensar de . . . ?   *to think of, to have an opinion*

> ¿Qué **piensas de** la película que están dando en el cine Olimpia?

pensar + infinitivo   *to intend + infinitive*

> ¿**Piensas ir** a España el año que viene?

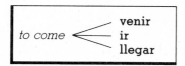

venir   *to come*

> Los trabajadores **vienen** aquí para charlar.

ir   *to come (when you move towards the person being spoken to)*

> Hija mía, ven acá.—Ya **voy,** mamá.

to go

> Mañana **iré** a tu oficina y te llevaré los documentos que me pediste.

llegar (a)   *to come to, to arrive*

> En ese momento **llegamos** al restaurante.

Práctica

A. *Complete las frases con* **de, en o que.** *Deje el espacio en blanco si la oración está completa. Después, conteste las preguntas.*

1. ¿Qué piensa _____ Ud. hacer este fin de semana?
2. ¡Qué cara más alegre! ¿ _____ qué estás pensando?
3. ¿Qué piensa Ud. _____ nuestro presidente?
4. ¿Piensas _____ va a llover esta noche?
5. ¿ _____ qué piensa Ud. si está triste y quiere animarse?
6. ¿Piensan Uds. _____ asistir a la reunión esta noche?

B. *Complete en español según las indicaciones.*

1. ¿Pueden Uds. _____ (*come*) conmigo cuando vaya al hospital?
2. Quiero _____ (*come*) a tu casa esta noche para ver los muebles nuevos.
3. Cuando _____ (*we came*) a la frontera, tuvimos que pasar por la aduana.
4. Rogelio, _____ (*come*) acá.—Sí papá, _____ (*I'm coming*) en un minuto.

Desarrollo

Ampliación de gramática

A. *Complete el diálogo con el pronombre apropiado.*

Reservaciones para un viaje a Málaga

En el aeropuerto de Madrid un hombre de negocios habla con la agente de viajes.

—Señorita, he hecho una reservación para el vuelo a Málaga de las 9 de la noche. Yo _____ llamo Adolfo González Suárez.

—(Yo) _____ siento mucho, Sr. González, pero su reservación era para ayer.

—¿Cómo para ayer? Yo _____ hice ayer para hoy.

—¿Para hoy? Ud. está equivocado, señor. Aquí está en la máquina y la máquina no _____ equivoca nunca.

—Yo tampoco _____ equivoco. Pero como a _____ no me gusta discutir con máquinas, dé _____ por favor una reservación para hoy.

—Todo está lleno. Ud. tiene que pasar a la lista de espera. _____ llamarán a Ud. a las ocho menos cinco.

—Entonces yo _____ voy a tomar un café.

—No _____ _____ aconsejo a Ud. A lo mejor _____ llaman (a Ud.) antes. Pero, ¿qué pasa? ¿Por qué _____ mira Ud. a mí de ese modo tan extraño? Oiga señor! No se coma el billete; _____ va a doler el estómago.

B. *Complete con el pronombre apropiado. Si el pronombre personal no es necesario, deje el espacio en blanco.*

La compra de un coche

Mi esposo y yo habíamos decidido comprar un coche nuevo y _____ fuimos al salón de exhibiciones. Cuando entramos en _____, el jefe de ventas _____ _____ acercó (a nosotros), _____ saludó muy amablemente y _____ preguntó qué deseábamos. Yo _____ expliqué que habíamos tenido muchos problemas con nuestro vehículo y que _____ estábamos considerando la compra de uno nuevo. El encargado de ventas _____ dijo que _____ alegraba mucho porque habíamos llegado en el momento preciso. Hacía dos horas habían sido rebajados los precios de todos los coches en un 20 por ciento y por supuesto sería oportuno comprar uno inmediatamente. El descuento duraría sólo un día y si no _____ aprovecháramos, probablemente _____ quedaríamos sin _____. Decidimos comprar _____. Fui _____ la que elegí el coche que más _____ gustaba. _____ firmamos el contrato bajo las siguientes condiciones: (1) La compañía _____ concedía un año de crédito para pagar _____. (2) Podríamos hacer uso de _____ inmediatamente. (3) Los fabricantes _____ ofrecían una garantía de dos años. Salimos del salón y en la puerta _____ esperaba nuestro coche nuevo. Subimos en _____ y _____ fuimos muy contentos a casa.

Ampliación de léxico

Ejercicios orales o escritos: Usando el vocabulario de esta lección, descríbanos como reccionaría Ud. bajo las siguientes circunstancias.

1. Ud. acaba de conseguir un puesto en el centro de la ciudad. Llame a sus padres para decirles: (a) el nombre de la empresa, (b) la clase de negocio, (c) la dirección de la empresa, (d) el tipo de trabajo, (e) sus horas de trabajo, (f) su sueldo, (g) las posibilidades de ascenso, etc.

2. Ud. y otro (-a) miembro (-a) de la clase son una pareja de recién casados que están haciendo esfuerzos para sobrevivir con los sueldos que ganan. Preparen su presupuesto para el mes que viene, incluyendo sus gastos de vivienda, comida, los préstamos, su coche, las cuentas de los servicios de agua, gas, luz eléctrica, etc.

3. Ud. es el gerente de una compañía de préstamos. El dueño de una pequeña compañía viene a su oficina a pedirle un préstamo para

ampliar su negocio. Uds. discuten los términos del préstamo: el aval, los pagos mensuales, el interés, etc.

4. Ud. va al banco para cobrar un cheque. La cajera le pide su carnet de identidad. Ella se niega a pagar el cheque diciendo que Ud. no tiene los fondos suficientes en su cuenta corriente para cubrir el cheque. ¿Qué hace Ud.?

5. Es el cumpleaños de su hija mayor. Para enseñarle la responsabilidad en cuanto al dinero, Ud. va al banco con ella para abrirle una cuenta de ahorros. Expliquen Uds. al banquero lo que quieren hacer, cuánto dinero quieren depositar, etc. El banquero les hablará de las clases de cuentas que hay, de los términos de cada cuenta, el interés que pagan, y lo que se tiene que hacer para retirar dinero.

6. Ud. es el presidente de una empresa importante. Dicte a su secretario (-a) una carta de negocios acusando recibo de la mercancía que había ordenado. Dígale que ya ha pagado la factura y pídale otro embarque (*shipment*) para fines del mes.

Motivos de discusión

1. ¿Cuáles son las ventajas de tener una cuenta corriente? ¿una cuenta de ahorros? ¿una caja fuerte en el banco? ¿Tiene Ud. una de ellas?

2. ¿Cómo maneja Ud. sus cuentas personales? ¿Prepara un presupuesto mensual? ¿Encuentra que es difícil comprar todo lo que necesita con el dinero que tiene? ¿Le gusta pagar al contado, con cheque o con tarjetas de crédito? ¿Por qué? ¿Qué opina Ud. de las tarjetas de crédito? ¿Facilitan las compras o inducen a los compradores a gastar dinero que no tienen?

3. Se dice que el costo de la vida sigue subiendo. En su opinión, ¿cómo se podría evitar este aumento? ¿Qué problemas causa la inflación? ¿Le afecta personalmente? ¿Cuánto ha subido el costo de alquiler, comida, gasolina, transporte, libros y otras necesidades escolares? ¿Qué propondría Ud. para combatir la inflación?

4. ¿Qué piensa Ud. de las grandes corporaciones? ¿Quiénes se benefician con estas corporaciones? ¿Deben o no pagar grandes impuestos al gobierno? ¿Debe el gobierno ayudarles cuando están en peligro de quiebra?

5. ¿Cómo definiría Ud. la sociedad de consumo? ¿Qué sucede cuando la oferta es mayor que la demanda? ¿y a la inversa?

6. En los últimos años se han registrado muchos fraudes en los alimentos y otros productos. ¿Ha oído Ud. de algunos productos que hayan sido adulterados, contaminados o mal fabricados? ¿Se debe o no se debe prohibir el uso de aditivos químicos para la conservación de alimentos?

7. Las ventas o liquidaciones son cada vez más frecuentes. ¿Cree Ud. que se puede comprar más barato en ellas? ¿Se ahorra dinero en este tipo de gangas? ¿Compra Ud. mucho en las liquidaciones?

8. En España y en la mayoría de los países hispanoamericanos el juego de la lotería es legal. ¿Hay una lotería en el estado donde vive Ud.? ¿Qué beneficios trae al estado? ¿y a los jugadores? ¿Ha jugado Ud. alguna vez a la lotería?

Temas de composición

1. ¿Ha escrito Ud. alguna vez una carta en español? Si no lo ha hecho hasta ahora, manos a la obra, ésta es su gran oportunidad. Siga las instrucciones entre paréntesis y diríjase al gerente de un banco pidiéndole la información necesaria para abrir una cuenta de ahorros.

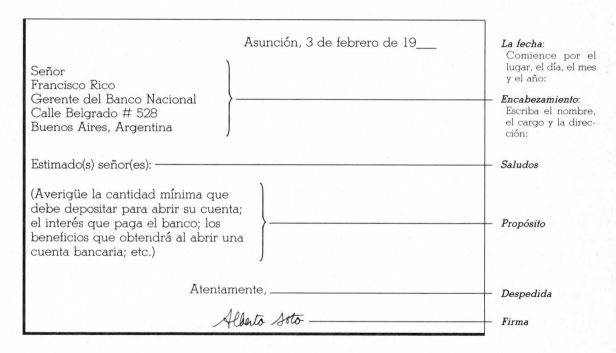

Asunción, 3 de febrero de 19___

La fecha:
Comience por el lugar, el día, el mes y el año:

Señor
Francisco Rico
Gerente del Banco Nacional
Calle Belgrado # 528
Buenos Aires, Argentina

Encabezamiento:
Escriba el nombre, el cargo y la dirección:

Estimado(s) señor(es): ———————————— *Saludos*

(Averigüe la cantidad mínima que debe depositar para abrir su cuenta; el interés que paga el banco; los beneficios que obtendrá al abrir una cuenta bancaria; etc.)

Propósito

Atentamente, ———————————— *Despedida*

Alberto Soto ———————————— *Firma*

2. Ud. es un comerciante que escribe un informe sobre el estado financiero de su compañía. Explique:
   a. en qué tipo de mercadería gana dinero y en qué artículos pierde
   b. los proyectos que tiene para el futuro
   c. el tipo de publicidad que piensa utilizar para vender sus productos: ¿periódicos? ¿revistas? ¿televisión?
   d. los resultados que piensa obtener de esta promoción

Debate

La finalidad de la propaganda

La clase se divide en dos grupos:

Papeles

Pro propaganda comercial	*Contra propaganda comercial*
Los empleados de la Sección de Promoción y Propaganda de una conocida compañía de detergentes y jabones.	Un grupo de los miembros de una organización que protege los derechos del consumidor.

Posiciones

La propaganda comercial:

a. Ayuda a promover las ventas.
b. Establece un mercado permanente.
c. Da a conocer los productos, sobre todo si se los presenta en las telenovelas de las tardes.

La propaganda comercial:

a. Da lugar a que los productos doblen de precio.
b. Fomenta la compra de artículos de pésima calidad que sin propaganda nunca se venderían.
c. Despierta deseos innecesarios. Los buenos productos no se apoyan en los medios de propaganda sino en honestos vendedores.

Mini-teatro

Ud. es un economista que, después de haber trabajado varios años en Toledo, desea continuar su carrera en la gran ciudad de Madrid. En el periódico ha encontrado la siguiente oferta de empleo:

IMPORTANTE EMPRESA INDUSTRIAL
necesita cubrir un puesto de
ECONOMISTA/ABOGADO

Colaborará en la realización y estudios económicos, discusión de proyectos y de contratos. Se busca un candidato con las siguientes características:

- Preferible con ambas titulaciones: Economista y Abogado, aunque no es imprescindible.
- Experiencia profesional mínima de 3 años.
- Dispuesto a realizar viajes tanto por España como por el extranjero.
- Dominio del idioma inglés.

La retribución económica será negociada con el candidato en base a su experiencia.

Los interesados deberán escribir, adjuntando su «curriculum vitae» detallado y aspiraciones económicas, al apartado de correos 3425 de Madrid.

Su solicitud de empleo ha sido considerada por la empresa y ahora Ud. está delante del jefe de personal:

Ud. debe tratar de convencer al jefe que es la persona mejor calificada para el puesto de economista/abogado. Hable de su experiencia profesional; demuestre que sus ideas son geniales; convénzale que domina el inglés; averigüe el sueldo y los beneficios sociales, y sobre todo, ¡demuestre que Ud. es una persona de empresa!

El jefe de personal:

Trate de averiguar por qué el economista quiere cambiar de puesto; si tiene algunos conocimientos en leyes; cuántos años tiene de experiencia; si estaría dispuesto a realizar viajes no sólo por España sino también por Inglaterra, Francia y los Estados Unidos.

Lección 5

Del saber popular

Enfoque: Gramática en contexto

Lea el siguiente artículo y en el cuadro que sigue analice los usos de las preposiciones.

EL FOLKLORE

El término *folklore* viene **de** dos antiguas palabras anglosajonas: *folk* y *lar*, que quieren decir *saber popular*. La palabra fue usada **por** primera vez **por** William John Thoms **en** 1846 **para** designar las costumbres, las tradiciones y las supersticiones **de** las clases populares. **Desde** entonces la palabra se ha
5 propagado **por** el mundo entero, pero **por** sus múltiples usos resulta imposible dar una definición exacta. Nos acercamos **al** significado más completo **de** la palabra **al** señalar que comprende varias ramas **de** la tradición oral **de** los pueblos: leyendas, costumbres, mitos, fábulas, chistes, juegos, refranes y cantos populares. Hoy día, además **de** esta tradición oral, se incluye todo lo
10 relacionado **a** las artesanías confeccionadas **en** los pueblos **para** el uso diario y **para** las grandes festividades: alfarería, objetos **de** cuero, **de** madera, **de** barro, instrumentos musicales, etc.

  Al presente les resulta muy difícil **a** los folkloristas incorporarse **a** una determinada rama **de** estudios puesto que el folklore recoge todos los
15 conocimientos populares **en** los diversos campos **de** la antropología, la literatura, la psicología, la sociología y el arte. Un problema que confrontan los especialistas **de** las Américas es la compenetración **de** los elementos indios **con** los elementos europeos y africanos. Distinguir **con** claridad entre estos elementos será una **de** las tareas difíciles **de** los folkloristas **en** nuestro
20 continente.

Examine los usos de las preposiciones en la lectura *El folklore.*

	¿Cómo ilustran las siguientes frases los usos principales de las preposiciones?	Expresan:
para	La palabra fue usada . . . **para** designar las costumbres . . . (ll. 2–3)	propósito
	. . . las artesanías confeccionadas en los pueblos **para** el uso diario y **para** las grandes festividades . . . (ll. 10–11)	destino
por	La palabra fue usada . . . **por** Thoms . . . (ll. 2–3)	agente
	. . . la palabra [folklore] se ha propagado **por** el mundo entero . . . (ll. 4–5)	a través de
	. . . **por** sus múltiples usos resulta imposible dar una definición exacta. (ll. 5–6)	causa
a	Nos acercamos **al** significado más completo de la palabra . . . (ll. 6–7)	dirección
	. . . **al** señalar que comprende varias ramas de la tradición oral de los pueblos . . . (ll. 7–8)	acciones simultáneas (**al** + infinitivo)
	Al presente les resulta muy difícil . . . (l. 13)	tiempo
	. . . les resulta muy difícil **a** los folkloristas incorporarse a una determinada rama de estudios . . . (ll. 13–14)	introduce el complemento indirecto
en	La palabra fue usada por primera vez . . . **en** 1846 . . . (ll. 2–3)	tiempo
	se incluye . . . las artesanías confeccionadas **en** los pueblos . . . (ll. 9–10)	lugar de una acción
	. . . el folklore recoge todos los conocimientos populares **en** los diversos campos . . . (ll. 14–15)	colocación
de	El término *folklore* viene **de** dos antiguas palabras anglosajonas . . . (l. 1)	origen
	[El folklore] comprende varias ramas de la tradición oral **de** los pueblos . . . (ll. 7–8)	posesión
	. . . objetos **de** cuero, **de** madera, **de** barro, instrumentos musicales, etc. (ll. 11–12)	material
con	Un problema . . . es la compenetración de los elementos indios **con** los elementos europeos . . . (ll. 16–18)	acompañamiento
	Distinguir **con** claridad entre estos elementos será una de las tareas difíciles de los folkloristas... (ll. 18–19)	una idea adverbial (**con** + sustantivo reemplaza al adverbio **claramente**)

Perspectivas

Léxico DEL SABER POPULAR

Las artesanías y las artes   (*Crafts and the arts*)

la **alfarería** pottery
la **arquitectura** architecture
el **baile** dance
el **barro** clay
el **cuadro** painting, picture
la **escultura** sculpture
la **feria de artesanías** crafts fair
la **habilidad** skill
el **jarro** pitcher, jug

la **muñeca** doll
el **museo** museum
la **pelota** ball
la **pintura** painting
el **talento** talent

cazar to hunt
confeccionar to make, to put together

Las festividades y las costumbres   (*Festivities and customs*)

el **antepasado, la antepasada** ancestor
el **desfile** parade
la **Navidad** Christmas
el **origen** origin
la **Pascua** Easter, Passover
la **raíz** root
el **rito** rite

el **santo, la santa** saint
el **villancico** Christmas carol

celebrar to celebrate
conmemorar to commemorate
originar to originate
valorizar to value

El folklore   (*Folklore*)

el **artista, la artista** artist
el **curandero, la curandera** healer, witchdoctor
el **chiste** joke
el **dicho** saying
el **especialista, la especialista** specialist
la **fábula** fable
el **gitano, la gitana** gypsy
el **indígena, la indígena** Indian, native
el **juego** game
la **leyenda** legend
el **mito** myth
la **moraleja** moral

el **proverbio, el refrán** proverb
el **pueblo** the people
la **sabiduría** wisdom

contar (o > ue) to tell
transmitir to transmit

legendario legendary
mítico mythic
popular popular
vulgar common

LAS PREPOSICIONES EN ACCIÓN: PARA Y POR

POR UN MUSEO DE ARTES Y TRADICIONES POPULARES

La esencia de nuestro país se encuentra principalmente en las tradiciones populares que caracterizan a nuestro pueblo. **Por** lo tanto, conviene que **para** fines de esta década se inaugure un museo de artes y tradiciones populares en la capital.

Este museo proporcionaría los siguientes servicios a la comunidad: (1) El público podría asistir a este centro cultural **para** ampliar sus conocimientos. (2) Los especialistas, **por** su parte, tendrían reunidos allí los documentos necesarios **para** sus trabajos. (3) El museo serviría también **para** dar a conocer

En La Paz, Bolivia, se ve la pasión por la música y los bailes tradicionales, una característica de los indios del altiplano.

137

a los artistas que están dispersos **por** todo el país. Como se sabe, muchos de nuestros artistas populares, sin haber pasado **por** ninguna escuela, manifiestan grandes talentos artísticos en trabajos de escultura, pintura y decoración. (4) Se podría también exhibir en el museo el ingenio de los campesinos **para** confeccionar instrumentos de trabajo utilizando los elementos que tienen a mano. (5) Además de la exposición de los objetos, el museo serviría **para** presentar, una vez **por** mes, las festividades típicas del país.

Es evidente que **para** una ciudad tan importante como es nuestra capital, este museo representaría un lugar de reencuentro con los valores más auténticos de la personalidad del país. Posiblemente proporcionaría también un ingreso económico **por** el interés que podría tener **para** el turismo.

Preguntas

1. ¿Por qué conviene inaugurar un museo de artes y tradiciones populares en el país?
2. ¿Cómo serviría el museo para dar a conocer a los artistas del país? ¿Y las obras de los campesinos?
3. ¿Qué importancia tendría el museo para la capital?
4. ¿Cómo concibe Ud. la función de un museo? ¿Para qué sirve?

1. Los usos principales de la preposición **para**

Para se usa:	*Ejemplos:*
1. Con el infinitivo para expresar propósito. (*in order to*)	Celebramos este día **para** conmemorar la vida del santo. Le conté el chiste **para** hacerle reír.
2. Para indicar el destino de cosas o acciones. (*for*)	Salen **para** México para estudiar el folklore de Yucatán. Este jarro es **para** la feria de artesanías.
3. Para indicar el uso o conveniencia de algo. (*for*)	Me regalaron ocho tazas **para** café. Este juego es **para** niños.
4. Para marcar un límite de tiempo. (*by, for*)	**Para** mañana, busquen Uds. el origen de esta palabra. Estarán de vuelta **para** el próximo mes.
5. Para expresar una comparación o falta de correspondencia con algo o alguien. (*for, considering*)	Es muy alto **para** un nativo de esa región. Eran muy desarrollados **para** aquella época.
6. En sustitución de **según, en la opinión de.** (*for*)	**Para** muchas personas la vida es un valle de lágrimas. **Para** mí, la cultura hispánica es muy importante.

Modismos con **para:**	Ejemplos:
para siempre (*forever*) no ser para tanto (*not to be so important*) no estar para bromas (*not to be in the mood for joking*)	Se despidió **para siempre.** Su discurso **no fue para tanto.** Al verlo supe que **no estaba para bromas.**

2. Los usos principales de la preposición **por**

Por *se usa:*	Ejemplos:
1. Para expresar motivo, razón. (*out of, because of*)	Todavía confeccionan los sombreros a mano **por** amor al arte. Era un hombre popular **por** sus muchas habilidades.
2. Para expresar lugar o tiempo impreciso. (*around*)	¿Hay un museo **por** aquí? Regresarán **por** la primavera.
3. Para expresar **a través** o **a lo largo.** (*through, along, by*)	Caminaron **por** la playa. Pasaron **por** mi casa. Saltó **por** la ventana.
4. Con el significado de **durante** para indicar períodos de tiempo. (*in, during, for*)	**Por** la mañana cosían para la familia.
5. Para introducir el agente de la voz pasiva. (*by*)	El pueblo fue destruido **por** el incendio. La leyenda fue contada **por** el jefe de la tribu.
6. Para indicar el medio o el modo como se realiza algo. (*by*)	Enviaron el paquete **por** avión. Hablamos tres horas **por** teléfono.
7. Con el significado de **a cambio de.** (*for*)	Como no usaban monedas, le dieron maíz **por** los zapatos. Vendimos el dibujo **por** seis pesos.
8. Con el significado de **en busca de** con los verbos **ir, venir, volver, regresar, enviar, mandar.** (*for*)	Fueron al pozo **por** agua. Vinieron **por** los niños.
9. Con el significado de **por amor a, en consideración de.** (*on behalf of, for the sake of*)	Lo sacrificó todo **por** su hijo. ¡**Por** Dios! No me digas que trabajarías **por** ellos.
10. En expresiones de cantidad. (*per, by*)	Viajan a 80 km. **por** hora. Se venden **por** docenas.
11. Con el infinitivo, para expresar una acción pendiente, no terminada.	Todo el trabajo del campo queda **por** terminar. Aún tengo un capítulo **por** leer.

Modismos con **por:**	Ejemplos:
por fin (*finally*)	Después de tantos años de trabajo, **por fin** terminaron la decoración de la iglesia.
por lo general (común) (*in general*)	**Por lo general,** se celebra la Navidad con villancicos y otras canciones.
por esto (eso); por lo tanto (*therefore*)	La gente de la ciudad no conoce las danzas del pueblo; **por eso** queremos presentarlas en el teatro al aire libre.
por supuesto (*of course*)	¿Conoces la fábula del zorro y las uvas? —**Por supuesto,** me la contaban de niño.
por más que; por mucho que (*however much*)	Sigue con sus viejas creencias **por más que** tratamos de enseñarle los métodos modernos.
por poco (*almost*)	Pon atención a lo que haces; **por poco** rompiste el vaso.
por otra parte (*on the other hand*)	No es un libro muy interesante; **por otra parte,** tiene mucha información importante.
tomar por (*to take for*)	Habla español tan bien que siempre la **toman por** mexicana.
por lo menos (*at least*)	Hay **por lo menos** veinte cuentos que tienen la misma moraleja.

Práctica

A. *Forme una sola frase usando* **por** *o* **para** *según la indicación entre paréntesis.*

Ejemplo: Mi madre vino. Las fiestas de Navidad. (finalidad)
Mi madre vino para las fiestas de Navidad.

1. Le doy diez pesos. El jarro de barro.   *(a cambio de)*
2. Necesito dinero. Un viaje largo a Guatemala.   *(propósito)*
3. Habla bien el español. Es japonés.   *(comparación)*
4. Los novios vienen caminando. El centro de la iglesia.   *(a través)*
5. Le dieron mucho dinero. Sus mejores esculturas.   *(a cambio de)*
6. El regalo llegó. El correo expreso de la mañana.   *(medio)*
7. Salen de vacaciones. Los meses de verano. *(tiempo impreciso)*
8. Le pedí que lo terminara. La semana que viene.   *(fecha límite)*
9. Fui al mercado. Verduras y frutas frescas.   *(en busca de)*
10. Compraron la casa. Sus abuelos.   *(finalidad)*
11. Volví a casa. Un impermeable y un paraguas.   *(en busca de)*
12. Toda la familia vendrá. Enero o febrero.   *(tiempo impreciso)*

*B. Complete con frases que empleen **por** o **para**.*

1. Este puente fue construido . . .
2. En esta calle no se puede exceder una velocidad de . . .
3. Mi niña quería la muñeca. Le di al vendedor los 60 pesos . . .
4. Me dolía la cabeza, y como no tenía aspirina, fui a la farmacia . . .
5. ¿No te dije que nos vamos de vacaciones? La semana que viene partimos . . .
6. Queremos que el paquete llegue lo más pronto posible. Lo enviamos . . .
7. Generalmente los gatos no son tan inteligentes como los perros, pero mi Félix es muy listo . . .
8. Necesito esta carta lo más pronto posible. Téngala lista . . .
9. No puedo estudiar muy bien durante la tarde. Generalmente estudio . . .
10. Como querían ver la nueva exhibición en el museo, ayer pasaron . . .
11. No conozco muy bien este barrio. ¿Hay una panadería . . . ?
12. Mi hermana estaba enferma y yo tenía que hacer todos los quehaceres . . .
13. Todavía no he terminado de lavar los platos. Tengo un plato más . . .
14. Tengo sólo tres días para visitar a mi hija; así que me quedo con ella . . .
15. Esta noche cenamos en casa de mis tíos. Esta botella de vino es . . .

*C. Complete con **por** o **para**.*

Los gitanos

Se cree que los gitanos partieron de la India y se dispersaron _____ el centro y sur de Europa. _____ fines del siglo XVI muchos de ellos recorrían los pueblos españoles inquietando a los reyes. La gente tenía miedo de ellos _____ su ropa exótica y _____ su manera extraña de vivir. Los hombres gitanos eran astutos, no sólo _____ el comercio sino también _____ obtener objetos de oro sin tener que pagar _____ ellos. Las gitanas _____ las tardes decían la fortuna y _____ las noches tocaban música y bailaban. Nadie puede negar que _____ su imaginación, los gitanos han contribuido a la formación de misteriosas leyendas. _____ Federico García Lorca, el poeta andaluz, los gitanos eran una fuente interminable de inspiración artística porque ellos representan el mundo natural de las grandes pasiones y de la libertad.

D. Complete con uno de los modismos de la lista.

para siempre	por fin	por mucho que
no estar para bromas	por lo tanto	por poco
tomar por		

1. Cuando me dijo que había hablado con los muertos, _____ me desmayé.
2. _____ llegaste. Te estuve esperando por horas.

3. _____ me expliques el proceso de la telepatía, no lo comprendo.
4. El jefe tiene muchos problemas y hoy _____.
5. El antropólogo decidió que quería vivir _____ entre los indígenas.
6. Me dijo que sus amigos no lo habían reconocido en el baile de máscaras; _____ se divirtió mucho.
7. Mi amigo habla francés sin acento. Cuando fue a Francia todos lo _____ francés.

LAS PREPOSICIONES EN ACCIÓN: A Y EN

La fábula de la golondrina y las ranas

A principios de la primavera una joven golondrina,° la primera **en** abandonar el nido, se fue **al** bosque **en** busca de aventuras. Volaba incierta cuando, **en** el fondo de un valle, vio **a** unas ranas° que saltaban y se zambullían° **en** el agua. Llena de curiosidad y simpatía por aquellos pequeños seres, se acercó **en** seguida con el deseo de aprender. **Al** verla, las ranas adivinaron° su intención y le dijeron **a** la golondrina:
—Has de saber, que no hay juego más agradable que saltar y zambullirse **en** el agua.
—Ni voz más bella que nuestro croar.°
—Ni extensión de agua más grande que nuestra charca.°

La golondrina, ingenua, se lo creyó **a** las ranas. Pero, como se acercaba invierno, obedeció **a** su instinto y comenzó **a** volar . . .

Y conoció el mar.

Y **en** los bosques escuchó el canto de las aves.

Y **en** las fuentes vio **a** los peces multicolores, más bellos que las mariposas.

Al cabo de un año volvió **a** su país, y encontró que las ranas seguían pensando que no había juego más agradable que saltar y zambullirse **en** el agua, ni voz más bella que su croar, ni extensión de agua más grande que su charca.

golondrina *swallow*

ranas *frogs*

se zambullían *were diving*

adivinaron *guessed*

croar sonido que hacen las ranas
charca *pond*

Preguntas

1. ¿Cómo llegó la golondrina a conocer a las ranas?
2. ¿Cómo describieron su vida las ranas? ¿Cómo reaccionó la ingenua golondrina?
3. ¿Adónde fue la golondrina al acercarse el invierno? ¿Qué aprendió?
4. La fábula es generalmente un cuento de animales que tiene una moraleja. ¿Cuál es la moraleja propuesta por esta fábula? Cuéntenosla en sus propias palabras.

3. Los usos principales de la preposición **a**

A se usa:	Ejemplos:
1. Para introducir el complemento indirecto. (*to, for*)	Se lo dedicó **al** pueblo.
2. Después de un verbo de movimiento (**ir, venir, bajar, subir, dirigirse, acercarse**) para indicar dirección hacia una persona, cosa o lugar. (*to*)	Se va **al** Perú para hacer las investigaciones. Nos acercamos con timidez **al** curandero.
3. Para designar la hora a la que ocurre una acción. (*at*)	Terminamos **a** las siete de la noche.
4. Para señalar lo que ocurrió después de un período de tiempo. (*at, on, within*)	**A** los dos meses de conocerse, se casaron. **Al** día siguiente volvieron al sitio.
5. Seguida de un sustantivo para indicar manera o método. (*by*)	Las mujeres indias siempre cosían **a** mano. Escribieron el informe **a** máquina.
6. Para indicar dos acciones que ocurren al mismo tiempo: **al** + infinitivo. (*upon*)	Se me ocurrió esa idea **al** entrar en el museo. **Al** sonar la campanada comimos la primera uva.
7. Con algunos verbos que emplean la preposición **a** delante de un infinitivo: acostumbrarse a detenerse a aprender a empezar a apresurarse a enseñar a atreverse a invitar a ayudar a negarse a comenzar a volver a	Me enseñaron **a** apreciar el arte popular. Comenzamos **a** celebrar las fiestas.

Modismos con **a**:	Ejemplos:
a causa de (*because of*)	Cancelaron las festividades **a causa de** la lluvia.
a eso de (*around*)	El desfile comenzó **a eso de** las nueve.
a fondo (*completely, profoundly*)	Conoce **a fondo** las costumbres de esta región.
a fuerza de (*by dint of*)	**A fuerza de** trabajo logró lo que se proponía.
a la vez (*at the same time*)	No se puede comer y hablar **a la vez**.
a tiempo (*on time*)	Me alegro de que hayan llegado **a tiempo** para la fiesta.

Modismos con **a**:	Ejemplos:
a lo mejor (*maybe*)	**A lo mejor** nos llama desde las montañas.
a pesar de (*in spite of*)	**A pesar de** lo que dijo ayer, creo que nos ayudará.
a pie (*on foot*)	Los peregrinos vienen de lejos **a pie** para la procesión.
a veces (*sometimes*)	Generalmente vamos en coche pero **a veces** preferimos caminar.
a lo menos, al menos (*at least*)	Esa india tendrá **a lo menos** noventa años.
a menudo (*often, frequently*)	Nos reuníamos **a menudo** para hablar de nuestra infancia.

A se usa como **a personal**:	Ejemplos:
1. Cuando el complemento directo es una persona; o un animal, una cosa o una idea al que se le atribuyen características humanas.	El chico besó **a** la niña. Los mexicanos no temen **a** la muerte. Busco **a** mi perro Tico.
2. Con los pronombres indefinidos **alguien, nadie, alguno, ninguno, cualquiera** cuando se refieren a un ser animado.	¿Conoces **a** alguien que haya leído este cuento? No, no conozco **a** nadie.

ATENCIÓN: Se omite la **a** personal:
  a. después del verbo **tener**.
 	
  b. cuando las personas son indefinidas.
	¿Tienes muchos parientes?—No, sólo tengo un hermano.
	Busco un hombre viejo que recuerde cómo era el pueblo hace cincuenta años.

4. Los usos principales de la preposición en

En se usa:	Ejemplos:
1. Para designar el lugar donde sucede una acción. (*in, at*)	La fiesta se celebra **en** Madrid. La escultura estaba **en** el museo.
2. Con el significado de **encima de**. (*on*)	Los papeles están **en** la mesa. El pájaro está **en** la rama.
3. En expresiones de tiempo para designar lo que ocurre en un momento dado. (*at, in*)	**En** aquel momento (instante) decidí quedarme. Regresaron a su país **en** 1948.

En se usa:	Ejemplos:
4. Después de la palabra **último** y de los números ordinales para introducir una acción con el infinitivo.	Los españoles fueron los primeros **en** llegar. El profesor fue el último **en** hablar.
5. Con algunos verbos que emplean la preposición **en** delante de un infinitivo: consentir en influir en consistir en insistir en convenir en pensar en dudar en tardar en	Convinimos **en** salir temprano. Insistieron **en** visitar las ruinas. No tardes **en** volver.

Modismos con **en**:	Ejemplos:
en cambio (*on the other hand*)	En Chile la fiesta es muy popular; en Bolivia, **en cambio**, no lo es.
en cuanto (*as soon as*)	Avísame **en cuanto** llegues a Barcelona.
en cuanto a (*in regard to*)	**En cuanto a** ese asunto, no me dijo nada.
en lugar (vez) de (*instead of*)	**En vez de** estudiar, pasaron la noche charlando.
en seguida (*at once*)	¡Venga **en seguida** para ver lo que he descubierto!

Práctica

A. *Complete con* **a** *o* **en** *de acuerdo al significado de las oraciones.*

1. Vamos / la feria.
   Estamos / la feria.
2. Comenzaron / jugar.
   Insistieron / jugar.
3. Se dirigieron / la fiesta.
   Se conocieron / la fiesta.
4. Juan aprendió / cantar.
   Juan insistió / cantar.
5. ¿Vendrás / casa?
   ¿Comerás / casa?
6. La veremos / la playa.
   La llevaremos / la playa.
7. Me quedaré / la ciudad.
   Bajaré / la ciudad.
8. Se negó / cocinar.
   Tardó / cocinar.
9. Pienso / Mariana.
   Vimos / Mariana.

B. *Cambie el complemento según el ejemplo.*

Ejemplo: Conozco muy bien el *folklore mexicano.*   (folklorista mexicano)
             Conozco muy bien al folklorista mexicano.

1. Vimos *las esculturas* en el museo. (los escultores)
2. Comprendo muy bien *el español.* (pueblo español)

3. ¿Por qué no buscas *a la empleada?*   *(una empleada)*
4. Conmemoramos *el día de los héroes.*   *(los héroes)*
5. Tengo muchas *esperanzas.*   *(hermanas)*
6. No pude ver *la pintura.*   *(nadie)*

C. Complete con a, al o en.

1. _____ todos los países los niños juegan con muñecas y pelotas.
2. _____ mis hijos les encantó el payaso *(clown)* y _____ las tres semanas querían volver _____ circo.
3. _____ Venezuela todavía existe la tradición de coser _____ mano las muñecas de trapo.
4. Marta y Miguel se despertaron _____ las seis de la mañana y fueron los primeros _____ levantarse.
5. No los llevamos _____ la fiesta porque estaban cansados.
6. Lo conocí _____ la fiesta _____ casa de los Balboa.
7. Le regalé el juguete _____ mi sobrina Ana.
8. Convinimos _____ salir de compras _____ las cuatro y media.
9. _____ aquel instante la oímos gritar; se había encerrado _____ su cuarto.
10. _____ 1982 nos mudamos a Caracas.
11. Anoche conocimos _____ antropólogo _____ la conferencia.
12. _____ veces creo que quiere más _____ sus perritos que _____ su esposo.

D. Complete con uno de los modismos de la lista.

a veces	a pie	a lo menos	en vez de
en cuanto a	a pesar de	a lo mejor	a eso de

1. _____ hablar el mismo idioma no se comprenden.
2. Fuimos _____ hasta el monumento. De allí tomamos el autobús y volvimos a casa _____ las nueve.
3. Cada día tomo _____ tres vasos de agua pero _____ tomo más.
4. Hoy almorzamos en el parque _____ ir al restaurante.
5. _____ tu pregunta, francamente no sé qué responderte.
6. _____ yo puedo ayudarte.

LAS PREPOSICIONES EN ACCIÓN: DE Y CON

La rayuela°

El juego infantil **de** la rayuela, según algunos folkloristas, proviene **de** España y es la invención **de** un monje° cristiano. Se juega dibujando la rayuela **con** una tiza en el suelo. Los jugadores por turno deben tratar **de** llevar **de** la Tierra al Cielo un disco que se da **con** el pie.° Es preciso avanzar **con** mucho cuidado, sin pisar las rayas y sin que el disco se detenga en ellas. Se dice que la rayuela simboliza la trayectoria **del** hombre desde el nacimiento hasta después de la muerte. Los tres primeros cuadros que se saltan «a la pata-coja»° representan la infancia, la juventud, y la madurez **del** hombre. Después

rayuela *hopscotch*

monje *monk*

se da con el pie *is kicked*

«a la pata-coja» en un solo pie

de cumplir **con** estas etapas viene el llamado° descanso **con** lo que termina la vida. La rayuela concluye **con** uno o dos triángulos o campanas° que representan la llegada **del** alma al cielo.

llamado *so-called*

campanas *bells*

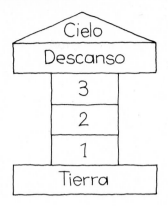

Preguntas

1. ¿Qué es la rayuela?
2. ¿Cómo se juega?
3. ¿Cuál es la simbología del juego? ¿Qué significan sus tres partes?
4. ¿Jugaba Ud. a la rayuela de niño (-a)? ¿En qué difiere el juego que conoce Ud. de aquél que se juega en los países hispánicos?

5. Los usos principales de la preposición **de**

De se usa:	Ejemplos:
1. Para indicar posesión. (*of*)	Es el sombrero **de** la vieja. El libro no es **de** Marta; es mío.
2. Para indicar origen o nacionalidad. (*from*)	Es un mito **de** esta región. Estos hombres son **de** España.
3. Con un sustantivo para indicar la materia de que está hecho algo. (*of*)	Me regalaron un reloj **de** oro. Es un hombre **de** carne y hueso.
4. Para designar una hora específica. (*in*)	Eran las cinco **de** la tarde. Llegarán a las nueve **de** la mañana.
5. Para designar el lugar al que pertenecen personas o cosas. (*in, on*)	Lo compré en el almacén **de** la esquina. Me refiero a los chicos **de** la calle.
6. Seguido de un sustantivo, para indicar la condición, la función, o el estado de algo. Expresa la idea de **como**. (*as a*)	La muchacha se vistió **de** india. Está con nosotros **de** consejero. **De** niño, jugaba a la rayuela.

De se usa:	*Ejemplos:*
7. Después de un adjetivo para expresar la causa de un estado o una acción. (*of, with*)	Vinieron muertos **de** sed. Estábamos contentos **del** trabajo que habías hecho.
8. Para describir el uso práctico o el contenido de un objeto. (*of*)	Acaban de comprar una nueva máquina **de** escribir. ¿Qué es?—Un libro **de** recetas.
9. Para caracterizar a una persona por su aspecto físico o por la ropa que lleva puesta. (*with*)	Hablo del hombre **de** la barba y de la chica **del** sombrero rojo.
10. Para introducir el agente de la voz pasiva con los verbos **acompañar, preceder, rodear, seguir.** (*by*)	La casa estaba rodeada **de** árboles. Las fábulas van seguidas **de** moralejas.
11. Seguida del infinitivo para reemplazar a la cláusula subordinada **si** + verbo. (*if*)	**De** no terminar el cuento, no sabrás el destino del héroe. (Si no terminas el cuento . . .)
12. Con algunos verbos que emplean la preposición **de** delante de un infinitivo: acabar de olvidarse de acordarse de quejarse de alegrarse de tratar de arrepentirse de terminar de dejar de tratarse de	Me alegré **de** verlo acompañado. Nos olvidamos **de** cerrar las puertas con llave.

Modismos con **de:**	*Ejemplos:*
de cuando (vez) en cuando (*from time to time*)	Reñimos **de vez en cuando** pero no es nada serio.
de esta (esa) manera (modo) (*this or that way*)	Te dije que lo hicieras **de esta manera,** pero no me hiciste caso.
de buena (mala) gana ([*un*]*willingly*)	**De buena gana** iría a la feria, pero no funciona mi coche.
de modo (manera) que (*so that*)	Lo explicó claramente **de modo que** todos entendieran.
de golpe; de repente; de pronto (*suddenly*)	**De repente** vimos una luz brillante.
de nuevo (*again*)	Al día siguiente empezaron **de nuevo** el tratamiento.
de pie (*standing up*)	El día de la feria de artesanías estuvimos **de pie** ocho horas.
de veras (*really*)	¿**De veras** quieres saber lo que me dijeron?

6. Los usos principales de la preposición con

Con se usa:	*Ejemplos:*
1. Para expresar acompañamiento. (*with*)	Comieron chile **con** carne. ¿Vienes **conmigo** al desfile?
2. Seguida de un sustantivo como sustituto del adverbio. (*with*)	Me gritaron esta vez **con** impaciencia. (impacientemente) Usaban el tambor **con** frecuencia para comunicarse. (frecuentemente)
3. Para caracterizar a una persona por algo que le acompaña. (*with*)	La mujer **con** la guitarra es la que me contó la leyenda.

Modismos con **con**:	*Ejemplos:*
con respecto a (*regarding*)	Mañana te hablaré **con respecto a** ese asunto.
con tal que[1] (*provided that*)	Lo haré **con tal que** me den el permiso.

𝒫*ráctica*

A. *Complete las oraciones con la traducción que requiere la preposición* **de**.

1. Me regaló . . . *(a golden watch)*
2. No me gusta . . . *(the chicken soup)*
3. Eran las cinco . . . *(in the afternoon)*
4. Está en la ciudad . . . *(as a tourist)*
5. Vino acompañado . . . *(by his mother)*
6. Fíjate en el edificio . . . *(on the corner)*
7. Me dijo que Alberto le regaló . . . *(a sewing machine)*
8. Nos acercamos a él temblando . . . *(with fear)*
9. Me enviaron como regalo . . . *(a winter coat)*
10. Me prometió que me escribiría . . . *(from time to time)*

B. *Complete con* **de, del** *o* **con**.

1. Las artesanías populares _____ sur _____ México tienen una tradición muy larga.
2. Manifiestan una compenetración _____ los elementos mayas _____ los elementos hispánicos.
3. El adiestramiento en las artesanías es una parte _____ la educación familiar.
4. Se transmite _____ padres a hijos por muchas generaciones.

---

[1]Recuerde que esta expresión exige el uso del subjuntivo en la cláusula subordinada.

5. El artista _____ pueblo aprende _____ niño las técnicas _____ su arte y se acostumbra a los instrumentos _____ los que trabaja.
6. Tradicionalmente las mujeres confeccionan los artículos _____ tela mientras que los hombres hacen los objetos grandes _____ barro y tallan artículos _____ madera.
7. Es un trabajo en el que pueden participar todos los miembros _____ la familia _____ cualquier edad.
8. En muchos lugares han realizado hermosas obras _____ arte _____ humildes materiales y técnicas primitivas.
9. Todos trabajan _____ cuidado pero _____ una rapidez asombrosa.
10. Por ejemplo, ese joven _____ los ojos pardos comenzó este sombrero a las once y lo terminó a la una _____ la tarde.

C. Complete con uno de los modismos de la lista.

de este modo	con tal que	de golpe
de cuando en cuando	de nuevo	con respecto a

1. Leía cuando _____ oí un ruido extraño que venía de la calle.
2. Iremos el martes _____ no sea el 13 del mes.
3. _____ nos gustaba ir a las montañas pero ahora vivimos demasiado lejos.
4. Lo llamé esta mañana y acabo de llamarlo _____ pero todavía no está en casa.
5. No puedo decirte mucho _____ ese asunto.
6. Voy a pie al mercado; _____ no tendré que preocuparme del estacionamiento.

LAS OTRAS PREPOSICIONES EN ACCIÓN

El santo casamentero°

El día 13 de junio se celebra el día de San Antonio. **Desde** su muerte en el siglo XIII **hasta** nuestros días, San Antonio ha sido uno de los santos más venerados en el mundo hispánico. La tradición popular, que vino **desde** la península ibérica, nos da a conocer un hecho muy interesante sobre la vida del santo. Se dice que era muy alegre y que a menudo se lo veía **entre** las muchachas que iban a las fuentes en busca de agua. **Sin** duda de aquí viene su prestigio como santo casamentero y la oración que dice:

San Antonio bendito
tres cosas te pido:
salvación y dinero
y un buen marido.

Entre los jóvenes existe la creencia de que retirar al Niño Jesús de los brazos de San Antonio es de gran efecto casamentero. Así, no es extraño encontrar en las casas de los hispánicos una escultura de San Antonio **sin** el Niño Jesús. Se sabe, además, que una medalla de San Antonio, colocada **bajo** la almohada° o cosida en el colchón° de la cama matrimonial, asegura la fidelidad de la pareja **hasta** el día de la muerte.

casamentero *matchmaking*

almohada *pillow*
colchón *mattress*

Preguntas

1. Según la tradición popular, ¿qué sabemos de San Antonio?
2. ¿Cuál es uno de los poderes que atribuimos a San Antonio? ¿Puede Ud. recitar la oración de las solteras?
3. ¿Por qué se encuentran esculturas de San Antonio sin el Niño Jesús?
4. ¿Cómo se puede asegurar la fidelidad de la pareja?
5. ¿Celebra su familia los días de los santos? ¿Cuáles son algunas de las costumbres que observa Ud.?

7. Los usos de las preposiciones bajo, desde, hasta, entre, sobre y sin

Bajo se usa:	*Ejemplos:*
1. Para indicar una situación inferior con respecto a algo. (*under, below*)	Los niños jugaban **bajo** el viejo árbol. Hace cinco grados **bajo** cero.
2. En sentido figurado, para indicar dependencia o subordinación. (*under*)	Firmaron el contrato **bajo** las siguientes condiciones. El pueblo floreció **bajo** el nuevo gobierno.

Desde se usa:	*Ejemplos:*
1. Para indicar un punto de partida en el espacio. (*from*)	Este cuento vino hacia acá **desde** España. Me llamaron **desde** Lima.
2. Para indicar un punto de partida en el tiempo. (*since*)	Se practican estos ritos **desde** la Edad Media.
ATENCIÓN: Se usa **hasta** para marcar el fin.	Estuvimos platicando **desde** las siete **hasta** la una de la mañana.

Hasta se usa:	*Ejemplos:*
1. Para marcar el término de lugar y tiempo. (*until, up to, as far as*)	**Hasta** hace muy poco los niños todavía creían en estas historias. Caminaron **hasta** la cumbre de la montaña.
2. Para expresar un hecho inesperado, con el significado de **aun, incluso**. (*even*)	Todo el mundo puede tocar ese instrumento, **hasta** los niños.

Entre se usa:	*Ejemplo:*
Para indicar una posición intermedia espacial, temporal o figurada. (*between, among*)	Dijeron que llegarían **entre** las seis y las siete, pero **entre** tú y yo, dudo que lleguen antes de las nueve.

Sobre se usa:	*Ejemplos:*
1. Con el significado de **encima de,** para indicar que algo está sobre una superficie o en una posición más arriba. (*on, upon*)	El libro de folklore argentino está **sobre** el pupitre. Las aves volaron **sobre** el lago.
2. Con el significado de **acerca de,** para indicar el tema de algo. (*on, about*)	Anoche leí un artículo **sobre** el día de San Juan.

Sin se usa:	*Ejemplos:*
1. Para indicar algo que falta. (*without*)	Es una familia muy rara, **sin** tradiciones ni costumbres.
2. Con el infinitivo para indicar algo que no sucedió. (INGLÉS: *without* + *-ing*)	Se fueron **sin aprovechar** los documentos que tenemos en el museo.
3. Con el infinitivo para expresar acciones no terminadas. (INGLÉS: *un-* + past participle)	El crimen todavía está **sin resolver.** Los paquetes quedaron **sin abrir.** Nuestro dormitorio sigue **sin pintar.**

Práctica

Complete con **bajo, desde, hasta, entre, sobre** *o* **sin.**

1. _____ las mismas circunstancias, yo habría hecho lo mismo.
2. Todavía no me he acostumbrado a los almuerzos en España. ¡Estuvimos sentados a la mesa _____ las dos _____ las tres y media!
3. Estuve nerviosísima la primera vez que volamos _____ el océano.
4. Los españoles cenan _____ las nueve y las diez de la noche.
5. Ahora que lo veo _____ barba me parece muy joven.
6. Todos los niños, _____ los más pequeños, recitan la historia de El Cid.
7. _____ nuestra casa podemos ver la bahía.
8. Mientras estudio, mi gato duerme _____ la silla.
9. Se fue _____ decirnos adiós.
10. Coloqué el cuadro _____ el piano para verlo mejor.
11. Mi casa está _____ las Avenidas Quinta y Sexta.

En este puesto de hierbas en Granada, España, se venden varios productos medicinales.

LOS ADJETIVOS EN ACCIÓN

La medicina tradicional

Por medicina **tradicional** entendemos el **extenso** y **diversificado** grupo de métodos de curar por medio de hierbas° **medicinales**, práctica que aún no ha sido reconocida oficialmente. Las virtudes **medicinales** de muchas hierbas son conocidas sólo por los curanderos, quienes, a menudo, ponen emplastas de hierbas **especiales** en las partes **enfermas** hasta que se cure el enfermo. Hay que distinguir, sin embargo, entre los curanderos **charlatanes** que abundan en las **grandes** ciudades y los curanderos **rurales** y **campesinos** que conservan la **gran** sabiduría **tradicional** de sus antepasados y hacen curaciones **sorprendentes**. En las poblaciones **alejadas** de los centros **urbanos**, en las que no existen ni **buenos** ni **malos** médicos, son ellos los que curan, sobre todo, heridas y fracturas de huesos con **singular** destreza.°

hierbas *herbs*

destreza habilidad

Preguntas

1. ¿En qué consiste la medicina tradicional?
2. ¿Quién es el practicante más conocido? ¿Cómo cura a los enfermos?
3. ¿Cuál es la diferencia entre los curanderos de la ciudad y los rurales?

8. Los adjetivos calificativos[2]

Los adjetivos calificativos modifican los sustantivos. Concuerdan con el sustantivo en género y en número:

Esa costumbre **española** se originó en la Edad **Media**.
Las fiestas **patronales** se celebran todavía en los pueblos **pequeños**.

Si el adjetivo modifica varios sustantivos masculinos y femeninos, se usa el plural del masculino:

Compré pulseras y collares muy **bonitos** en un mercado de México.

A. Las formas de los adjetivos calificativos

1. Los adjetivos que terminan en **-o**

Singular		Plural	
Masculino	Femenino	Masculino	Femenino
rojo	roja	rojos	rojas
americano	americana	americanos	americanas

2. Los adjetivos que terminan en **-dor, -ón, -án, -ín, -ol, -uz, -ote**[3] y los adjetivos de nacionalidad que *no* terminan en **-o**

Singular		Plural	
Masculino	Femenino	Masculino	Femenino
trabajador	trabajadora	trabajadores	trabajadoras
español	española	españoles	españolas
andaluz	andaluza	andaluces[4]	andaluzas
holgazán	holgazana	holgazanes	holgazanas

---

[2]Se estudian los otros adjetivos en las siguientes lecciones: los demostrativos y posesivos en la Lección preliminar; los indefinidos en la Lección 6 y los números en el Apéndice 1.

[3]Los adjetivos que terminan en **-ote** se forman así: grandote, grandota, grandotes, grandotas.

[4]Recuerde que **z** cambia a **c** delante de **e**.

3. Todos los otros adjetivos

Singular	
Masculino	Femenino
importante difícil	importante difícil

Plural	
Masculino	Femenino
importantes difíciles	importantes difíciles

B. La posición de los adjetivos calificativos

En español no existen reglas muy fijas para la posición del adjetivo calificativo. Su posición depende del efecto que se desea lograr. Como norma general se puede decir que los adjetivos se colocan detrás del sustantivo y sirven para *diferenciar* las características de personas, animales, cosas o ideas. Sin embargo, si el propósito no es diferenciar sino *explicar* características propias, los adjetivos calificativos se colocan delante del sustantivo.

Calificativos que van detrás del sustantivo	*Ejemplos:*
1. Adjetivos diferenciadores de los demás de su clase, que indican: a. nacionalidad y religión	Hablé con la muchacha **peruana**. Vino a verme un ministro **luterano**.
b. grupos sociales y políticos	Los miembros de los partidos **socialistas** se reúnen hoy.
c. color, forma y tamaño	Me regalaron una blusa **azul**. Necesito una caja **cuadrada**. Se compraron una casa **enorme**.
d. términos técnicos y profesionales	Utilizaron muchos instrumentos **electrónicos**. Mi hermana se compró una guitarra **eléctrica**.
2. Adjetivos modificados por adverbios	Es una historia **muy grande**. Tenía un aspecto **tan triste**.
3. Participios usados como adjetivos	Entramos en el museo por la puerta **abierta**.

Calificativos que van delante del sustantivo	Ejemplos:
Adjetivos que explican: a. cualidades inherentes del sustantivo o generalmente admitidas b. cualidades poéticas c. algunos adjetivos de uso muy común cuando no tienen valor diferenciador (*bueno, malo, joven*)	Recorrimos los **verdes** campos. Los **valientes** soldados murieron en la batalla. Su **armoniosa** belleza me conmueve. Busco un **buen** libro para leer esta noche. La **joven** muchacha llevaba flores para la feria.

Más de un adjetivo en la misma oración	Ejemplos:
Cuando dos o más adjetivos del mismo valor modifican un sustantivo, se siguen las normas siguientes: a. Si los dos o más adjetivos son de valor diferenciador, van detrás del sustantivo unidos por la conjunción **y**. b. Si los dos o más adjetivos simplemente explican cualidades, se colocan delante del sustantivo, unidos por la conjunción **y**. c. Si uno tiene valor explicativo y el otro diferenciador, el primero va delante y el segundo detrás del sustantivo.	Te dije que era un muchacho **alto y moreno**. Sentimos la **suave y tibia** brisa del mar. Picasso es un **gran** pintor **español**.

C. Los adjetivos que cambian de significado

Al traducirse al inglés, algunos adjetivos cambian de significado según vayan delante o detrás del sustantivo:

Adjetivo	Delante del sustantivo	Detrás del sustantivo
grande	un gran libro (*importante*)	un libro grande (no pequeño)
viejo	un viejo amigo (*long-standing*)	un amigo viejo (que tiene muchos años)
misma	la misma cosa (*same*)	la cosa misma (*the thing itself, the very thing*)
pobre	la pobre muchacha (*unfortunate*)	la muchacha pobre (no rica)
nuevo	un nuevo coche (*otro*)	un coche nuevo (acabo de comprarlo)
medio	medio loco (*half*)	el hombre medio (*average*)

Adjetivo	Delante del sustantivo	Detrás del sustantivo
cierto	un cierto signo (particular)	un signo cierto (definido)
diferentes	diferentes planes (varios)	planes diferentes (otros)
puro	es pura mentira (absoluta)	es agua pura (limpia)

D. El adjetivo en función de sustantivo

  1. Con el artículo definido el adjetivo puede reemplazar al sustantivo:
          ¿Cuál de los sombreros prefieres?—**El grande.**
          De todas las plumas **las rojas** escriben mejor.

  2. Se usa el artículo neutro **lo** con la forma masculina singular del
     adjetivo para expresar una idea abstracta:
          Lo importante es que no perdamos tiempo.
          Queremos separar **lo oriental** de **lo europeo.**

𝒫ráctica

A. *Forme frases completas usando la forma apropiada de los adjetivos indicados.*

  1. proverbios / *español* / no / ser / siempre / *equivalente* / a /
      proverbios / *inglés*
  2. hombres / *holgazán* / ser / *despedido* / hace / mes
  3. generalmente / muchachas / *indio* / ser / más / *unido* / a / familia
  4. por fin / *joven* / maestra / separar / a / niños / *hablador*
  5. mujer / *vestido* / de rojo / ser / *preguntón* / y / *fastidioso*
  6. técnicas / ser / muy / *útil* / para hacer / cestas / *grande*
  7. mujeres / *andaluz* / regalarme / cintas / *rojo* / *amarillo*
  8. yo / querer / saber / más / sobre / arquitectura / arte /
      latinoamericano
  9. ellos / no / comprender / palabras / y / gestos / *extraño*

B. *Complete las oraciones usando la forma apropiada de los adjetivos entre
paréntesis y colocándolas delante o detrás de los sustantivos indicados.*

  1. ¿Sabía Ud. que el tango es un *baile?*   *(argentino)*
  2. ¿Dónde se originó la *música?*   *(flamenco)*
  3. Algunos dicen que la corrida de toros es un *deporte.*   *(violento / cruel)*
  4. Para las fiestas las mujeres llevan faldas de *colores.*   *(claro / vivo)*
  5. Una de mis *compañeras* de la escuela secundaria vino a visitarme a
      la universidad.   *(viejo)*
  6. Un mestizo es *indio* y *europeo.*   *(medio)*
  7. Una de las *tradiciones* es la siesta.   *(viejo / hispánico)*
  8. El *hombre* está preocupado por su mujer enferma.   *(pobre)*
  9. Cuando tenga más dinero voy a comprar un *coche.*   *(nuevo)*
  10. Un *muchacho* vive con nosotros.   *(joven / italiano)*

Palabras traicioneras

1. **arriba—abajo**
   arriba *above, up*

   Arriba se veían sólo las estrellas luminosas contra el cielo oscuro.

   abajo *below, down*

   Cuando por fin llegaron a la cumbre de la montaña, tenían miedo de mirar hacia **abajo**.

2. **encima (de)—debajo (de)**
   encima (de) *above, on top of*

   Tu carta está **encima de** esos libros en la mesa.

   debajo (de) *below, underneath*

   El gato se escondió **debajo de** la silla.

3. **adelante—atrás**
   adelante *in front, forward*   **atrás** *in back, behind*

   Los que no podían subir a la cumbre se quedaron **atrás,** y los más valientes siguieron **adelante**.

4. **delante de—detrás de**
   delante de *in front of*

   ¿No te acuerdas de la muchacha rubia que ocupaba el pupitre **delante de** ti?

   detrás de *in back of, behind*

   Tuve miedo al oír pasos apresurados **detrás de** mí.

5. **enfrente de (frente a)—al lado de**
   enfrente de (frente a) *facing, opposite, in front of*

   Hay que cruzar la plaza; el banco está **enfrente de** la iglesia.

   al lado de *beside, next to*

   Mi vecino vive en la casa que está **al lado de** la mía.

6. **antes de—después de**
   antes de *before*

   Tomó dos aspirinas **antes de** acostarse para dormir bien.

   después de *after*

   Después de las clases los niños se fueron al parque.

Práctica

Complete con la palabra correcta.

1. Los niños estaban en el cuarto de (arriba / encima) escuchando sus discos favoritos.
2. Quería ver su cara y me senté (delante de / frente a) ella.
3. Los maestros deben estar bien preparados (antes de / delante) dar cada lección.
4. Venía bien preparado contra el frío. Llevaba dos suéteres y (encima / arriba) un abrigo.
5. Al oír pasos (atrás / detrás de) mí, tuve pánico.
6. Cuando su hijo era pequeño, siempre miraba (debajo de / abajo) la cama (antes / delante) de acostarse porque tenía miedo de los fantasmas.
7. Al hacer la limpieza del cuarto, encontré tu peine (después / detrás) del sofá.

Desarrollo _____

Ampliación de gramática

A. *Muchas veces se puede usar más de una preposición o frase preposicional para la misma frase. A veces expresa la misma idea; otras veces cambia el sentido ligeramente. En las siguientes frases, indique la palabra o palabras que* **no** *completan correctamente la frase.*

1. Generalmente prefiero hacer mis ejercicios _____ la mañana.
   a. por **b.** durante **c.** a **d.** en

2. Voy _____ centro esta tarde.
   a. en **b.** al **c.** para el

3. Van al museo _____ ver las esculturas mayas.
   a. a **b.** por **c.** para

4. Vinieron acompañados _____ sus tías.
   a. a **b.** de **c.** por

5. Caminamos _____ siete _____ once.
   a. de . . . a   *b.* desde las . . . hasta las   *c.* desde . . . a

6. Vamos a dar un paseo _____ el bosque.
   a. por   *b.* en   *c.* entre

7. Se lo compramos _____ Marta para su cumpleaños.
   a. a   *b.* para   *c.* en

8. Trabajo _____ mi padre.
   a. por   *b.* para   *c.* con   *d.* a

9. La planta está _____ la mesa.
   a. en   *b.* entre   *c.* sobre

10. _____ general no tomamos el desayuno.
    a. en   *b.* a   *c.* por lo

11. Ésta es una taza _____ café.
    a. por   *b.* de   *c.* para

12. Me llamó _____ su oficina en Madrid.
    a. sin   *b.* de   *c.* desde

13. Es una historia _____ los primeros habitantes de esta región.
    a. sobre   *b.* de   *c.* desde

14. No se si van a Europa _____ avión o _____ barco.
    a. a   *b.* en   *c.* por

15. _____ menos hay una persona aquí que no tiene miedo.
    a. por lo   *b.* al   *c.* a lo   *d.* en

B. *Seleccione la preposición apropiada.*

El Día de los Muertos

La actitud (a / de) los hispánicos de aceptar la muerte (en / con) resignación y (en / sin) miedo se ve (en / con) la manera como celebran los mexicanos el Día de los Muertos el 2 de noviembre (en / de) cada año. En muchos aspectos es el equivalente (a / de) nuestro «Halloween», pero la fiesta no es sólo (por / para) niños sino que incluye (a / de) toda la familia: chicos y grandes, vivos y muertos.

Esta celebración dura (desde / por) la mañana (por / hasta) la noche. (Por / Para) la mañana las familias van (de / a) la iglesia; (por / para) la tarde visitan el cementerio (por / para) adornar las tumbas (de / con) los familiares (sin / con) flores y candelas; y (por / para) la noche hay una fiesta (con / sin) todos los que viven (bajo / sobre) el techo (*roof*) familiar. En esta ocasión se colocan (sobre / con) una mesa flores, pan, dulces, fruta, comida y un par de candelas (por / para) iluminar el camino de los espíritus.

(A / En) las calles y mercados se venden panes, dulces y juguetes (con / en) el tema de la muerte. (Con / En) esta fiesta se prepara el «pan de muerto» en forma de esqueletos o ataúdes (*coffins*). Se confeccionan también calaveras (*skulls*) (de / a) azúcar (con / de) nombres de personas. Estas calaveras se intercambian (entre / por) los amigos (para / por) aprender (desde / hasta) la infancia a vivir (con / en) la muerte.

Ampliación de léxico

Complete con una de las palabras de la lista.

el curandero	la feria de artesanías	la sabiduría
un chiste	la moraleja	confeccionaban

1. Vimos toda clase de alfarería y esculturas de madera en _____.
2. Las mujeres indígenas _____ a mano muñecas de trapo.
3. Cuando el indio cayó enfermo, su hijo fue en busca de _____ para curarlo con hierbas medicinales.
4. Se puede ver _____ de la gente reflejada en sus proverbios y refranes.
5. Es muy difícil traducir _____ de un idioma a otro porque el sentido de humor cambia de país en país.
6. _____ de la fábula de la golondrina y las ranas es que la ignorancia es atrevida.

Motivos de discusión

1. ¿Tiene su familia sus propias tradiciones y costumbres? ¿Cómo celebran Uds. los días de fiesta como los cumpleaños, la Navidad, la Pascua? Relate a sus compañeros una de sus tradiciones familiares.

2. ¿Conoce Ud. algunas de las leyendas regionales de este país? ¿A qué héroes admira Ud.? ¿Puede Ud. decirnos algo de los héroes legendarios: El Cid (España), Martín Fierro (Argentina), Caupolicán (Chile), Paul Bunyan (Estados Unidos), Robin Hood (Inglaterra)?

3. ¿Recuerda Ud. algunas canciones tradicionales en español o en inglés? ¿Cuáles son sus favoritas? ¿Conoce Ud. a algunos cantantes modernos (como Woody Guthrie o Pete Seeger) que han popularizado muchas de esas canciones?

4. Muchos folkloristas han estudiado el folklore infantil. Coleccionan trabalenguas, dichos, autógrafos, rondas, juegos de manos, etc. ¿Recuerda Ud. algunas de estas actividades de la infancia? ¿Sabía Ud. que algunos de estos juegos como *Buenos días su Señoría*, *A la víbora de la mar*, *London Bridge* o *Farmer in the Dell* son bailes tradicionales?

5. ¿Qué sabe Ud. de la medicina popular? ¿La practican sus padres o abuelos? ¿Sabía Ud. que muchos de estos métodos antiguos coinciden con lo que recomienda la medicina moderna? ¿Podría Ud. citar algunos ejemplos? ¿Usa Ud. hierbas para el mantenimiento de su salud? ¿el té herbario para la digestión? ¿el champú herbario para el cabello?

Temas de composición

1. Las leyendas explican la existencia de las montañas, caminos, ríos y el origen de las plantas y animales. Una leyenda paraguaya atribuye la existencia del sauce llorón (*weeping willow*), el árbol que llora, a una mujer india llamada Isapí que nunca lloraba. Como castigo de su insensibilidad fue convertida en un árbol.

   Escriba en sus propias palabras uno de estos relatos que Ud. recuerda de su niñez o invente su propia leyenda explicando la existencia de algún fenómeno natural que conoce (la isla de Manhattan, el Gran Cañón, las sequoias de California, etc.) o características especiales de los animales (la trompa del elefante, las rayas de las cebras, etc.)

2. Los proverbios encierran la sabiduría popular. Detrás de cada dicho hay una filosofía más o menos profunda. Piense en un proverbio español que conoce o seleccione uno de los de la lista siguiente y explique su filosofía en un breve relato o ensayo.

Proverbios tradicionales

- ***Del plato a la boca se pierde la sopa.*** (*There's many a slip twixt cup and lip.*)
- ***Perro que ladra no muerde.*** (*A barking dog never bites.*)
- ***Más vale pájaro en mano que cien volando.*** (*A bird in the hand is worth two in the bush.*)
- ***Aunque la mona se vista de seda, mona se queda.*** (*Fine feathers don't make fine birds.*)
- ***Más moscas se cazan con miel que con vinagre.*** (*You can catch more flies with honey than with vinegar.*)
- ***El que a hierro mata a hierro muere.*** (*They that live by the sword shall perish by the sword.*)
- ***Más ven cuatro ojos que dos.*** (*Two heads are better than one.*)
- ***La caridad empieza por uno mismo.*** (*Charity begins at home.*)
- ***Un dedo no hace mano, ni una golondrina verano.*** (*One swallow doesn't make a summer.*)
- ***A caballo regalado no hay que mirarle el diente.*** (*Don't look a gift horse in the mouth.*)

Debate

La preservación de las tradiciones

La clase se divide en dos grupos:

Pro

Un grupo de antropólogos opina que dondequiera que se viva es importante preservar las costumbres y tradiciones de los antepasados. Al perder las raíces se pierde la propia identidad. El gobierno tiene el deber de ayudar a la preservación de las diferentes culturas y tradiciones.

Contra

Un grupo de políticos opina que los Estados Unidos es un país nuevo en el que rige la teoría del «melting pot». Muchos países han contribuido a su formación pero no se puede seguir mirando hacia el pasado. Hay que dejar a un lado las leyendas y tradiciones y dedicarse a formar el futuro científico.

Mini-teatro

Con algunos de sus compañeros de clase recree Ud. uno de sus relatos favoritos. Puede ser:

a. una leyenda heroica (El Cid, Robin Hood, Rolando, etc.)
b. una fábula («El zorro y las uvas», «La tortuga y la liebre», etc.)
c. un cuento de hadas («La Caperucita Roja», «La Cenicienta», «La Bella Durmiente», etc.)
d. un mito (Prometeo, Hércules, Edipo, Sísifo, etc.)

Que les sirva de guía la siguiente teatralización:

Prometeo
Personajes: Prometeo
                Un muñeco de barro
                Júpiter
                Hércules

Primer acto:
Prometeo roba al sol un poco de fuego, regresa a la Tierra y lo inyecta en el muñeco de barro que él ha modelado. El muñeco adquiere la fuerza del león, la ferocidad del tigre, la astucia del zorro, la timidez de la liebre, y la vanidad del pavo real.

Segundo acto:
Júpiter castiga a Prometeo y lo encadena para que un buitre (*vulture*) le devore las entrañas.

Tercer acto:
Hércules mata al buitre y libera a Prometeo.
                Telón

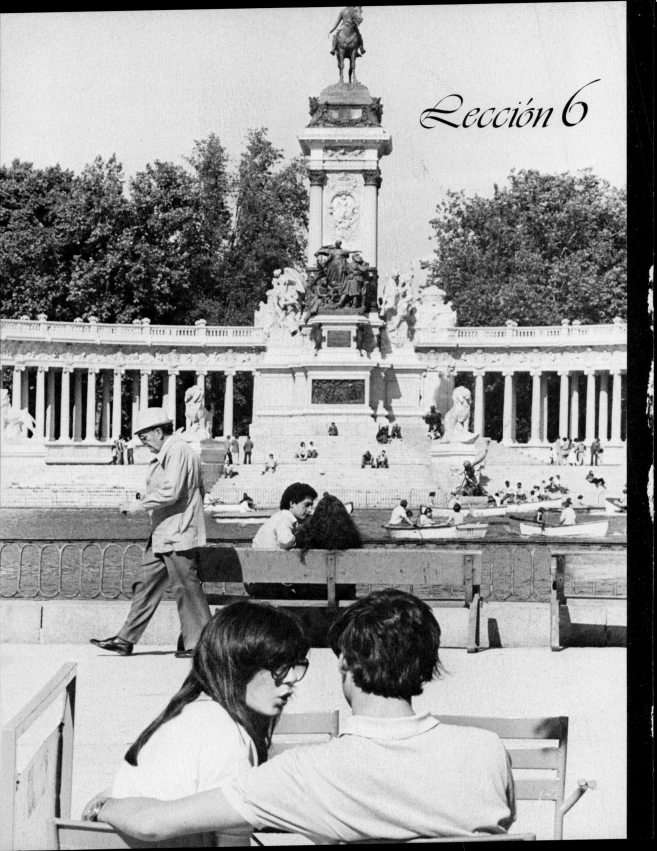

Lección 6

Estampas de nuestros días

EL PRESENTE DEL SUBJUNTIVO

El subjuntivo en cláusulas nominales
El subjuntivo en cláusulas adverbiales y adjetivales
Los indefinidos y los negativos

Enfoque:
Gramática en contexto

Lea el siguiente relato y en el cuadro que sigue analice los usos del presente del subjuntivo en las cláusulas subordinadas.

LAS TRIBULACIONES DE UNA FAMILIA CONTEMPORÁNEA

Cada vez que veo a uno de nuestros campesinos cruzar la frontera de los Estados Unidos me siento muy triste y temo que no **vuelva** más. Son muchos los trabajadores mexicanos que día tras día abandonan su pueblo natal en busca de trabajo. Ellos saben que la separación es difícil pero esperan que sus
5 familias **puedan** mejorar sus condiciones de vida para el futuro.

Hoy viaja Francisco Ramírez. Juana, su esposa, al verlo partir confiesa: «Lamento que **se vaya** pero es conveniente que todos **seamos** valientes y **luchemos** por una vida mejor.» Francisco Ramírez sonríe pensativo. Es su primer viaje y tiene miedo que sus documentos no **estén** en orden. Sus
10 compañeros le han dicho que cuando **llegue** a la frontera tendrá que llenar formularios, muchos de ellos en inglés, y se pregunta si encontrará alguna persona que le **ayude**.

Al llegar el momento de la despedida, Francisco estrecha en sus brazos a Juana y le dice: «Aunque **trabaje** mucho no dejaré de escribirles. ¿Dudas que
15 **recuerde** todas tus recomendaciones? Te suplico que no **te preocupes** por mí; no me gusta que los niños te **vean** tan triste. Además es probable que te **escriba** antes de que **cante** un gallo, enviándote el dinero para el viaje de todos Uds. No te inquietes, mi vida, estoy seguro que muy pronto estaremos todos nuevamente reunidos y viviremos muy felices.»

Examine los usos del subjuntivo en las cláusulas subordinadas en la lectura *Las tribulaciones de una familia contemporánea.*

¿Por qué se usa el subjuntivo en estas cláusulas subordinadas?	Explicación:
. . . esperan que sus familias **puedan** mejorar sus condiciones de vida . . . (ll. 4-5) Te suplico que no **te preocupes** por mí . . . (l. 15) . . . es conveniente que todos **seamos** valientes y **luchemos** por una vida mejor. (ll. 7-8)	Los verbos **esperar** y **suplicar** y la expresión impersonal **es conveniente** expresan deseo.
. . . temo que no **vuelva** más. (l. 2) Lamento que **se vaya** . . . (l. 7) . . . tiene miedo que sus documentos no **estén** en orden. (l. 9) . . . no me gusta que los niños te **vean** tan triste. (l. 16)	Los verbos **temer, lamentar, tener miedo** y **gustar(le)** expresan emoción.
¿Dudas que **recuerde** todas tus recomendaciones? (ll. 14-15) . . . es probable que te **escriba** . . . (ll. 16-17)	El verbo **dudar** y la expresión impersonal **es probable** expresan duda e inseguridad.
. . . se pregunta si encontrará alguna persona que le **ayude.** (ll. 11-12)	**Alguna persona** es el antecedente indefinido del pronombre relativo **que.**
. . . cuando **llegue** a la frontera tendrá que llenar formularios . . . (ll. 10-11) Aunque **trabaje** mucho no dejaré de escribirles. (l. 14) . . . es probable que te escriba antes de que **cante** un gallo . . . (ll. 16-17)	Las expresiones especiales **cuando** (tiempo), **aunque** (concesión) y **antes de que** (anticipación) introducen acciones posibles que aún no han tenido lugar.

Perspectivas

Léxico ESTAMPAS DE NUESTROS DÍAS

La esfera política   (*The political sphere*)

el **candidato, la candidata** candidate
el **ciudadano, la ciudadana** citizen
el **derecho** right
el **diputado, la diputada** representative, delegate
las **elecciones** elections
el **gobierno nacional (estatal)** national (state) government
la **ley** law
el **ministro, la ministra** minister
el **presidente, la presidenta** president
el **senador, la senadora** senator

apoyar to support (a candidate)
votar to vote

conservador conservative
derechista right-wing
honrado honest
izquierdista left-wing
justo, injusto just, unjust
liberal liberal
radical radical

Nuestras ciudades   (*Our cities*)

el **abogado, la abogada** lawyer
la **acera** sidewalk
la **alcaldía municipal** city hall
el **alquiler** rent
el **comité** committee
la **comunidad** community
el **embotellamiento de tráfico** traffic jam
la **huelga** strike
la **industria** industry
el **inmigrante, la inmigrante / el emigrante, la emigrante** immigrant, emigrant
el **juez, la juez** judge
el **mayor de edad, la mayor de edad** adult
el **menor de edad, la menor de edad** minor
las **minorías, las mayorías** minorities, majorities

el **obrero, la obrera** worker
los **pagos mensuales** monthly payments
la **propuesta** proposal
el **resultado** result
el **semáforo** traffic light
el **transporte urbano** urban transportation
el **tribunal** court
la **velocidad** speed
la **vivienda** housing

disfrutar de los beneficios to enjoy benefits
inmigrar, emigrar to immigrate, emigrate
mantener (e>ie) to support (a family)
rechazar un contrato to reject a contract

Aspectos de la vida contemporánea	(*Aspects of contemporary life*)

el aborto abortion	**la manifestación** demonstration
la contaminación ambiental (atmosférica) environmental pollution	**la medida** measure
	la molestia trouble, hardship
la corrupción corruption	**el movimiento** movement
el crimen crime	**el perjuicio** damage
el desempleo unemployment	**el petróleo** oil
la discriminación racial racial discrimination	**el prejuicio** prejudice
las fuentes de energía energy sources	**combatir** to combat
la injusticia social social injustice	**contaminar** to pollute, to contaminate
la investigación investigation	
la liberación femenina, la emancipación de la mujer women's liberation	**luchar** to fight, to struggle
	triunfar to triumph

EL MODO SUBJUNTIVO

En las lecciones anteriores hemos visto que el modo indicativo se usa para *constatar* o *indicar* hechos objetivos. En ésta y las próximas lecciones revisaremos el modo subjuntivo y lo contrastaremos con el uso del modo indicativo.

El uso del indicativo o del subjuntivo depende de la idea que lleva el verbo de la cláusula principal *en contexto*. De manera general se puede decir que el modo subjuntivo:

1. Tiene únicamente dos tiempos simples y dos tiempos compuestos:

Presente:	Le diré que **descanse** mucho.
Imperfecto:	¡Quién **fuera** millonario!
Presente perfecto:	¡Ojalá **haya hecho** lo que le dije!
Pluscuamperfecto:	Si lo **hubiera sabido,** te lo habría dicho.

2. Aparece en cláusulas subordinadas cuando la cláusula principal expresa duda, emoción, incertidumbre, negación, etc., y hay cambio de sujeto:

El jefe del sindicato quiere que los obreros **rechacen** el contrato.
PERO: El jefe del sindicato quiere rechazar el contrato.

3. Puede aparecer en cláusulas independientes después de ciertas palabras como **quizás, tal vez, acaso, que** y **quien,** cuando expresan duda, emoción o incertidumbre.

Quizás **podamos** visitar Madrid este verano.

EL SUBJUNTIVO EN LAS CLÁUSULAS NOMINALES

México, D.F.:° Noticias sobre el transporte urbano

Es de desear que el problema del transporte urbano en la capital de México **se solucione** muy pronto. Los transportistas, que están en desacuerdo con el gobierno, inmovilizaron los autobuses con el pretexto de problemas mecánicos. Se espera que este paro° no **sea** un motivo para exigir la subida de las tarifas. Es probable que un aumento de precio en el transporte urbano **produzca** un grave desequilibrio de la economía de las clases trabajadoras.

Lamentamos que el paro de los mil vehículos **cause** problemas y perjuicios para los usuarios° que diariamente viajan en estos vehículos.

La Alcaldía Municipal duda que el sistema actual de transporte **ofrezca** las condiciones que merece una ciudad de la importancia de México. Esperamos que **se normalice** el conflicto y que un comité especial **estudie** las deficiencias en el transporte colectivo que se considera insuficiente, contaminante y arbitrario en sus horarios. Es preciso que **se modifique** el sistema de transporte sin aumentar el precio de las tarifas. No queremos que el pueblo **tenga** que sufrir las consecuencias de estos problemas laborales.

D.F.
Distrito Federal

paro work stoppage

usuarios commuters

𝔓reguntas

1. Según el informe, ¿cuál es el problema del transporte urbano en la capital de México? ¿Qué efecto tendrá en la economía?
2. ¿Es adecuado el sistema actual de transporte para una ciudad como México?
3. ¿Cómo es el sistema de transporte en su ciudad? ¿Hace Ud. uso de él? ¿Por qué es importante solucionar el problema del transporte urbano hoy en día?

1. Las formas del presente del subjuntivo

Para formar el presente del subjuntivo se cambia la vocal **-o** de la primera persona singular del presente del indicativo por la vocal **-e** (en los verbos **-ar**) y por la vocal **-a** (en los verbos **-er** e **-ir**.)

bailar	*comer*	*escribir*
(bail**o** > bail**e**)	(com**o** > com**a**)	(escrib**o** > escrib**a**)
bail { -e / -es / -e / -emos / -éis / -en }	com { -a / -as / -a / -amos / -áis / -an }	escrib { -a / -as / -a / -amos / -áis / -an }

Los verbos que son irregulares en la primera persona singular del indicativo son irregulares en todas las personas del subjuntivo. (Véase la Lección 3 para los verbos irregulares en el presente del indicativo.)

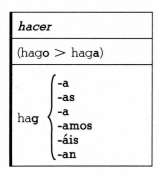

hacer		conocer		huir	
(hago > hag**a**)		(conozco > conozc**a**)		(huyo > huy**a**)	
hag	-a -as -a -amos -áis -an	conoz**c**	-a -as -a -amos -áis -an	huy	-a -as -a -amos -áis -an

Los verbos **-ar** y **-er** que cambian el radical en el presente del indicativo sufren los mismos cambios en el subjuntivo. Los verbos **-ir** sufren un cambio adicional en la primera y segunda persona del plural.[1]

pensar	volver		dormir	sentir	pedir
e > ie	o > ue		o > ue, u	e > ie, i	e > i, i
piense	vuelva		duerma	sienta	pida
pienses	vuelvas		duermas	sientas	pidas
piense	vuelva		duerma	sienta	pida
pensemos	volvamos		durmamos	sintamos	pidamos
penséis	volváis		durmáis	sintáis	pidáis
piensen	vuelvan		duerman	sientan	pidan

Hay seis verbos irregulares en el presente del subjuntivo.

haber		ir		saber		ser		dar	estar
hay	-a -as -a -amos -áis -an	vay	-a -as -a -amos -áis -an	sep	-a -as -a -amos -áis -an	se	-a -as -a -amos -áis -an	dé des dé demos deis den	esté estés esté estemos estéis estén

---

[1]Consulte el Apéndice 3 para una lista de verbos que cambian el radical en el presente del indicativo.

Práctica

A. *Reemplace el sujeto de la cláusula subordinada según las indicaciones.*

> *Ejemplo:* **Insisto en que venga a verla.** (tú)
> *Insisto en que vengas a verla.*

1. Es mejor que no pensemos en ellos. *(Ud.)*
2. No creo que tú puedas dormir con tanto ruido. *(nosotros)*
3. Prefiere que yo no mienta. *(nosotros)*
4. No es posible que digan eso. *(tú)*
5. ¿Crees que yo haga un buen trabajo? *(ellas)*
6. Quiere que resolvamos el problema pronto. *(Uds.)*
7. Lamento que no podamos verte este verano. *(él)*
8. Espero que no huyas de mí. *(Ud.)*
9. Es conveniente que den un paseo. *(yo)*
10. Dudo que ellos traigan el dinero mañana. *(ella)*

B. *Cambie el sujeto de la cláusula subordinada según las indicaciones.*

> *Ejemplo:* **Espero llegar temprano.** (que ella)
> *Espero que ella llegue temprano.*

1. Francisco Ramírez teme no poder entrar al país. *(que su familia)*
2. Quieren aceptar la propuesta. *(que nosotros)*
3. Espero ser rica algún día. *(que tú)*
4. Las autoridades temen subir las tarifas. *(que los transportistas)*
5. Me gusta mucho ofrecer flores. *(que Ud.)*
6. Espero encontrar trabajo en el norte. *(que mis hijos)*
7. Es necesario invertir mucho dinero. *(que nosotros)*
8. Lamento no saber la respuesta. *(que tú)*
9. ¿Deseas solucionar los problemas de la contaminación? *(que el gobierno)*
10. Dudan resolver el problema. *(que yo)*

2. Los usos del subjuntivo en cláusulas nominales

$$\boxed{\text{Verbo principal} + \textbf{que} + \begin{cases} \text{indicativo} \\ \text{o} \\ \text{subjuntivo} \end{cases}}$$

El uso del indicativo o del subjuntivo en la cláusula subordinada depende del significado del verbo de la cláusula principal en contexto. Si la cláusula principal se refiere a hechos objetivos que han tenido, tienen o tendrán lugar, se usa el indicativo en la cláusula subordinada. Si la cláusula principal se refiere a estados o hechos hipotéticos, a dudas, emociones o deseos, se usa el subjuntivo.

Se usa el indicativo:	Se usa el subjuntivo:

Se usa el indicativo:	Se usa el subjuntivo:
• Cuando el verbo de la cláusula principal denota (a) percepción física o mental, (b) comunicación verbal, (c) procesos mentales:	• Cuando el verbo de la cláusula principal expresa *voluntad* por medio de (a) mandato, (b) deseo, (c) consejo o ruego, (d) permiso o prohibición:[2]

Se usa el indicativo:

• Cuando el verbo de la cláusula principal denota (a) percepción física o mental, (b) comunicación verbal, (c) procesos mentales:

(a)	(b)
escuchar	comentar
notar	decir[3]
observar	explicar
oír	hablar
ver	opinar

(c)
creer
imaginar
pensar
recordar
suponer

Veo que **viene** contento.
Dice que **iremos** por tren.
Pienso que **dices** la verdad.

• Cuando el sujeto de la cláusula principal expresa seguridad:

estar seguro	no ignorar
no dudar	no negar

No niegan que **vendrá** mañana.
Estoy seguro que tiene dinero.

Se usa el subjuntivo:

• Cuando el verbo de la cláusula principal expresa *voluntad* por medio de (a) mandato, (b) deseo, (c) consejo o ruego, (d) permiso o prohibición:[2]

(a)	(b)
decir[3]	desear
exigir	esperar
mandar	preferir
pedir	proponer
ordenar	querer

(c)	(d)
aconsejar	aprobar
recomendar	impedir
rogar	oponerse a
sugerir	permitir
suplicar	prohibir

Quiero que **venga** contento.
Exige que **vayamos** por tren.
Te **suplico** que **digas** la verdad.

• Cuando el sujeto de la cláusula principal reacciona emocionalmente ante un hecho:

alegrarse (de)	molestar
esperar	sentir
gustar	sorprenderse de
lamentar	temer

No **me gusta** que **llegues** tarde.
Espero que **despache** las cartas hoy.
Siento que el viaje **sea** tan caro.

• Cuando el sujeto de la cláusula principal expresa duda o negación:

no estar seguro	ignorar
dudar	negar

Niegan que **venga** mañana.
No estoy seguro que **tenga** dinero.

[2] Si en la cláusula principal el verbo de voluntad va precedido por el pronombre del complemento indirecto, se puede usar el infinitivo en lugar del subjuntivo:

> Te suplico **decir** la verdad.
> Les aconsejamos **volver** temprano.

[3] Algunos verbos como **decir, escribir, indicar, telefonear y repetir** pueden constatar un hecho (indicativo) u ordenar o mandar una acción (subjuntivo):

> Juan dice que Ud. es bueno. (Describe su personalidad.)
> Juan le dice que sea bueno. (Trata de dirigir su conducta.)

Se usa el indicativo:	Se usa el subjuntivo:
• Con el verbo **creer** cuando la cláusula principal es afirmativa o en las oraciones interrogativas cuando el que habla expresa su opinión:	• Con el verbo **creer** cuando la cláusula principal es negativa o en las oraciones interrogativas cuando el que habla no está seguro de lo que dice:
Creo que lo **resolverá** muy pronto. (Es mi opinión que . . .)	**No creo** que lo **resuelva** muy pronto. (Tengo mis dudas que . . .)
¿**No creen** Uds. que **es** una persona excelente? (Yo opino que sí.)	¿**No creen** Uds. que **sea** una persona excelente? (No sé; no estoy segura.)
¿**Crees** que **lloverá** mañana? (A mí me parece que sí.)	¿**Crees** que **llueva** mañana? (Hace buen tiempo hoy; lo dudo.)
• Si la cláusula principal es impersonal y denota certidumbre:	• Si la cláusula principal es impersonal y denota apreciaciones personales o subjetividades:

es evidente	es cierto	es fácil (difícil)	es (im)probable
es verdad	es seguro	es lástima (lamentable)	es (im)posible
es indudable	está claro	es mejor (más vale)	está bien (mal)
		es necesario (preciso)	es conveniente
		es importante (importa)	puede ser

Es cierto que aún **faltan** algunos detalles.

Es verdad que **trabaja** mucho.

Es probable que aún **falten** algunos detalles.

Está bien que **trabaje** mucho.

Práctica

A. *Reemplace el verbo indicado por el verbo entre paréntesis.*

1. *Supongo* que nosotros saldremos temprano. *(sugerir)*
2. *Creo* que habrá un congestionamiento de tráfico tremendo. *(saber)*
3. Las comunidades *afirman* que hay discriminación. *(negar)*
4. La iglesia *sabe* que nosotros socorremos a los pobres. *(pedir)*
5. Los habitantes de esta región *comentan* que la contaminación ambiental continúa. *(oponerse a)*
6. *Veo* que los peatones no van por las aceras. *(comprobar)*
7. El Sr. Torres *asegura* que su hija conduce a mucha velocidad. *(prohibir)*
8. *Se dice* que no practican los métodos anticonceptivos. *(proponer)*
9. *Sé* que a esta hora se producen embotellamientos de tráfico. *(pensar)*
10. *Noto* que el agente de tráfico no te pone una multa. *(esperar)*

B. *Reemplace la expresión impersonal indicada por la expresión entre paréntesis.*

1. *Está claro* que el gobierno dará dinero para la construcción de viviendas. *(Conviene)*
2. *Es evidente* que el transporte urbano mejora rápidamente. *(Es necesario)*
3. *Es preciso* que el problema de la contaminación se solucione hoy. *(Es difícil)*

4. *Es indudable* que el control de la natalidad ayudará a los pobres. *(Es probable)*
5. *Es lástima* que el paro de vehículos produzca molestias. *(Es seguro)*
6. *Es importante* que los trabajadores vuelvan a las fábricas mañana. *(Es mejor)*
7. *Es cierto* que el número de crímenes preocupa mucho a los ciudadanos. *(Está bien)*
8. *Está mal* que modifiquen las rutas de los autobuses. *(Es evidente)*

C. *Forme oraciones completas.*

1. nosotros / creer / que / situación / mejorar / pronto
2. juez / no creer / que / abogado / ser / hombre / honrado
3. ¿creer / tú / que / gobernantes / poder / resolver / problemas / económico?   Yo / tener / mucho / dudas
4. ¿no creer / Ud. / que / acusado / ser / culpable?   Yo / estar / casi / seguro / que sí
5. ciudadanos / este / país / creer que / nuevo / presidente / estimular / economía

D. *Reemplace el subjuntivo por el infinitivo y haga los cambios necesarios.*

Ejemplo: **El gobierno nos exige que paguemos los impuestos.**
            El gobierno nos exige pagar los impuestos.

1. Mi familia me permite que viaje contigo.
2. Te prohibimos que lleves el perro al parque.
3. La contaminación ambiental nos impide que gocemos del sol.
4. Le pediré que tenga cuidado.
5. El juez le aconseja que tenga paciencia.
6. El comité nos sugirió que hagamos los cambios.

E. *Reaccione personalmente a los siguientes comentarios.*

Ejemplo: **El candidato de la oposición ganará las elecciones pero Ud. no lo cree.**
            No creo que el candidato de la oposición gane las elecciones.

1. Un criminal soborna a un policía pero Ud. no lo cree.
2. Uno de los diputados se negará a firmar la ley sobre el aborto y a Ud. le parece increíble.
3. Hay una especulación en los productos de primera necesidad y a Ud. le sorprende.
4. El acusado dice la verdad pero Ud. lo duda.
5. El conflicto laboral no se soluciona todavía y Ud. opina que así es mejor.
6. Ud. tendrá una entrevista mañana y espera no tener problemas.
7. Hay desempleo. Ud. lo niega.
8. Los ricos no ayudan a los pobres. Ud. lo siente mucho.
9. El maltrato a las minorías terminará pronto. Ud. se alegra.
10. El gobierno trata de ignorar los problemas de los indios. Ud. piensa que no está bien.

EL SUBJUNTIVO EN LAS CLÁUSULAS ADVERBIALES Y ADJETIVALES

Boletín oficial: Vivienda para las mayorías

Con el propósito de generar recursos para construir viviendas que **puedan** ser adquiridas por familias de bajos ingresos (*income*), ha sido creado el Programa Financiero de Vivienda. Bajo este programa, todas las personas pueden disfrutar de estos beneficios y obtener el crédito para adquirir una casa cómoda siempre que **sean** jefes de familia, **vayan** a habitar permanentemente la vivienda, no **tengan** en propiedad otra casa y **puedan** hacer los pagos mensuales.

El programa contempla requisitos que **hagan** de estas viviendas un lugar duradero; es así que exige el empleo de materiales resistentes que **garanticen** una duración a la vivienda superior a los veinte años.

A fin de que los beneficios **lleguen** a las mayorías, el Programa Financiero de Vivienda cuenta con varios tipos de casas económicas. Los precios exactos de estas viviendas aún no se han dado a conocer pero en cuanto **tengamos** esta información se notificará a los interesados.

Las personas que **deseen** mayor información pueden dirigirse directamente al Programa Financiero de Vivienda.

Preguntas

1. ¿Por qué fue creado el Programa Financiero de Vivienda? ¿Quiénes pueden disfrutar de los beneficios?
2. ¿Cómo llegarán los beneficios a las mayorías?
3. ¿Adónde deben dirigirse las personas que deseen mayor información?

3. El subjuntivo en cláusulas adverbiales

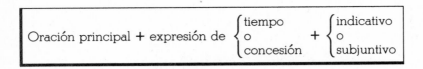

$$\text{Oración principal} + \text{expresión de} \begin{cases} \text{tiempo} \\ \text{o} \\ \text{concesión} \end{cases} + \begin{cases} \text{indicativo} \\ \text{o} \\ \text{subjuntivo} \end{cases}$$

Tiempo	Concesión
cuando	aunque
mientras que	a pesar (de) que
así que	aun cuando
tan pronto como	
en cuanto	
hasta que	
después (de) que	

Se usa el indicativo:	Se usa el subjuntivo:
• Cuando una expresión de tiempo o concesión introduce una cláusula subordinada que expresa una experiencia real o verdadera: No le dieron dinero **cuando pidió**. Sonríe **en cuanto** me **ve**. Le compré libros **aunque** no **sabía** leer.	• Cuando una expresión de tiempo o concesión introduce una cláusula subordinada que expresa una acción que aún no ha tenido lugar: No le darán dinero **cuando pida**. **Sonreirá en cuanto** me **vea**. Le compraré libros **aunque** no **sepa** leer.

$$\text{Oración principal} + \text{expresión de} \begin{cases} \text{propósito,} \\ \text{condición} \\ \text{o anticipación} \end{cases} + \text{subjuntivo}$$

Propósito	_Condición_	_Anticipación_
a fin de que	sin que	antes (de) que
a que	a menos que	
para que	con tal (de) que	
	salvo que	
	a no ser que	
	en caso (de) que	
	mientras que[4]	

(No se usa el indicativo)	Se usa el subjuntivo:
	Porque las expresiones de propósito, condición y anticipación sólo pueden introducir acciones que aún no se han realizado: Te lo regalo **para que te acuerdes** de mí. Los invito al cine **a menos que tengan** un programa mejor. Salgamos **antes de que llueva**.

---

[4] Cuando **mientras que** tiene el significado de _as long as_ (condición), se usa sólo el subjuntivo.
Cuando tiene el significado de _while_ (tiempo), se usa indicativo o subjuntivo.

Práctica

A. *Complete la cláusula principal de la columna A con la cláusula subordinada de la columna B usando la forma apropiada del verbo.*

A

_____ 1. No compres el pasaje hasta que . . .
_____ 2. Debido al partido de fútbol habrá congestión de tráfico cuando . . .
_____ 3. Los padres no maltratarán a sus hijos mientras . . .
_____ 4. Tendremos que ayudar a los inmigrantes aunque . . .
_____ 5. Los trabajadores podrán volver a la fábrica en cuanto . . .

B

a. ellos no (saber) nuestro idioma ni (conocer) nuestras costumbres.
b. los aficionados (salir) del estadio.
c. nuestras leyes (proteger) a los menores de edad.
d. tú (estar) seguro del viaje.
e. el gobierno (solucionar) la huelga.

B. *Complete las oraciones de una manera original.*

1. El candidato liberal ganará las elecciones a menos que . . .
2. Trabajamos muchísimo para que nuestros hijos . . .
3. Debes llamar por teléfono antes de que . . .
4. Los recursos naturales se agotarán a no ser que . . .
5. Nos ofrecen muchos beneficios sin que . . .

C. *Forme una sola oración con la expresión entre paréntesis.*

Ejemplo: **Nos divertiremos. Tendremos dinero. (con tal que)**
Nos divertiremos con tal que tengamos dinero.

1. Yo se lo diré. Nadie lo oirá. *(sin que)*
2. Él no viene a visitarnos. Necesita dinero. *(a no ser que)*
3. No me permitirán fumar. Soy mayor de edad. *(a menos que)*
4. Cerraremos la casa con llave. Tú no tendrás miedo. *(aunque)*
5. Al político no lo dejarán hablar. Anunciará un programa definido. *(antes de que)*
6. Habrá mucha contaminación. Tomarán serias medidas. *(a menos que)*
7. Las investigaciones continuarán. Se descubrirán nuevas fuentes de energía. *(hasta que)*
8. Los problemas de la vivienda no se resolverán. No construirán más edificios. *(mientras que)*

4. El subjuntivo en cláusulas adjetivales

---

[5] Véase la Lección 9 para el uso de los pronombres relativos.

Se usa el indicativo:	Se usa el subjuntivo:
• Cuando la oración subordinada se refiere a una persona o cosa que existe y se conoce:	• Cuando la oración subordinada se refiere a una persona o cosa que no existe o no se conoce:
Busco al policía que me **ayudó** ayer. Hay muchas personas que **escriben** mejor que yo.	Busco un policía que me **ayude** mañana. No hay nadie que **escriba** mejor que yo.
Los ministros que **vienen** serán recibidos por el pueblo. (Me refiero a ministros específicos.)	Los ministros que **vengan** serán recibidos por el pueblo. (No sé cuáles vienen.)
El mundo en que **vivimos** es muy complicado. (¡Ya lo sabemos!)	El mundo en que **vivamos** será muy complicado. (No sé cómo será.)

Práctica

Complete con la forma apropiada del subjuntivo o del indicativo.

1. Conozco a una mujer que _____ (luchar) contra las injusticias sociales.
2. No hay nadie en esta clase que _____ (trabajar) bastante para conservar la energía.
3. No sé quiénes vienen para hablar de las ideas del candidato derechista, pero los que _____ (venir) no serán bien recibidos.
4. ¿Hay alguna persona aquí que no _____ (manejar) a 55 millas por hora?
5. Buscamos un policía que _____ (querer) hablar de la corrupción en la Alcaldía Muncipal.
6. Tengo un amigo que _____ (ser) senador de un departamento en Bolivia.

5. El subjuntivo con indefinidos

cualquiera,[6] quienquiera, dondequiera, comoquiera + { indicativo
o
subjuntivo }

Se usa el indicativo:	Se usa el subjuntivo:
• Cuando a la expresión indefinida sigue una experiencia real:	• Cuando a la expresión indefinida sigue una acción incierta que en muchos casos aún no ha tenido lugar:
Cualquiera que me **preguntaba,** le decía la verdad.	Cualquiera que me **pregunte,** le diré la verdad.
Dondequiera que **estaban,** siempre los encontrábamos.	Dondequiera que **estén,** los encontraremos.

[6] Delante de sustantivos masculinos o femeninos **cualquiera** pierde la **a** final: **cualquier** hombre, **cualquier** mujer.

Práctica

*Complete las oraciones con **cualquier(a)**, **quienquiera**, **dondequiera** o **comoquiera** y la forma apropiada del verbo indicado en el subjuntivo o indicativo.*

1. _____ que _____ (surgir) un problema, trataremos de solucionarlo.
2. Le ruego tomar nota de _____ mensaje que ellos _____ (dejar).
3. _____ que lo _____ (hacer) él, sus jefes no lo aceptaban.
4. _____ que _____ (ser) el culpable, se arrepentirá.
5. _____ que _____ (vivir), siempre sabía adaptarse a las costumbres regionales.

LOS INDEFINIDOS Y LOS NEGATIVOS

Un diálogo sobre la contaminación ambiental

ARMANDO: Acabo de leer un artículo sobre la contaminación ambiental. Es fascinante. ¿Qué piensas tú de este problema?

PABLO: Pues mira, me parece que **algunos** exageran cuando dicen que las industrias están destruyendo permanentemente los recursos naturales del mundo.

ARMANDO: Pero, ¿no crees que tienen **algo** de razón, por ejemplo, los que se preocupan por las consecuencias de las plantas nucleares?

PABLO: Bueno, sí; pero **nada** es tan simple como lo pintan ellos. Necesitamos nuevas fuentes de energía; hoy en día **ningún** país puede seguir dependiendo del petróleo.

ARMANDO: **También** está la energía solar.

PABLO: Eso **tampoco** resuelve nuestros problemas inmediatos. Quizá en el futuro **alguien** descubra **algo** nuevo. Pero por ahora . . .

ARMANDO: ¡Tú **siempre** defendiendo la tecnología y el progreso! A mí me gustaría que preserváramos las riquezas y el balance del medio ambiente.

PABLO: El problema es que **ni** el gobierno **ni** las leyes actuales favorecen ese tipo de cosas.

ARMANDO: ¿Cómo? **Cualquiera** diría que propones mayor intervención por parte del Estado.

PABLO: **Jamás. Nada** mejor que el sector privado para establecer normas de seguridad independientes de los políticos. Después de todo, son las compañías las responsables del crecimiento económico.

ARMANDO: Aquí es donde diferimos fundamentalmente. Yo pienso que, si las dejáramos, las empresas echarían sus desperdicios° radioactivos en ríos llenos de peces en peligro de extinción, si esto les saliera más barato . . . **Alguien** tiene que regular y supervisar estas cuestiones.

PABLO: ¡**Cualquiera** menos el gobierno! Tanta burocracia es ineficaz. **Ninguna** de estas leyes debe aplicarse en general, sino considerando cada caso individualmente. Los empleados del Estado nunca hacen excepciones necesarias a la regla. Entonces, pagan justos por pecadores.

desperdicios *wastes*

Preguntas

1. ¿Qué piensa Pablo del problema de la contaminación ambiental?
2. ¿Qué opina Armando del problema del medio ambiente?
3. ¿En qué difieren fundamentalmente Armando y Pablo?

6. Los indefinidos y los negativos

algo (*something, anything*)
alguien (*someone, anyone*)
alguno (*some, someone*) unos (*a few*)
siempre (*always*) alguna vez (*ever*) algunas veces (*sometimes*) algún día (*someday*)
o . . . o (*either . . . or*)
también (*also, too*)

nada (*nothing*)
nadie (*no one, nobody*)
ninguno (*none, no one, not any*)
nunca (*never*) o jamás (*never*)
ni . . . ni (*neither . . . nor*)
tampoco (*neither*)

Usos:

1. **algo** ≠ **nada** (*pronombres*)

   Son invariables y se refieren a cosas.

2. **alguien** ≠ **nadie** (*pronombres*)

   Son invariables y se refieren a personas.

3. **alguno** (**-a, -os, -as**) ≠ **ninguno** (**-a**)
   (*pronombres y adjetivos*)

   Alguno concuerda en género y en número. **Ninguno** concuerda únicamente en género. Delante de un sustantivo masculino singular pierden la **o** final (**algún, ningún**).
   (ATENCIÓN: No hay forma plural de **ninguno**.)

Ejemplos:

Tengo **algo** importante que comunicarte.
—Dímelo en seguida. En este momento no tengo **nada** que hacer.

¿Conoces a **alguien** que sepa hablar ruso?
—No, no conozco a **nadie**.

¿Tienen Uds. **algunas** ideas sobre cómo solucionar nuestros problemas económicos?
—No, no tenemos **ninguna**.
Algún día triunfarán los derechos del hombre.
No hay **ningún** hombre que tenga dos cabezas.

Usos:	Ejemplos:
4. **siempre** ≠ **nunca, jamás** (*adverbios*) Son invariables. **Jamás** se usa en forma más enfática.	**Siempre** pensé que las cosas acabarían mal. —¿Y por qué no me lo dijiste **nunca**? —Pues, no se me ocurrió **jamás**.
5. **también** ≠ **tampoco** (*adverbios*) Son invariables.	¿A ti **también** te pidió dinero prestado? —Sí, pero **tampoco** se lo di.
6. **o . . . o** ≠ **ni . . . ni** (*conjunciones*) **O . . . o** se usa para ofrecer dos alternativas. **Ni . . . ni** niega dos alternativas. Contrario al inglés, el verbo con dos sujetos unidos por **ni . . . ni** adopta la forma plural.	Necesito ayuda. **O** vienes tú **o** viene tu hermano. —**Ni** yo **ni** mi hermano **queremos** ir. No lo **harán ni** Jorge **ni** Tomás.
7. **cualquiera, cualesquiera** (*pronombres o adjetivos*) Se refieren a personas o cosas. La forma adjetival pierde la **-a** final delante de un sustantivo.	Pregúntale a **cualquiera** que encuentres. **Cualesquiera** sean sus problemas, los resolverán. **Cualquier** persona puede dar su opinión.
8. **in-, im-** y **des-** (*prefijos*) Son prefijos de negación que se usan con varios adjetivos, sustantivos y verbos.	Son **in**variables muchos de los **in**definidos. Nos parece **im**posible resolver el asunto. No hay que **des**hacer todo lo que has hecho.

ATENCIÓN:

1. Si las negaciones van delante del verbo, se omite la doble negación.

> **No** como **nunca** solo. **Nunca** como solo.
> **No** se lo dije a **nadie**. A **nadie** se lo dije.

2. Cuando los indefinidos y negativos se refieren a personas y funcionan como complementos directos del verbo, la **a** personal es necesaria.

> Me pareció que saludabas **a** alguien.
> No vimos **a** nadie hoy.
> Felicitamos **a** cualquiera que vimos.

Práctica

A. *Conteste las preguntas en forma negativa (a) con una negación doble y (b) con una negación simple.*

Ejemplo: ¿Vino alguien a verme?
    (a) *No, no vino nadie a verte.*
    (b) *No, nadie vino a verte.*

1. ¿Te ofrecieron algunas alternativas?
2. ¿Ha sido Ud. alguna vez multado por exceso de velocidad?
3. ¿Alguien apoyará la huelga?
4. ¿Vendrá Ud. con algunos de los trabajadores?
5. ¿Él también se opone al proyecto?
6. ¿Hay algo que podamos hacer para evitar la inflación?
7. ¿Se la entrego a alguien?
8. ¿Siempre te da la razón?
9. ¿Alguno de Uds. habla de la especulación de la vivienda?
10. ¿Siempre llevabas el dinero en el bolsillo?

B. *Cambie las oraciones al afirmativo.*

Ejemplo: *Nunca* **pregunto por él.**
      Siempre pregunto por él.

1. *Tampoco* irá el ministro.
2. *Ningún* ciudadano se opone a esta ley.
3. *Jamás* permitiremos que haga tal cosa.
4. *Nada* de lo que dice me interesa.
5. Pensé que *ninguno* de ellos tendría dificultades.
6. ¿*No* hubo *ningún* problema?
7. Me imagino que *ni* los diputados *ni* los senadores estarán de acuerdo.
8. *No* queremos saber *nada* del asunto.
9. *Ninguno* de los inmigrantes se lo dirá.
10. *Nunca* tendremos la oportunidad de hablar con él.

C. *Complęte los diálogos en español según las indicaciones.*

Ejemplo: ¿Tiene tu coche (*some*) fallas mecánicas? —No, no tiene (*none*).
      ¿Tiene tu coche algunas fallas mecánicas? —No, no tiene ninguna.

1. ¿Conociste a (*someone*) en esa reunión? —A (*no one*) conocí en ella.
2. ¿Tienes (*some*) papeles para mí? —(*None*). No me los entregaron las secretarias.
3. ¿Te regalaron flores a ti (*also*)? —A mí (*nobody*) me las regaló.
4. ¿Me traes (*something*) de tu viaje? —Lo siento mucho pero no te traigo (*nothing*).
5. ¿(*Does he always*) hace esas preguntas tan tontas? —Que yo sepa, (*never*).
6. (*Either*) Luis (*or*) Jaime te acompañarán. —(*Neither*) uno, (*nor*) otro. Me voy sola.
7. ¿Tienes (*a few*) minutos? —(*None*). Estoy muy ocupado hoy.
8. ¿Fuiste (*ever*) a Nicaragua? —No, (*never*) tuve la oportunidad.

Palabras traicioneras

Los cognados falsos

Se puede reconocer fácilmente muchas palabras en español porque se parecen al inglés. Por ejemplo: **computadora** = *computer,* **universidad** = *university,* **composición** = *composition.* Estas palabras se llaman cognados. Sin embargo, palabras que tienen una ortografía parecida no tienen siempre el mismo significado y por eso se llaman cognados falsos. ¿Qué significado diferente tienen estos pares de palabras?

1. **actual** = *present*

En el momento **actual** no sé cómo voy a hacerlo.

actual = **verdadero, real**

Ésta es la **verdadera** corona del Rey Alfonso X.

actualmente = *at the present* (*time*)

Actualmente estoy trabajando como agente de viajes.

actually = **verdaderamente, realmente**

Verdaderamente creo que hará todo lo que nos prometió.

2. **aplicación** = *effort, applying of one surface to another*

Logró sobresalir por su **aplicación.**
Sus heridas se sanaron con la **aplicación** de este medicamento.

application = **solicitud**

Voy a hacer varias **solicitudes** para ingresar en una de las facultades de medicina.

3. **carácter** = *personality,* (*moral*) *character*

Creo que seremos buenos amigos. Tiene buen **carácter.**

character = **personaje (de una novela, película, etc.)**

Los **personajes** principales del cuento son argentinos.

4. **embarazada** = *pregnant*

Mi hermana está **embarazada.** Ojalá que tenga una niña.

embarrassed = **avergonzado, turbado**

El chico está **avergonzado** porque no podía contestar la pregunta.

5. **largo** = *long*

Chile es un país **largo** y estrecho.

large = **grande**

Es una casa **grande** y fea.

6. *librería* = *bookstore*

Voy a la **librería** a comprar la novela *Cien años de soledad*.

library = **biblioteca**

Van a estudiar en la **biblioteca**.

7. *sensible* = *sensitive*

El niño es tan **sensible** que llora si un desconocido le sonríe.

sensible = **sensato, cuerdo**

Mi hijo es muy **sensato** y conduce su coche a una velocidad normal.

8. *suceso* = *event, result*

Los últimos **sucesos** políticos darán un nuevo rumbo al país.

success = **éxito**

El negocio fue todo un **éxito**.

exit = **salida**

En caso de incendio hay que buscar la **salida** más cercana.

El crecimiento de la capital mexicana ha dado lugar a la construcción de esta ciudad satélite.

Práctica

Conteste de una manera original.

1. ¿Por qué dice Ud. que este hombre es tan sensible?
2. ¿Cuáles son los ríos más largos del mundo?
3. ¿Cuáles son actualmente los grandes problemas de nuestro país?
4. Describa Ud. el carácter del personaje principal de la novela *Lo que el viento se llevó*.
5. ¿Cómo logró Ud. tener tanto éxito en su trabajo?
6. ¿Por qué van Uds. a la librería?
7. ¿Cómo sabe Ud. que la Sra. Trigo está embarazada?
8. ¿Para qué está llenando esa solicitud?

Desarrollo

Ampliación de gramática

A. *Complete con la forma apropiada del subjuntivo o del indicativo.*

Programa para remediar las desigualdades económicas

Para eliminar las desigualdades que _____ (existir) en el mundo y garantizar la prosperidad de los países en desarrollo, es necesario que se _____ (poner) atención a los siguientes aspectos:

• Los pueblos _____ (tener) el derecho de adoptar el sistema económico y social que _____ (creer) más conveniente para su propio desarrollo.

• Es de desear que las organizaciones internacionales _____ (ayudar) y no _____ (discriminar) a los países económicamente débiles y que la cooperación entre países _____ (ser) mutua y no en forma preferencial.

• Un estudio nos _____ (mostrar) que en la mayoría de los países de América Latina aún más de la mitad de la población no _____ (contar) con energía eléctrica. Es preciso que se _____ (hacer) un esfuerzo para remediar esta lamentable situación.

• Los servicios de salud, alimentación, educación y vivienda _____ (ser) otros problemas que _____ (requerir) atención inmediata.

• A fin de que estas desigualdades _____ (poder) ser corregidas será necesario contar con la cooperación y la comprensión de los países ya desarrollados.

B. *Complete con la forma apropiada del indicativo, subjuntivo o infinitivo.*

La liberación femenina

Hay muchos movimientos femeninos que actualmente _____ (trabajar)
activamente para _____ (terminar) la discriminación contra la mujer. Algunos
de estos movimientos _____ (ser) muy radicales y _____ (considerar) al
hombre como un rival que no permitirá jamás que la mujer _____ (trabajar)
y _____ (competir) igualmente con él en su mundo. Estos grupos _____
(pensar) que el hombre seguirá exigiendo que la mujer _____ (quedarse) en
el hogar al cuidado de la casa y de los hijos. Personalmente yo no creo que a
ninguna mujer moderna le _____ (gustar) ser tratada como a un ser incapaz
de incorporarse al mundo masculino. Además, no es lógico que la mujer de
hoy _____ (ganar) menos dinero que el hombre por trabajos idénticos. Éstas
y otras injusticias sociales han obligado a la mujer a _____ (salir) en busca
de sus derechos.

Según estos movimientos, muy pronto los hombres _____ (tener) que
aceptar que la mujer _____ (participar) en todas las actividades sociales a fin
de que, de una vez por todas, _____ (acabar) el mito de la superioridad del
hombre. Mientras que esto no _____ (suceder) la mujer tendrá todo el
derecho de _____ (continuar) la lucha por la liberación femenina.

Ampliación de léxico

A. *Explique la diferencia entre estas palabras.*

1. un liberal y un conservador
2. inmigrar y emigrar
3. las mayorías y las minorías
4. el desempleo y la huelga
5. los ingresos y los impuestos

B. *Complete con una de las palabras de la lista.*

Alcaldía	comité	chófer	semáforo	conducía
accidente	ciudad	elecciones	transporte	
acera	ciudadanos	peatón	velocidad	

Reportaje de un choque

Ayer hubo un _____ de vehículos en el centro. Una camioneta que
transportaba leche chocó con un taxi. El repartidor de leche que _____ la
camioneta salió del accidente sano y salvo pero al _____ del taxi tuvieron
que llevarlo a un hospital de emergencia.

Un _____ que caminaba por la _____ recibió en la cabeza un golpe
de una de las cajas de leche que, en el momento del choque, saltó de la
camioneta.

Un testigo de la escena nos informó que el trágico suceso se debía a que el repartidor de leche iba a un exceso de _____ y no puso atención al cambio de luz roja del _____.

Es evidente que este accidente reanudará la polémica de las deficiencias del _____ urbano en la _____ Municipal. Éste es uno de los asuntos que tendrá mucho peso en las próximas _____ para alcalde y son los _____ los que deben decidir con su voto a la persona que en el futuro se encargará de los problemas de nuestra _____.

Mientras tanto se ha formado un _____ para investigar los problemas de tránsito.

Motivos de discusión

1. ¿Cuáles son los problemas que confronta la ciudad en la que Ud. vive? ¿la contaminación ambiental? ¿la discriminación? ¿la explosión demográfica? ¿la inflación? ¿el transporte urbano?

2. ¿Cuáles son las ventajas de vivir en una ciudad grande? ¿en una pequeña? ¿en el campo? ¿Dónde piensa Ud. vivir en el futuro?

3. ¿Cómo es el ambiente en la ciudad en la que Ud. vive? ¿Hay mucha contaminación ambiental? ¿Se han tomado algunas medidas contra la contaminación del aire? Se habla también de la contaminación de los mares, ríos y lagos. ¿Cree Ud. que hay una solución a todos estos problemas?

4. Se dice que la violencia y el crimen aumentan de año en año. ¿A qué atribuye Ud. esto? ¿Cree Ud. que la violencia en los programas de televisión contribuye a ese problema? ¿Debe prohibirse la posesión de armas de fuego? A su parecer, ¿cuál es el delito mayor y cómo debe ser castigado el delincuente? ¿Aprueba Ud. la pena de muerte?

5. ¿Hay problemas de vivienda en el lugar donde Ud. vive? ¿Son muy altos los alquileres? ¿Cuáles son las posibilidades de compra de una casa en la clase trabajadora? ¿y en la clase media? Describa Ud. su vivienda actual y compárela con su casa ideal.

6. Hoy se habla mucho de la discriminación de los negros, los hispánicos, las mujeres, los judíos, los viejos, los gordos, etc. ¿Cómo explica Ud. que en un país de tantos inmigrantes como es Estados Unidos exista la discriminación racial? ¿Encuentra Ud. que hay muchos prejuicios en nuestra sociedad?

7. ¿Se interesa Ud. en la política internacional? ¿nacional? ¿estatal? En su opinión, ¿las elecciones presidenciales deberían realizarse cada cuatro años como ahora, o cada seis años como algunos han propuesto? ¿Cuáles serían las ventajas y desventajas de cambiar el sistema? ¿Cree Ud. que el sistema democrático funciona bien? ¿y el sistema socialista? ¿Por qué cree Ud. que hay tantas dictaduras en los

países hispanoamericanos? ¿Sabe Ud. algo de la política de Chile? ¿Argentina? ¿Bolivia? ¿Cuba? ¿El Salvador? ¿Nicaragua? Explique a sus compañeros sus puntos de vista.

8. El complejo problema de la inflación preocupa a ciudadanos y a gobernantes. ¿Conoce Ud. algunas medidas que ha tomado su gobierno o el gobierno de algún otro país para luchar contra este mal? ¿En qué está basada la economía de nuestro país? ¿Qué piensa Ud. de las grandes corporaciones? ¿Cree Ud. que ayudan a mantener estable la economía?

9. ¿Cómo es el tráfico de vehículos en su ciudad? ¿Cuáles son los medios de transporte más usados? ¿Cree Ud. que las tarifas de transporte son razonables? ¿Sabe Ud. de algunas deficiencias en el sistema de transporte? ¿Existen muchos embotellamientos de tráfico?

Temas de composición

1. Ud. es un ciudadano disgustado. Está harto de la corrupción política, de la ineficacia de los gobiernos estatales y nacionales, del gasto inútil de los impuestos. ¡Exprese su enojo! Escriba una carta al editor de uno de los periódicos locales quejándose de estos problemas. Usando el subjuntivo donde sea necesario, comience Ud. dando su opinión sobre la mala situación, luego dé a conocer sus deseos, anhelos y esperanzas para el futuro y finalmente sugiera varios remedios. Empiece así: Señor Editor: Es

A la hora de comer, los madrileños pasan por la Puerta del Sol rumbo a sus hogares.

una lástima que nuestros gobernantes no se den cuenta de los problemas de los ciudadanos . . . Es necesario que . . . etc.

2. Pesimistas como somos, siempre que hablamos de la vida contemporánea tenemos la tendencia a destacar los problemas actuales y no las muchas ventajas del mundo de hoy. ¿Cuáles son estas ventajas? ¿De qué manera está mejorando la vida de este país y la de otros? Escriba Ud. una composición sobre uno o más de los siguientes temas:
   a. los avances tecnológicos
   b. los avances científicos y medicinales
   c. la eliminación del analfabetismo
   d. los esfuerzos para eliminar el hambre
   e. los éxitos logrados hasta ahora para conseguir los derechos civiles para todos
   f. cualquier otra ventaja que se le ocurra

Debate

La pena de muerte

Pro pena de muerte

1. Un padre cuyo niño fue vilmente asesinado mientras dormía.
2. Un policía orgulloso de haber recibido una condecoración por los muchos crímenes que ha descubierto.
3. Un senador conservador que no cree que un criminal pueda reformarse. Afirma que un crimen lleva a otro crimen.

Argumentos:
- En la Biblia dice que hay que sacar «ojo por ojo».
- La naturaleza humana se inclina menos al crimen si se le pone como precio la vida.
- El mantenimiento de nuestras cárceles cuesta mucho a la sociedad. Con el aumento de criminales suben los impuestos para mantener las cárceles.

Contra pena de muerte

1. Un criminal que se siente muy arrepentido de los crímenes cometidos.
2. Un representante de los derechos civiles que ha visitado muchas cárceles y ha tenido oportunidad de hablar con los reos.
3. Un religioso que habla en nombre de la justicia divina y no de la justicia humana.

- La pena de muerte se aplica sólo a los pobres, jamás a los ricos.
- El sistema jurídico puede cometer errores. Se han visto casos en que personas inocentes pagaron por pecadores.
- Es un deber de la sociedad tratar de reformar a los criminales.

Mini-teatro

Escena: En un tribunal
Personajes:
1. Un juez severo que desea hacer justicia.
2. Un hombre acusado de haber robado en un almacén de comestibles cincuenta dólares en alimentos.

3. Un abogado que defiende al acusado. Su planteamiento: La inflación día a día iba en aumento y el pobre hombre, padre de cinco niños de 7, 5, 4, 2 años y 8 meses de edad, no ganaba lo suficiente y no podía dar de comer a su familia. Finalmente no le quedó más remedio que robar. El verdadero culpable no es su cliente sino el gobierno que no controla la inflación.

4. El fiscal acusa al padre de familia de ser irresponsable, perezoso, ladrón, etc.

Lección 7

Entre lo real y lo maravilloso

EL CONDICIONAL Y EL PASADO DEL SUBJUNTIVO

El condicional y el condicional perfecto
El imperfecto del subjuntivo
El presente perfecto del subjuntivo
El pluscuamperfecto del subjuntivo
Los verbos en interacción

Enfoque: Gramática en contexto

Lea el siguiente relato y en el cuadro que sigue analice los usos del condicional y del pasado del subjuntivo.

LA CIUDAD MARAVILLOSA

Estábamos en medio de la selva. El doctor Salazar, jefe de la expedición arqueológica, deseaba que **llegáramos** pronto al sitio designado para excavar. Como habíamos planeado, **podríamos** empezar nuestro proyecto al día siguiente. ¿Cómo imaginarnos lo que **pasaría** de un momento al otro?

5 Uno de los nativos se sintió mal y cayó por tierra. Todos lo miramos con aprensión, con un cierto presentimiento de algo terrible. Nos dirigimos a nuestro guía, esperando que él **pudiera** explicarnos esa conducta tan rara, pero él también miraba al nativo como si **estuviera** endemoniado. En vez de contestarnos nos volvió la espalda y empezó a hablar con los nativos en su
10 idioma. Les **diría** algo espantoso porque todos dejaron lo que cargaban, se arrodillaron, besaron la tierra y sin decir una sola palabra, se fueron corriendo.

Nos quedamos solos el doctor Salazar y yo. **Habríamos podido** desistir del viaje pero no sabíamos por dónde salir. **Estaríamos** perdidos por uno, dos, tres días . . . No lo sé. Sólo recuerdo lo que vimos cuando por fin encontramos
15 un estrecho camino entre la espesa vegetación.

Sería el amanecer; las hojas aún estaban húmedas por el rocío.° Yo tenía mucho sueño y cansancio y por eso pensé que la visión de aquella imponente° ciudad en ruinas **sería** únicamente una ilusión que **desaparecería** tan pronto como **despertara** a la realidad. Yo le dije al doctor Salazar: «Si no
20 **supiera** que estamos perdidos en esta selva maldita, **pensaría** que hemos llegado al paraíso.» El doctor me lanzó una mirada penetrante y su voz temblaba cuando me contestó: «Ésta parece ser la ciudad maravillosa a la que tanto temían los nativos. Se decía que todos los que se atrevían a entrar en ella no **saldrían** sin sufrir una transformación irrevocable. ¿Te sientes listo para
25 emprender la experiencia más grande de tu vida?» Es posible que en ese momento **temiera** más al doctor que a los poderes maléficos de la ciudad en ruinas.

* * *

La voz ronca del Dr. Salazar, profesor de arqueología, me sacó del ensueño: «Señor Martínez, ¿**podría** Ud. decirnos cómo se llamaban los
30 antiguos nativos de las selvas del Amazonas?» Reconociendo las paredes familiares de la sala de clase pude contestarle, pero durante el resto del día una pregunta me atormentaba: ¿Qué me **habría pasado** si **hubiera entrado** en la ciudad maravillosa?

rocío *dew*

imponente *imposing*

Examine los usos del condicional y del pasado del subjuntivo en la lectura *La ciudad maravillosa.*

¿Cómo funcionan el condicional y el condicional perfecto en estas frases?	Expresan:
Como habíamos planeado, **podríamos** empezar nuestro proyecto al día siguiente. (ll. 3-4) ... pensé que la visión de aquella imponente ciudad en ruinas **sería** ... una ilusión que **desaparecería** tan pronto como despertara a la realidad. (ll. 17-19) Se decía que todos los que se atrevían a entrar en ella no **saldrían** ... (ll. 23-24)	El futuro de acciones en el pasado.
Si no supiera que estamos perdidos ... **pensaría** que hemos llegado al paraíso. (ll. 19-21) ¿Qué me **habría pasado** si hubiera entrado en la ciudad maravillosa? (ll. 32-33)	Acciones hipotéticas que se proyectan desde el presente o el pasado.
Habríamos podido desistir del viaje pero no sabíamos por dónde salir. (ll. 12-13)	Una acción futura en el tiempo pasado, anterior a otra acción (o momento) en el pasado.
Les **diría** algo espantoso ... (l. 10) **Estaríamos** perdidos por uno, dos, tres días ... (ll. 13-14) **Sería** el amanecer ... (l. 16)	Conjeturas o posibilidades en el pasado.
¿**Podría** Ud. decirnos ... ? (l. 29)	Cortesía en preguntas.

¿Cómo funciona el pasado del subjuntivo en estas frases?	Expresa:
El doctor Salazar ... deseaba que **llegáramos** pronto al sitio ... (ll. 1-2)	Voluntad o emoción en el pasado.
Si no **supiera** que estamos perdidos ... pensaría que hemos llegado al paraíso. (ll. 19-21)	Una condición irreal o contraria a la realidad del momento.
Es posible que ... **temiera** más al doctor que a los poderes maléficos de la ciudad en ruinas. (ll. 25-27)	Una acción pensada como pasada y relacionada con el presente.
... él también miraba al nativo como si **estuviera** endemoniado. (l. 8)	Una comparación hipotética después de **como si.**

Perspectivas

Léxico ENTRE LO REAL Y LO MARAVILLOSO

Las creencias (Beliefs)	
el creyente, la creyente believer	**el sacrificio** sacrifice
el dios, la diosa god, goddess	**la transmigración de almas** transmigration of souls
el espíritu spirit	
el paraíso paradise	**arrodillarse** to kneel
el pecado sin	**rezar** to pray
la reencarnación reincarnation	
la revelación mística mystic revelation	**fiel, infiel** loyal, disloyal
el sacerdote, el cura[1] priest	**sagrado** sacred
la sacerdotisa priestess	

La magia y la brujería (Magic and witchcraft)	
el adivino, la adivina fortune teller	**cumplirse una profecía** to fulfill a prophecy
el brujo, la bruja witch	**leer los naipes** to read one's fortune in cards
el curandero, la curandera witch doctor	**leer la suerte, decir la fortuna** to tell a fortune
el hechizo spell, charm	**predecir** to predict
el mago, la maga magician	
el poder maléfico evil power	**encantado** enchanted
el público audience	**endemoniado** demoniac, possessed by the devil
el truco trick	**espantoso** frightening
	misterioso mysterious

---

[1] ATENCIÓN: *la cura* = *cure.*

EL CONDICIONAL Y EL CONDICIONAL PERFECTO EN ACCIÓN

Más allá de lo racional

¿Qué **haría** Ud. si un buen día uno de sus sueños se hiciera realidad? Imagínese que tuviera una revelación, donde una voz misteriosa le dijera un dijera un secreto que resultara ser verdad. O que una noche alguien—Ud. no **sabría** quién es—le hablara del futuro, y que las cosas más tarde fueran exactamente como predicho. O que ocurriera un evento singular, y Ud. sintiera con seguridad que es una repetición de un hecho idéntico, vivido anteriormente. Los psicoanalistas se han ocupado a fondo de este fenómeno, al que llaman *déjà vu*. Hoy en día, los parapsicólogos opinan que **podríamos** aprender mucho más del estudio de las regiones más oscuras de la mente.

Habría que aceptar, entonces, la siguiente proposición. Hasta que los científicos no hayan investigado rigurosamente estos campos, no **deberíamos** asumir posiciones dogmáticas. Es cierto que si todos los fenómenos psíquicos tuvieran una base racional, no se **podría** creer en la telepatía, ni en la transmigración de las almas, ni en la reencarnación. Tampoco **habría habido** tantos casos inexplicables de brujerías y hechizos en la historia de la humanidad. Pero aun cuando se demostrara la invalidez de tales experiencias de lo sobrenatural, los seres humanos **necesitarían** inventar otros mitos, otras fantasías para entender mejor la realidad metafísica, la sustancia de su espíritu.

Preguntas

1. Cuéntenos qué haría Ud. si (hoy mismo) uno de sus sueños se hiciera realidad.

2. ¿Podría Ud. describir el fenómeno *déjà vu?*

3. ¿Qué pasaría si descubriéramos que los eventos psíquicos tienen una base racional? ¿Cómo cambiaría nuestro concepto de la actividad mental?

1. Las formas del condicional

Se forma el condicional de los verbos regulares con el infinitivo y las siguientes terminaciones:

Infinitivo	+	Terminación	=	Condicional
nadar		-ía -ías -ía -íamos -íais -ían		nadaría nadarías nadaría nadaríamos nadaríais nadarían

Los verbos regulares en **-er** e **-ir** forman el condicional de la misma manera:

mover: movería, moverías, movería, moveríamos, moveríais, moverían
medir: mediría, medirías, mediría, mediríamos, mediríais, medirían

Los verbos que son irregulares en la formación del futuro son también irregulares en el condicional. Las terminaciones, sin embargo, son las mismas que en los verbos regulares.

Infinitivo	Raíz condicional	Condicional
caber	cabr-	cabría
decir	dir-	diría
haber	habr-	habría
hacer	har-	haría
poder	podr-	podría
poner	pondr-	pondría
querer	querr-	querría
saber	sabr-	sabría
salir	saldr-	saldría
tener	tendr-	tendría
valer	valdr-	valdría
venir	vendr-	vendría

Los indios bolivianos celebran una fiesta religiosa en la que el cristianismo y el paganismo se mezclan para honrar a la Virgen María.

2. Las formas del condicional perfecto

Formamos el condicional perfecto con el condicional del verbo **haber** y el participio pasado.

Formación del condicional perfecto			
	asustar	**temer**	**recibir**
habría habrías habría habríamos habríais habrían	asustado	temido	recibido

Práctica

A. *Complete con el condicional del verbo indicado.*

1. Yo pensé que _____ una coincidencia.   *(ser)*

2. Nos prometió que no se lo _____ a nadie.   *(decir)*

3. Yo jamás _____ esas tonterías.   *(hacer)*

4. Creí que los niños _____ corriendo.   *(salir)*

5. La adivina predijo que _____ muchas catástrofes.   *(haber)*

6. El cura ya _____ que estar aquí.   *(tener)*

7. ¿ _____ todos en el coche?   *(caber)*

8. Me comunicaron que el mago _____ presente.   *(estar)*

9. Con tantos hechos extraños se _____ pensar que en esa casa hay
fantasmas.   *(poder)*
10. Tuve la intuición que ellos _____ a verme.   *(venir)*

B. *Forme oraciones completas usando el condicional perfecto.*

1. yo / no / haberle / decir / nunca / verdad
2. con / poco / más tiempo / nosotros / haber / terminar / historia /
fantasmas
3. un paso más / derecha / y / piratas / haber / descubrir / tesoro
4. Uds. / nunca / haber / salir / noche / tan / oscuro / frío

3. Los usos del condicional

El condicional corresponde básicamente a *would* y a *should* del inglés.

Usamos el condicional para expresar:	*Ejemplos:*
1. Una acción que se anticipa desde el punto de vista de un momento pasado. Se podría decir que el condicional representa un futuro en relación con un tiempo pasado.	Me dijo que **vendría** para la fiesta de Todos Santos. Sabíamos que lo **haría** tarde o temprano.
2. Una acción que depende de una condición incierta, o que no se conoce.	Un paso descuidado y **perderíamos** la vida. Te **contaría** un cuento de hadas, pero no tengo tiempo. En ese caso **gritarían** pidiendo ayuda.
3. Acciones posibles que dependen de alguna condición que se expresa con **si +** el imperfecto del subjuntivo. (Muchas veces la cláusula de **si +** subjuntivo está implícita.)	Si no tuviera miedo **entraría** en el castillo. **Rezaría** si fuera creyente. ¿Cómo **reaccionaría** Ud. en ese caso? (si tuviera que hacer algo) Yo no **trabajaría** por la noche. (aun si me dieran el puesto)
4. Probabilidad en el pasado. Así como el futuro puede expresar probabilidad en el presente,[2] el condicional puede expresar la probabilidad de una acción en el pasado.	¿Qué hora **sería** cuando oímos aquel ruido tremendo?—**Serían** las nueve y media. (Probablemente eran las 9:30.) ¿Por qué no **dormirían** los niños?—**Estarían** pensando en los fantasmas. (Probablemente estaban pensando . . .)
5. Cortesía al pedir o preguntar algo.	¿**Podría** decirme qué hora es? ¿**Tendría** Ud. tiempo para discutir el asunto? Me **gustaría** que me lo tuvieras listo para mañana.

---

[2] Revisar el uso del futuro para expresar probabilidad en el presente: Lección 3, p. 81.

ATENCIÓN:

1. Cuando *would* quiere decir *used to*, se traduce con el imperfecto:

    En aquel entonces, **dábamos un paseo** después de la cena.

2. Cuando *would* expresa voluntad, se traduce con **querer**:

    Le pregunté varias veces pero no **quería** decírmelo.

Práctica

A. *Cambie las oraciones al pasado.*

> *Ejemplo:* **Me dice que las fiestas se celebrarán el día martes.**
> *Me dijo que las fiestas se celebrarían el día martes.*

1. Sé que el misterio se resolverá pronto. *(Sabía . . .)*
2. Creo que se acordará de mí.
3. Ella dice que estará muy ocupada esta semana.
4. Estamos seguros que encontraremos el camino.
5. ¿Sabes que ganaré mucho dinero?
6. Te aseguro que se lo diré.
7. Piensan que no diré la verdad.
8. Estoy convencida que sabrá hacerlo.
9. Te cuento que haré un viaje por barco.
10. Tengo el presentimiento que me llamará por teléfono.

B. *Conteste las preguntas expresando conjetura en el pasado según el ejemplo.*

> *Ejemplo:* **¿Por qué no vendría a verme?** (tener / mucho trabajo)
> *Tendría mucho trabajo.*

1. ¿Por qué se acostó tan temprano? *(estar / muy cansado)*
2. ¿Cuántos años tenías cuando dejaste de creer en Papá Noel? *(tener / cinco años)*
3. ¿De dónde venía tan contento? *(venir / circo)*
4. ¿Dónde vio tu hermana a ese fantasma tan extraño? *(ser / esa casona)*
5. ¿Se asustó alguno de ellos? *(asustarse / Miguelín)*
6. ¿Por qué no fue a verte? *(hacer / mucho frío)*
7. ¿Quién crees que llamó anoche? *(llamar / un amigo)*
8. ¿Qué le dijo a su madre? *(decir / la verdad)*
9. ¿A qué hora sentiste abrir la puerta? *(ser / las tres / madrugada)*
10. ¿Cómo pagó si no tenía dinero en efectivo? *(pagar / un cheque)*

C. *Usando el condicional, explique cómo reaccionaría en las siguientes situaciones.*

1. Ud. entra en el sótano de su casa y ve un fantasma.
2. Una adivina lee en los naipes que dentro de tres meses Ud. estará completamente calvo.

3. Ud. está en la calle, es de noche, y tiene la sensación de que alguien lo (la) sigue.
4. Un policía le comunica que queda detenido (-a) por el robo de un coche.
5. Le anuncian que su esposa acaba de dar a luz trillizos.
6. Un científico ha descubierto la píldora de la inmortalidad y desea experimentar con Ud.
7. Escucha en la radio que los tigres del circo se han escapado.
8. Su mejor amigo (-a) acaba de fugarse con su esposa (-o).
9. Ud. acaba de heredar la fortuna de un tío lejano.
10. Oye en la radio que los marcianos han invadido la tierra.

D. *Usando el condicional, cambie a una forma más cortés.*

1. ¿Puede Ud. decirme qué hora es?
2. ¿Tiene Ud. cambio de diez dólares?
3. ¿Está Ud. dispuesto a venir esta tarde?
4. ¿Quiere Ud. trabajar conmigo durante el carnaval?
5. Ud. no debe buscarle tres pies al gato.

4. Los usos del condicional perfecto

Usamos el condicional perfecto para expresar:	Ejemplos:
1. Una acción futura en relación a un momento pasado que es anterior a otra acción también en el pasado.	Pensé que para ayer **habrías recibido** el folleto de viaje. Nos dijo que **habría terminado** de leerlo para hoy. Pensé que **se habría casado**.
2. Acciones posibles en el pasado que dependen de alguna condición que se expresa con **si +** pluscuamperfecto del subjuntivo.[3]	**Habríamos entrado** en el castillo si hubiéramos sabido que estaba tan cerca. Lo **habrían adivinado** si no se lo hubiéramos contado.
3. La probabilidad de una acción en el pasado, anterior a otra acción también en el pasado.	Ya se lo **habrían imaginado** cuando lo confirmamos. (Probablemente se lo habían imaginado . . .) Los niños **habrían pedido** socorro para ese momento. (Probablemente habían pedido socorro . . .)

[3] Es posible el uso del pluscuamperfecto del subjuntivo en lugar del condicional perfecto:
Hubiéramos entrado en el castillo si hubiéramos sabido que estaba tan cerca. (Véase la página 209 de esta lección.)

Práctica

A. *Complete con el condicional perfecto de los verbos indicados.*

> *Ejemplo:* La Bella Durmiente no _____ (despertarse) a no ser por el beso del
> príncipe.
> *La Bella Durmiente no se habría despertado a no ser por el beso del príncipe.*

1. La Cenicienta no _____ (poder) ir al baile sin la ayuda del hada
madrina.
2. Caperucita Roja _____ (llegar) a la casa de su abuela si no hubiera
hablado con el lobo.
3. Si Blanca Nieves no hubiera comido la manzana, _____ (vivir) feliz
en el bosque con los siete enanos.
4. Si Pinocho hubiera seguido mintiendo, no _____ (tomar) forma
humana.

B. *Antes de presentarla a los reyes, el príncipe habla con Ud. de su prometida. Ofrezca las posibles razones para explicar la conducta de Cenicienta usando el condicional perfecto:*

> *Ejemplo:* **Probablemente** la madrastra le *había obligado* a barrer cenizas y por eso
> todos la llamaban Cenicienta.
> *La madrastra le habría obligado a barrer cenizas y por eso todos la llamaban
> Cenicienta.*

1. *Probablemente había sufrido* los insultos de su madrastra y no tuvo
más remedio que aceptar su condición de criada.
2. El hada madrina *probablemente le había ofrecido* el coche y los seis
cocheros y ella se decidió a ir al baile.
3. *Probablemente había temido* a su madrastra, y por eso no reveló su
identidad.
4. Cenicienta *probablemente* ya *había salido* del baile porque el príncipe
no la veía.
5. *Probablemente habían comenzado* las doce campanadas de
medianoche y por eso no recogió su zapatilla de cristal.

EL IMPERFECTO DEL SUBJUNTIVO EN ACCIÓN

Las creencias africanas sobreviven en las Américas

Los brujos afrocubanos hablan de las piedras, los ríos, y los árboles como
si **tuvieran** vida propia. Si se les **preguntara** qué es la montaña, dirían que es
un lugar sagrado poblado de espíritus. Si **observáramos** de cerca sus
ceremonias, veríamos que los sacrificios de gallinas° y carneros° tienen un
significado religioso fundamental. Las piedras contienen un invisible fluido
mágico, y la sangre de esos animales lo incrementan. Es como si los fieles
alimentaran a los dioses, para que éstos los **protegieran** del mal y de la
enfermedad.

gallinas *hens*
carneros *rams*

Es natural que estas y otras creencias africanas **sobrevivieran** en las Antillas y en el Brasil. La razón principal es el azúcar, cuya producción combinó dos cosas elementales: la esclavitud negra y el sistema de plantaciones. Si no hubiera habido plantación, probablemente no habría religión afrocubana, ni música, ni folklore, tal y como los conocemos hoy. La Iglesia no fue en los trópicos lo que había sido en las comunidades indígenas de México o el Perú, es decir, una institución todopoderosa. Esto permitió que los africanos **siguieran** practicando sus ritos, junto con sus bailes y canciones.

Claro, era necesario que **se adaptaran** a un nuevo y extraño ambiente. Como los esclavos no querían que sus amos° **supieran** de sus ídolos paganos, los identificaron con los santos católicos. Entonces hicieron que Changó, el gran dios guerrero, **se convirtiera** en Santa Bárbara, patrona blanca del trueno. No es extraño que bajo San Cristóbal **se escondiera** también otra divinidad africana, ni que para los brujos San Pedro **fuera** en realidad Ogún, o que la diosa de los ríos, Ochún, **se llamara** para los cristianos la Virgen de la Caridad del Cobre.

amos *masters*

𝔓*reguntas*

1. ¿Cómo hablan los brujos afrocubanos de la naturaleza? ¿Por qué?
2. ¿Sería diferente hoy si no hubiera habido plantaciones de azúcar? Explique.
3. ¿Cómo escondieron los esclavos la religión pagana de sus amos? ¿Por qué?

5. Las formas del imperfecto del subjuntivo

Para formar el imperfecto del subjuntivo recurrimos a la tercera persona del plural del pretérito del indicativo y cambiamos la terminación **-ron** por **-ra** o **-se**.[4]

Raíz	+	Terminación		=	Imperfecto del subjuntivo	
dije		-ra	-se		dijera	dijese
		-ras	-ses		dijeras	dijeses
		-ra	-se		dijera	dijese
		-´ramos[5]	-´semos[5]		dijéramos	dijésemos
		-rais	-seis		dijerais	dijeseis
		-ran	-sen		dijeran	dijesen

---

[4] Aunque la primera forma (**-ra, -ras, -ra,** etc.) es más común, las dos se usan frecuentemente.

[5] Recuerde el acento ortográfico en la primera persona del plural: **dijéramos, dijésemos.**

Otros verbos comunes que siguen la regla anterior son:

andar	**anduviera**	poner	**pusiera**
caber	**cupiera**	querer	**quisiera**
construir	**construyera**	saber	**supiera**
dormir	**durmiera**	sentir	**sintiera**
estar	**estuviera**	ser	**fuera**
leer	**leyera**	traer	**trajera**
poder	**pudiera**	venir	**viniera**

Práctica

Comience las oraciones con la cláusula entre paréntesis, y haga las modificaciones necesarias según el ejemplo.

> *Ejemplo:* **La muchacha *dijo* la verdad.** *(El público esperaba que . . .)*
> *El público esperaba que la muchacha dijera la verdad.*

1. Una adivina le *leyó* la suerte. *(El marinero quería que . . .)*
2. *Se cumplió* la profecía. *(Los infieles temían que . . .)*
3. No *tuviste* miedo del hechizo. *(Me alegraba que . . .)*
4. Todos *pudimos* participar en el truco. *(Ellos insistían en que . . .)*
5. Aquel brujo *predijo* nuestro destino. *(Tenía miedo que . . .)*
6. El creyente *se arrodilló*. *(El cura mandó que . . .)*
7. *Fuimos* a la Feria de San Juan. *(Los niños esperaban que . . .)*
8. El castillo no *estuvo* endemoniado. *(Me sorprendió que . . .)*
9. La ceremonia *fue* en la iglesia. *(Era mejor que . . .)*
10. Nosotros no *nos dormimos* en el teatro. *(Nuestros padres esperaban que . . .)*

6. Los usos del imperfecto del subjuntivo

En la Lección 6 hemos visto los usos del presente del subjuntivo en las cláusulas subordinadas. Ahora veremos los usos del pasado del subjuntivo en las cláusulas subordinadas.

Se usa el imperfecto del subjuntivo:	*Ejemplos:*
1. En cláusulas subordinadas cuando la cláusula principal está en un tiempo pasado y exige el subjuntivo (ver la Lección 6).	Temía que **se asustaran**. Era conveniente que se lo **dijéramos** de inmediato. Buscaba un hombre que **conociera** el secreto. Te di este amuleto para que te **trajera** buena suerte.

Se usa el imperfecto del subjuntivo:	Ejemplos:
2. Cuando el verbo de la cláusula principal (que exige el subjuntivo) está en el presente pero la cláusula subordinada se refiere a una acción en el pasado.	Me alegro que todo **saliera** como deseabas. Espero que el día no le **resultara** como lo predijo el horóscopo.
3. Cuando la cláusula subordinada está relacionada con la oración principal mediante la conjunción **si** y se desea expresar una condición irreal o contraria a la realidad presente.[6]	Si **tuviera** miedo te lo diría. (pero no lo tengo) Estaría muy contenta si **fuera** verdad lo que me dijiste. (pero no creo que sea verdad)
4. Después de la expresión **como si** (as if . . .)	Me miraba como si **fuera** un fantasma. Gritas como si **estuvieras** loca.

Práctica

A. Conteste las preguntas con las ideas entre paréntesis usando el indicativo o el subjuntivo.

> **Ejemplo:** ¿Qué le dijiste? (pasar por mi casa)
> *Le dije que pasara por mi casa.*

1. ¿Qué esperabas tan preocupada? *(dejar de llover)*
2. ¿Qué le aconsejó Ud.? *(tener cuidado)*
3. ¿De qué se alegraron? *(nosotros teníamos dinero)*
4. ¿De qué tuviste miedo? *(entrar un ladrón)*
5. ¿Qué te exigió? *(traducir esta historia fantástica)*
6. ¿De qué se sorprendió Caperucita Roja? *(el lobo tiene una boca tan grande)*
7. ¿De qué estabas seguro? *(ellos vendrán a la fiesta)*
8. ¿Qué no dudaste nunca? *(Rafael será un gran hombre)*
9. ¿Qué era lo que ignorabas? *(tu tío es mago)*
10. ¿Qué les convenía a Uds.? *(los perros se quedaron en casa)*

B. Forme frases completas.

1. curandero / tratarlo / como si / estar / endemoniado
2. yo / no / tener / dinero / pero / si (yo) / tenerlo, / ir / circo
3. ayer / Carlitos / decirme / que / acompañarme / siempre que / (él) / tener / tiempo
4. anoche / tener que / acostarnos / antes de que / regresar / padres

---

[6] El presente del subjuntivo no se usa nunca en cláusulas con la conjunción **si**. Si la condición es real y probable se usa el presente del indicativo.
EJEMPLO: Si vienes temprano, saldremos juntos. (Véase la página 212 de esta lección.)

5. semana / pasado / ser / necesario / (nosotros) / rezar / salud / tía
6. (tú) / sonreírme / como si / saber / secreto
7. año pasado / (nosotros) / buscar / cura / que / aconsejarnos / cómo / resolver / problema
8. tú / comportarse / como si / tener / miedo / entrar / casa

EL PRESENTE PERFECTO DEL SUBJUNTIVO EN ACCIÓN

Un mundo de ilusión y fantasía

Me alegro que **te hayas divertido** mucho en Disneylandia y que **hayas tenido** la oportunidad de visitar la mayoría de las atracciones de la risa y del terror. Sin embargo, es una pena que no **hayas estado** en la misteriosa cueva de los Piratas del Caribe. Habrías pasado momentos de angustia pero habrías gozado muchísimo. Es maravilloso que Walt Disney **haya creado** un mundo de tanta ilusión y fantasía para grandes y chicos. Para el próximo verano se ha anunciado una nueva atracción: la Gran Montaña del Trueno. Me gustaría visitarla en agosto cuando ya la **hayan puesto** a disposición de los turistas. ¿Te gustaría volver conmigo?

Preguntas

1. ¿Quién sería la persona que escribió esta carta? ¿A quién escribiría?
2. ¿De qué se alegra la persona que escribe? ¿Qué le da pena?
3. Escriba Ud. una respuesta a esta carta usando el presente perfecto del subjuntivo.

7. Las formas del presente perfecto del subjuntivo

Formamos el presente perfecto del subjuntivo con el presente del subjuntivo del verbo **haber** y el participio pasado.

Formación del presente perfecto del subjuntivo			
	caminar	**haber**	**ir**
haya hayas haya hayamos hayáis hayan	caminado	habido	ido

8. Los usos del presente perfecto del subjuntivo

Se usa el presente perfecto del subjuntivo en cláusulas subordinadas para expresar una acción que ya ha terminado en el momento de hablar. El verbo de la cláusula principal puede estar en el presente o el futuro y exige el uso del subjuntivo:

Lamento que no **hayas podido** visitar el museo de cera.
¿Es posible que Ud. **haya hecho** esa tontería?
Negarán que **haya participado** en el robo.

Práctica

A. *Su amigo entra sin hablar con una cara que muestra una mezcla de sorpresa y de terror. ¿Qué le habrá pasado? Ud. ofrece varias posibilidades. Complete con el presente perfecto del subjuntivo del verbo indicado.*

1. Es posible que (visitar) Escocia y que (encontrarse) con el monstruo de Loch Ness.
2. Ojalá que no (ir) a los Himalayas y que no (tropezarse) con el abominable hombre de las nieves.
3. Es imposible que sus hijos (perderse) en el Triángulo de Bermuda porque los vi esta misma mañana.
4. Me parece dudoso que él y su esposa (viajar) al noroeste de los Estados Unidos para ver al señor «Big Foot».
5. Es probable que yo (pensar) una serie de cosas ridículas. Pero, ¿qué le habrá pasado?

B. *¿Subjuntivo o indicativo? Forme oraciones completas.*

1. ser / lástima / que / niño / haber / sufrir / alucinaciones / después / enfermedad
2. este / adivino / haber / decir / que / poder / curar / enfermos / con / poderes / mente
3. estar / bien / que / tú / haber / contar / sueños / psicólogo
4. este / psíquica / haber / predecir / donde / poderse / encontrar / agua
5. ser / increíble / que / mi / primo / haber / dejar de / fumar / después / ver / hipnotizador
6. yo / no / creer / que / dos / hermanos / haber / comunicarse / sólo / por telepatía

EL PLUSCUAMPERFECTO DEL SUBJUNTIVO EN ACCIÓN

¿Era posible que se hubiera cumplido la profecía?

En la caída del imperio azteca la tragedia más grande fue que sus valientes guerreros no **hubieran tenido** la oportunidad de luchar contra los invasores. Cuando Hernán Cortés desembarcó en México, las tribus aztecas habían estado esperando por años que se cumpliera la profecía de la llegada de un Dios blanco de barba larga que vendría cruzando el mar. ¿Qué habría hecho Ud. si **hubiera sido** Moctezuma, el emperador azteca? ¿Habría salido a recibir al recién llegado como a un dios o habría enviado a sus guerreros para que combatieran? ¿Cree Ud. que el destino de México habría sido diferente si no **hubiera existido** la profecía del hombre blanco?

𝒫𝓇𝑒𝑔𝓊𝓃𝓉𝒶𝓈

1. ¿Cuál fue la tragedia más grande del imperio azteca?
2. ¿Cuál era la profecía? ¿Cree Ud. que se cumplió?
3. ¿Cómo sería México hoy día si no hubiera existido esta profecía?

9. Las formas del pluscuamperfecto del subjuntivo

Formamos el pluscuamperfecto del subjuntivo con el imperfecto del subjuntivo de **haber** y el participio pasado.

Formación del pluscuamperfecto del subjuntivo			
hubiera hubieras hubiera hubiéramos hubierais hubieran	**estar** estado	**hacer** hecho	**sugerir** sugerido

10. Los usos del pluscuamperfecto del subjuntivo

Se usa el pluscuamperfecto del subjuntivo en cláusulas subordinadas:

1. Para describir una acción pasada anterior a otra acción también pasada. El verbo de la cláusula principal está en el pasado del indicativo y exige el uso del subjuntivo.

No podíamos creer que todo **hubiera sido** en vano.
No creí nunca que tú lo **hubieras hecho.**

2. Para expresar una acción hipotética en el pasado. El verbo de la cláusula principal está en el condicional o condicional perfecto y exige el uso del subjuntivo en la cláusula subordinada.

Sería muy triste que [si] **hubiera estado** enfermo.
Me daría vergüenza que [si] Ud. **hubiera creído** en los fantasmas.
Si **hubiera consultado** con el brujo, no habría emprendido el viaje.[7]

---

[7]Véase la página 212 de esta lección.

Práctica

A. Complete las oraciones con el pluscuamperfecto del subjuntivo del verbo indicado.

Ejemplo: Lamentaban que el brujo les _____ con malos ojos. (mirar)
Lamentaban que el brujo les hubiera mirado con malos ojos.

1. Me alegré que ellos _____ temprano. *(salir)*
2. Me dijo que esperaría hasta que _____ de llover. *(dejar)*
3. Esperaba que el misterio _____. *(resolverse)*
4. Negaron que la adivina _____ esa tragedia. *(predecir)*
5. Dudábamos que Juan _____ un buen hombre. *(ser)*
6. Era lógico que al oír esos ruidos extraños Pepito _____. *(despertarse)*
7. Parecía mentira que ellos _____ tantas aventuras irreales. *(contar)*
8. Era probable que la niña _____ de susto. *(morirse)*
9. Me gustaría que Uds. _____ la verdad. *(decir)*
10. Sentiría que él _____ aquella fantasía. *(creer)*

B. Modifique las oraciones comenzando con las palabras indicadas.

Ejemplo: No había resuelto el problema. (Me daba pena que . . .)
Me daba pena que no hubiera resuelto el problema.

1. El adivino no había podido comunicarse con los espíritus. *(Sería una lástima que . . .)*
2. La adivina le había aconsejado no hacer el viaje. *(No podía creer que . . .)*
3. Los magos lo habían convertido en conejo. *(Era difícil que . . .)*
4. Nosotros habíamos visto un fantasma. *(Dudaron que . . .)*
5. Habían revelado la profecía. *(Me alegraría que . . .)*
6. Habías guardado el secreto. *(Nos sorprendería que . . .)*
7. Los niños habían rezado por su papá. *(Quisiera que . . .)*

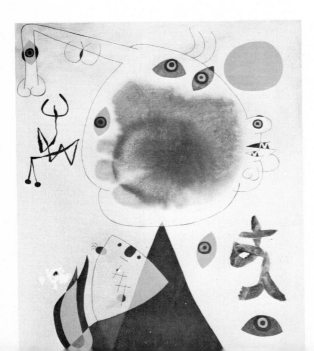

«Woman and Little Girl in Front of Sun», obra del pintor español, Joan Miró.

LOS VERBOS EN INTERACCIÓN

11. Resumen: Relación de los tiempos del indicativo con el subjuntivo

	Cláusula principal	Cláusula subordinada		
	Indicativo	Subjuntivo		
Presente Presente perfecto Futuro Imperativo	Le ruega Le ha rogado Le rogará Ruéguele	que	venga.	Presente
Presente	Espero	que	haya venido.	Presente perfecto
Pretérito Imperfecto Pluscuamperfecto Condicional	Le rogué Le rogaba Le había rogado Le rogaría	que	viniera.	Imperfecto
Pretérito Imperfecto	Esperé Esperaba	que	hubiera venido.	Pluscuamperfecto

Práctica

A. Complete la cláusula de la columna A con una de las cláusulas de la columna B.

A

_____ 1. Los niños esperaban
_____ 2. Iré contigo
_____ 3. No hay nadie
_____ 4. Tenía que liberar a
la princesa
_____ 5. Buscábamos un clérigo
_____ 6. Hablaba

B

a. con tal que me asegures que el viaje no presenta ningún peligro.
b. que pueda adivinar su propio futuro.
c. como si sospechara algo misterioso e inexplicable.
d. que la bruja mala fracasara al final.
e. que nos casara ese mismo día.
f. antes de que se despertara el monstruo.

B. Complete las oraciones con la forma apropiada del verbo indicado.

1. Los críticos quieren que Ud. _____ (repetir) los experimentos sobre la percepción extrasensorial.
2. Sería interesante que Uds. nos _____ (explicar) sus sueños.
3. Yo le pediré que no te _____ (asustar) más con sus historias.
4. Le hemos aconsejado que no _____ (salir) de casa el martes.
5. Uds. le habían sugerido que no _____ (abrir) el paraguas en la casa.
6. Le recomendé que _____ (tener) cuidado de no romper el espejo.
7. Se alegró de que tú no _____ (poner) el sombrero sobre la cama porque trae mala suerte.

8. Nos gustó que tú _____ (encontrar) un trébol de cuatro hojas en el césped.
9. ¿Tienes miedo de que los exámenes se _____ (dar) el día viernes 13?
10. Yo le había prohibido que _____ (cuidar) el gato negro.

12. Resumen: Relación de los tiempos verbales en las cláusulas de si

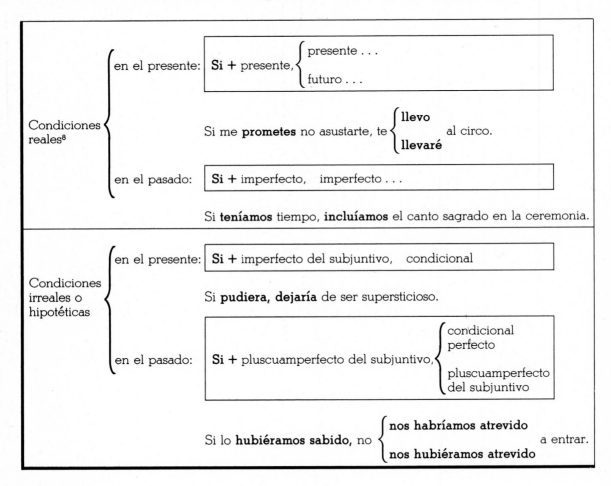

Condiciones reales[8]

en el presente:

Si + presente, { presente . . . / futuro . . . }

Si me **prometes** no asustarte, te { **llevo** / **llevaré** } al circo.

en el pasado:

Si + imperfecto, imperfecto . . .

Si **teníamos** tiempo, **incluíamos** el canto sagrado en la ceremonia.

Condiciones irreales o hipotéticas

en el presente:

Si + imperfecto del subjuntivo, condicional

Si **pudiera, dejaría** de ser supersticioso.

en el pasado:

Si + pluscuamperfecto del subjuntivo, { condicional perfecto / pluscuamperfecto del subjuntivo }

Si lo **hubiéramos sabido**, no { **nos habríamos atrevido** / **nos hubiéramos atrevido** } a entrar.

---

[8] En el indicativo muchas combinaciones lógicas son posibles, por ejemplo:

Si te lo prometí, te lo haré.
Si salió, no lo oí.
Si ha bajado al sótano, ha visto al fantasma.

Práctica

A. *Las siguientes oraciones expresan una condición real. Cámbielas según el ejemplo para expresar una condición irreal o contraria a la realidad presente.*

> *Ejemplo:* **Si me pide dinero, se lo daré.**
> *Si me pidiera dinero, se lo daría.*

1. Si se lo dices, se hará muchas ilusiones.
2. Si dan la voz de alarma en el pueblo, correremos.
3. Si la mayoría piensa así, no habrá solución al problema.
4. Si Ud. hace esa tontería, se dirá que está loco.
5. Si cree en Dios, se arrepentirá de sus pecados.
6. Si comprendes la realidad, te sentirás mejor.
7. Si yo le cuento «Caperucita Roja», tendrá miedo del lobo feroz.
8. Si sabe algo de este misterio, me lo dirá inmediatamente.
9. Si tenemos miedo, pediremos socorro.
10. Si juegas al tenis conmigo, perderás.

B. *Complete las oraciones de una manera original.*

1. Si hubiera tenido tiempo, . . .
2. Si fuera millonario, . . .
3. Iremos al museo de cera si . . .
4. Habrías podido comprarlo si . . .
5. Construiría un castillo en España si . . .
6. Si creyéramos todo lo que nos dijo . . .
7. Si hacía buen tiempo . . .
8. Nunca se habría casado si . . .
9. Si la tierra no fuera redonda . . .
10. Haré un largo viaje . . .

Palabras traicioneras

Más cognados falsos. Verbos

1. **asistir (a)** = *to attend*

   ¿Piensa Ud. **asistir a** la conferencia de esta tarde?

   to assist = **ayudar**

   La enfermera **ayudó** a la doctora durante la operación.

2. **mover** = *to change the position of an object*

   La mesa era tan pesada que no pude **mover**la.

   to move = **mudarse** (cambiar de residencia)

   Pienso **mudarme** de casa.

3. **realizar** = *to fulfill*

   Nos prometió que algún día **realizaría** sus sueños.

   to realize = **darse cuenta** (**de**)

   Acaba de **darse cuenta** (**de**) que no tiene ni un centavo.

4. **registrar** = *to examine, to inspect*

   La policía **registró** toda la casa en busca de armas.

   to register = **matricularse, inscribirse**

   Mi hermano **se matriculó** en la facultad de ciencias políticas.

5. **retirar** = *to take away*

   Retiramos la alfombra para poder bailar.

   to retire = **jubilarse**

   El profesor Sánchez **se jubiló** hace seis meses.

   retirarse = *to withdraw, to retreat*

   No quería que los vecinos la vieran, por eso **se retiró** del balcón.

6. **soportar** = *to put up with, to bear*

   No **soporto** este silencio.

   to support = **mantener, sostener**

   Felizmente tengo suficiente dinero para **mantener** a mi familia.

Práctica

Complete las oraciones con la forma correcta del verbo apropiado.

1. Ahora yo _____ lo hipócrita que eres.   *(darse cuenta de / realizar)*
2. Ayer nosotros _____ a la graduación de nuestro nieto.   *(ayudar / asistir)*
3. Acaba de _____ después de treinta años de trabajo.   *(retirarse / jubilarse)*
4. Pienso _____ en la Universidad Mayor de San Andrés.   *(registrar / matricularse)*
5. Creo que Rodrigo _____ sus deseos y será astronauta.   *(darse cuenta de / realizar)*
6. Me dijo que no podía _____ su indiferencia.   *(soportar / mantener)*
7. Juan _____ a sus hijos y a sus sobrinos.   *(soportar / mantener)*
8. Cuando nosotros _____ de casa se nos rompió el espejo.   *(mover / mudarse)*
9. Le gusta _____ a los pobres.   *(asistir / ayudar)*
10. El doméstico _____ a la cocina después de servir la cena. *(retirarse / retirar)*

Desarrollo

Ampliación de gramática

A. Complete con el presente o el pasado del subjuntivo o el condicional.

1. Ayer, en la feria de San Juan, yo quería que una adivina me _____ (leer) la suerte en las cartas y le pedí a mi hermana que me _____ (acompañar). Ella me dijo que no creía en esas tonterías y me aconsejó que yo no _____ (ir) sola. ¿ _____ (poder) tú ir conmigo?

2. Si yo _____ (ser) pájaro me _____ (gustar) ser un cóndor para volar muy alto. Yo _____ (vivir) en una montaña en los Andes y cada día _____ (salir) para volar más y más alto hasta llegar al infinito.

3. Durante la Semana Santa fuimos a Sevilla. Visitamos todas las iglesias y el Viernes Santo asistimos a una gran procesión. ¡Qué espectáculo! No podía creer que tanta gente de tantos lugares _____ (haber / llegar) para ver y participar en las ceremonias religiosas. Fue una lástima que nosotros no _____ (estar) cerca de la catedral para ver la entrada y salida de la procesión.

El día Viernes Santo, los niños indios de Santa María de Jesús, Guatemala, contemplan con curiosidad la temida figura de Judas, el traidor.

4. Cuando yo _____ (ir) a Sudamérica visitaré Bolivia. Graciela quiere que yo _____ (conocer) su país y que _____ (visitar) los pueblos indígenas. Ella me ha dicho que tiene fotos magníficas y yo _____ (querer) que me las _____ (mostrar) un día que _____ (poder) reunirnos y charlar un rato.

B. *¿Subjuntivo o indicativo? Seleccione la forma del indicativo o del subjuntivo y complete la carta de Manolo.*

Madrid, 26 de enero de 19 . .

Querido Alonso,

Me alegro de que (has / hayas) vuelto a escribir. Temía que (estabas / estuvieras) perdido en tu trabajo sobre el ocultismo en Europa. Es posible que te (ha / haya) sorprendido mi mención a Casanova como uno de los magos más importantes del siglo XVIII. Es cierto que lo (hemos / hayamos) tenido siempre como a un libertino, pero también se interesó mucho en el ocultismo. Ahora sabemos que es probable que este interés (ha / haya) sido el resultado de una experiencia que (tuvo / tuviera) de niño. Espero que los siguientes datos te (pueden / puedan) ayudar en algo.

Casanova nació en Venecia en 1725, hijo de un actor de origen español y de la hija de un zapatero. Parece que de niño (era / fuera) tan enfermizo que nadie esperaba que (viviría / viviera). Se dice que tanto tiempo había sufrido de una hemorragia nasal que su abuela insistió en que lo (llevaron / llevaran) a consultar con una bruja. La bruja mandó que lo (encerraron / encerraran) en una caja mientras ella (realizaba / realizara) sus hechizos. El hecho es que su nariz (dejó / dejara) de sangrar. Luego aconsejó que (quemaron / quemaran) drogas y que (recogieron / recogieran) el humo en una sábana. Finalmente la bruja ordenó que (cubrieron / cubrieran) al joven con la sábana y al oído le dijo que una dama muy hermosa lo (visitaría / visitara) esa noche. Efectivamente, a medianoche Casanova (vio / viera) a un hada bellísima entrar a su cuarto. Mientras (hablaba / hablara) una lengua extraña le (frotaba / frotara) la cabeza con un ungüento mágico. No es de extrañar que Casanova (creció / creciera) sano y fuerte.

Buena suerte con tu trabajo.

Tu amigo,
Manolo

C. *Ponga el párrafo en el pasado. ¡Cuidado con el indicativo, subjuntivo y condicional!*

De pronto Blanca Nieves oye un golpe a la puerta y siente mucho miedo. Como los siete enanitos no están en casa le dice al visitante que se vaya, que no tiene permiso de los dueños para abrir la puerta. La astuta madrastra, fingiendo ser una vendedora de fruta, le pide, entonces, que se acerque a la ventana para que ella pueda ofrecerle una de sus deliciosas manzanas.

Blanca Nieves, sin pensar más en los riesgos que pueda correr, abre la ventana para recibir el regalo ofrecido. La mujer le dice que tan pronto como pruebe la manzana se sentirá muy satisfecha. Blanca Nieves se la come rápidamente mientras la perversa mujer sonríe. De repente la muchacha cae al suelo. La madrastra toma la cesta de frutas y se va muy contenta.

Ampliación de léxico

A. *Complete con una de las palabras o expresiones de la lista.*

el cura	se asustó de	extraño
los curanderos	se arrodillaban	
los trucos	se atrevía a	
el paraíso	rezaban	

1. El niño tenía tanto miedo que no _____ entrar en la casa vieja.
2. Antes de casarnos fuimos a hablar con _____ de la iglesia.
3. Me imagino que _____ es un lugar celestial poblado de buenos espíritus.
4. Cada noche los niños _____ al pie de la cama y _____ por sus parientes y amigos.
5. Muchas de las curas usadas por _____ son parecidas a las de la medicina moderna.
6. La niña _____ los monstruos que vio en la televisión.
7. Aunque parezca _____, a mí me gusta ver películas de terror.
8. El público aplaudió todos _____ del mago.

B. *Dos juegos para la clase*

1. Un estudiante escoge una palabra del vocabulario de esta lección. Sus compañeros de clase tienen que adivinar la palabra por medio de preguntas que el estudiante contesta sólo con «sí» o «no». La persona que adivina correctamente la palabra selecciona a otro de sus compañeros para continuar el juego.

   Por ejemplo, si la palabra es *brujo,* las preguntas y respuestas podrían ser:
   a. ¿Es cosa?   —No.
   b. ¿Es persona?   —Sí.
   c. ¿Tiene poderes especiales?   —Sí.
   d. ¿Puede adivinar el futuro?   —No.
      etc.

2. Usando el vocabulario, los estudiantes tienen que inventar una historia de fantasmas en la clase. Un estudiante comienza con la primera frase, y los otros tienen que añadir, por turno, una frase hasta que la historia llegue a su final espantoso. Ahora, ¡les toca a Uds. usar la imaginación!

Motivos de discusión

1. ¿Cree Ud. que es posible adivinar el futuro? ¿Cuáles son los métodos de mayor confianza? ¿el pronóstico de un psíquico? ¿las predicciones de una adivina? ¿el horóscopo? ¿la bola de cristal? ¿Ha visitado Ud. alguna vez a una adivina? ¿Le leyó la suerte en la palma de la mano? ¿en los naipes? ¿en el plomo? ¿Qué le aconsejó?

2. ¿Cree Ud. en la reencarnación? ¿Sabe en qué religiones se la considera importante? ¿Qué forma (humana, animal, vegetal, mineral) escogería si pudiera volver a este mundo después de la muerte?

3. ¿Ha visto Ud. a magos en teatros o en la televisión? ¿Qué clase de trucos prefiere? ¿sacar un conejo del sombrero? ¿arrancar flores del aire? ¿hacer desaparecer los objetos? ¿cortar mujeres por la mitad? ¿Qué sabe Ud. de los grandes artistas como Harry Houdini y sus escapadas? ¿Cree Ud. que tienen poderes sobrenaturales, o que sus trucos no son nada más que ilusiones?

4. ¿Es Ud. una persona religiosa? ¿Qué aspectos de la religión le gustan más? ¿Qué aspectos no le gustan? ¿Cree Ud. que la religión nos abre los ojos al mundo, o al contrario, como dijo Marx, es el opio de las masas?

5. Ahora están saliendo muchos libros sobre la posibilidad de la vida después de la muerte. Gracias a los avances de la ciencia, varias personas clínicamente muertas han vuelto a vivir. ¿Ha leído Ud. algunos de estos relatos?

6. ¿Qué sabe Ud. de las fiestas religiosas en los países hispanohablantes? ¿Cómo se celebran la Semana Santa, la Feria de San Juan, el Día de los Difuntos, el Día de Todos Santos, las Posadas, la Navidad, el Día de los Reyes Magos? ¿Hay una separación entre la Iglesia y el Estado en la mayoría de estos países?

Temas de composición

Aquí hay una variedad de tópicos relacionados con esta lección. Escoja uno y escriba una composición desarrollando el tema:

1. El momento más espantoso de mi vida
2. Si pudiera adivinar el futuro . . .
3. Las supersticiones que tengo
4. La experiencia más iluminante de mi vida
5. Si yo fuera presidente de este país . . .
6. Si yo fuera el instructor (la instructora) de esta clase . . .
7. Mi sueño más memorable

Debate

Los poderes parapsicológicos: ¿verdaderos o fraudulentos?

Posición: Los poderes parapsicológicos son verdaderos.

Los poderes parapsicológicos son fraudulentos.

Papeles:

1. Una mujer «psíquica» que ha predicho correctamente dos temblores de tierra, la muerte de varias celebridades, y la fecha del casamiento del príncipe de Inglaterra.

2. Un policía que trabaja en investigaciones criminales, especialmente en casos de homicidio. Ha usado con éxito los poderes de un psíquico no sólo para encontrar los cuerpos de las personas asesinadas, sino también para predecir las futuras acciones del asesino.

3. Una representante de la asociación de médicos que declara que los supuestos poderes curativos de curanderos o religiosos no tienen ninguna base científica.

4. Un científico que encabeza un equipo de investigadores que se ha dedicado a estudiar los casos de varias personas que se declaran clarividentes. El equipo no ha podido confirmar sus poderes.

Mini-teatro

1. *Escena:* la sala de espera del hipnotizador famoso Augusto Montenegro

   Pacientes:
   - Juan Gómez, fumador de dos paquetes de cigarrillos diarios, vicio que le viene desde la adolescencia. Ésta es la tercera visita al hipnotizador Montenegro, a quien ve como el único remedio para su problema.
   - Leticia Pérez, ama de casa y madre de cinco hijos. Ha engordado mucho, a pesar de las muchas dietas que ha probado. Espera que Montenegro le pueda ayudar a adelgazar.
   - Roberta González, estudiante de 14 años, está escribiendo un informe para la clase de ciencias—tema: el hipnotismo. Desea una entrevista con Montenegro.
   - Un agente de policía acompaña al joven Marcos Santander que fue víctima de un accidente en el que murió su tío. El agente está convencido que Marcos vio al chófer del otro automóvil, pero debido a la dolorosa experiencia, el suceso se le ha borrado de la mente. ¿Puede el hipnotizador ayudarle a recordar la escena del accidente?

   Acción: Los clientes comentan sus propios problemas y sus experiencias con el hipnotizador Montenegro.

2. *Escena:* La sala de una adivina, doña Esperanza Velejos.

   Acción: Ud. entra y se sienta. La adivina le toma la mano y le predice que . . .

Lección 8

Consejos y recetas para una vida mejor

EL IMPERATIVO Y EL SUBJUNTIVO EN ORACIONES INDEPENDIENTES

El imperativo formal

El imperativo de nosotros

El imperativo familiar

El subjuntivo en oraciones independientes

Los adverbios

Enfoque: Gramática en contexto

Lea el siguiente artículo y en el cuadro que sigue analice los usos del imperativo.

QUE SU NIÑO GOCE DEL AMBIENTE

«**No pintes** las paredes. **No las ensucies. No toques** eso. **Quédate** quieto
y **escucha** lo que te digo. Pero, ¡qué haces!»

Éstas son las frases que más frecuentemente dirigimos a los niños. Sin
embargo, según los psicólogos, si los cohibimos,° obstruiremos° su capacidad
5 creativa. ¿Qué hacer? **No perdamos** más tiempo. **Pensemos** en algunas
soluciones y cuando llegue el momento de la decoración del cuarto del niño
acordémonos, pero **no se lo digamos,** que darle libertad no significa dejarlo
sin disciplina. Por lo tanto, **convierta** Ud. el cuarto de ese futuro adulto en un
sitio donde pueda desarrollar su imaginación sin estar restringido. ¿Cómo?
10 Primero, **enséñele** a jugar en su cuarto y a respetar el resto de la casa.
Segundo, **no ponga** muchos muebles y **decídase** por una decoración
funcional. Para empezar, **no se le olvide** que a los más pequeños les encanta
pintar. **Cubra** las paredes de materiales lavables. **Cuelgue** pizarras para que el
niño escriba sus garabatos.° **Haga** que el niño le ayude en la simple
15 decoración de su cuarto y después **déjelo** pintar, tocar, saltar, jugar, y
desahogarse. Ud. y su niño estarán más tranquilos: él, libre pero disciplinado;
Ud. seguro y relajado.

cohibimos restringimos/ obstruiremos impediremos

garabatos scrawlings

Examine los usos del imperativo en la lectura *Que su niño goce del ambiente.*

	Ud. (formal)		tú (familiar)		nosotros	
	Afirmativo	*Negativo*	*Afirmativo*	*Negativo*	*Afirmativo*	*Negativo*
¿Con qué personas se emplean las formas del subjuntivo en mandatos?	**Cubra** las paredes de materiales lavables. (l. 13)	. . . no **ponga** muchos muebles . . . (l. 11)	—	**No pintes** las paredes. (l. 1)	**Pensemos** en algunas soluciones . . . (ll. 5-6)	No **perdamos** más tiempo. (l. 5)
¿Con qué personas se emplea una forma del indicativo?	—	—	. . . **escucha** lo que te digo. (l. 2)	—	—	—
¿Cuál es la posición de los pronombres con mandatos? a. delante del verbo	—	. . . no **se le olvide** que a los más pequeños . . . (l. 12)	—	**No las ensucies.** (l. 1)	—	. . . no **se lo digamos** . . . (l. 7)
b. detrás del verbo	. . . **enséñele** a jugar en su cuarto . . . (l. 10)	—	**Quédate** quieto . . . (l. 1)	—	**acordémonos** . . . que darle libertad . . . (l. 7)	—

Perspectivas

Léxico CONSEJOS Y RECETAS PARA UNA VIDA MEJOR

El hogar (The home)

la **decoración** decoration	**decorar** to decorate
el **estilo** style	**desahogar** to relieve pain, stress
la **flor** flower	**desarrollar** to develop
la **habitación, el cuarto** room	**dormir (o > ue) la siesta** to take a nap
el **jardín** garden	**ensuciar** to make dirty
los **muebles** furniture	**pintar** to paint
la **pared** wall	**regar (e>ie)** to water
la **planta** plant	**restringir** to restrict, to confine
el **techo** roof	

colgar (o > ue) to hang	**ordenado, desordenado** organized, disorganized
crecer to grow	**relajado** relaxed
cultivar to cultivate	**restringido** restricted

Las comidas y las dietas (Meals and diets)

el **alcohol** alcohol	la **leche** milk
los **alimentos** food	las **legumbres** vegetables
el **almuerzo** lunch	la **libra** pound
la **balanza** scale	los **mariscos** shellfish
las **calorías** calories	el **pescado** fish
la **carne** meat	el **postre** dessert
la **cena** dinner	el **queso** cheese
la **cerveza** beer	
el **champán** champagne	**adelgazar** to get slim(mer)
el **desayuno** breakfast	**engordar** to get fat(ter)
los **dulces** sweets, candies	**gozar de buena (mala) salud** to enjoy good (bad) health
las **frutas** fruits	**pesarse** to weigh oneself
la **grasa** fat	**reducir, perder peso** to lose weight
el **huevo** egg	

Los deportes (Sports)

el **aficionado, la aficionada** fan; amateur
el **atleta, la atleta; el deportista, la deportista** athlete
el **béisbol** baseball
el **boxeo** boxing
el **campeonato** championship
el **entrenador, la entrenadora** trainer
el **fútbol** soccer

el **jugador, la jugadora** player
la **natación** swimming
las **Olimpiadas** Olympics
el **trote** jogging

caminar to walk
hacer ejercicio to exercise
montar en bicicleta to ride a bicycle

Las vacaciones (Vacation)

la **aduana** customs
el **agente de viajes, la agente de viajes** travel agent
el **alojamiento** lodging
el **boleto, el billete** ticket
el **día feriado** holiday
el **folleto de viajes** travel brochure
el **hotel** hotel
la **lista de pasajeros** passenger list
la **reservación** reservation
la **tarjeta postal** postcard
la **tarifa** fare

descansar to rest
disfrutar (de) to enjoy
hacer escala to make a stop
hacer (empaquetar) las maletas to pack suitcases
tenderse al sol to sunbathe
viajar to travel
  en autobús by bus
  por/en avión by plane
  por/en barco by boat
  en coche by car
  por/en tren by train

EL IMPERATIVO

1. Se usa el imperativo para dar órdenes directas. Los pronombres **Ud.** y **Uds.** se añaden generalmente después del verbo como forma de cortesía. Los pronombres **tú** y **nosotros** se omiten excepto cuando se quiere dar énfasis al mandato:

> **Recuerde Ud.** que el vuelo sale a las ocho.
> **No se olviden Uds.** de dejar propina al camarero.
> **Haz** dos reservaciones en el hotel.
> **Visitemos** las ruinas hoy.

2. Los pronombres reflexivos y de complemento directo e indirecto se colocan detrás del verbo en la forma afirmativa y delante del verbo en la forma negativa:

> **Prepárese** Ud. para la fiesta.
> **Tráiganmelo** ahora.
> **Envíalo** pronto.
> **Hagámosle** una pregunta.

> **No se prepare** Ud. tanto.
> **No me lo traigan** ahora.
> **No lo envíes** hasta mañana.
> **No le hagamos** tantas preguntas.

EL IMPERATIVO FORMAL EN ACCIÓN

Pierda peso y goce de buena salud

Para gozar de buena salud y poder disfrutar de las playas este verano, **siga** Ud. algunos principios cuya eficacia ha sido ampliamente probada:

- Antes de comenzar su dieta **consulte** con su doctor.
- **Establezca** Ud. un límite para reducir peso. Si quiere disminuir 20 libras, **hágase** un plan para perder 10 libras en dos meses. Así ya habrá establecido un patrón.° **Pierda** el resto a un ritmo más lento.

  patrón pattern

- **Pésese** una vez por semana. **No se desanime** si su balanza no registra pérdidas progresivas. **Continúe** su dieta.
- **Asegúrese** de que en su desayuno consume la tercera parte del total de calorías diarias. **Coma** despacio, y así, menos cantidades de alimentos le satisfarán más.
- Nunca **omita** ni el desayuno ni el almuerzo. En cada comida **sírvase** una selección de carne o huevos, leche o queso, legumbres y frutas, y pan o cereal. **Evite** la grasa, los dulces y el alcohol.
- **Sea** más activo. El ejercicio diario moderado le ayudará a quemar la grasa innecesaria de su cuerpo. **Camine** diariamente, **monte** en bicicleta, o **practique** la natación.

Y . . . si esta dieta no le parece la más adecuada para Ud., **escríbanos** hoy mismo y le enviaremos otros consejos.

Preguntas

Ud. es el doctor de una clínica para reducir peso. Conteste de acuerdo a la lectura las preguntas de sus pacientes con un mandato:

1. ¿Dentro de cuánto tiempo debo perder las veinte libras?
2. ¿Cuántas veces a la semana debo pesarme?
3. ¿Qué alimentos debo comer, y cuáles debo evitar?
4. ¿Vale la pena hacer ejercicio?

1. Las formas del imperativo de Ud. y Uds.

Para el imperativo formal se usan las mismas formas que las de la tercera persona del singular y del plural del presente del subjuntivo.

	Afirmativo	Negativo
preguntar	pregunte Ud. pregunten Uds.	no pregunte Ud. no pregunten Uds.

	Afirmativo	Negativo
vender	venda Ud. vendan Uds.	no venda Ud. no vendan Uds.
dormir	duerma Ud. duerman Uds.	no duerma Ud. no duerman Uds.
lavarse	lávese Ud. lávense Uds.	no se lave Ud. no se laven Uds.

Práctica

A. *Dé una orden usando el imperativo formal.*

>*Ejemplo:* **Juan trae el paquete.**
>*Juan, traiga el paquete.*

1. Ud. cubre las paredes con materiales lavables.
2. Teresa les enseña a los niños a respetar la casa.
3. Fernando establece un límite para reducir peso.
4. Pepito come despacio y bebe mucha agua.
5. Juan Luis no trae flores todos los días.
6. Hacen lo que les pido.
7. Ud. va de compras hoy.
8. Uds. no golpean la puerta ahora.
9. Roberto se decide a seguir una dieta.
10. Elena duerme la siesta.
11. Uds. no traducen las cartas.
12. Nos escriben todas las semanas.

B. *Conteste las preguntas en las formas afirmativa y negativa empleando el imperativo formal.*

>*Ejemplo:* ¿Cierro la puerta?
>*Sí, cierre la puerta, por favor.*
>*No, no cierre la puerta, por favor.*

1. ¿Tomo el vuelo de las 8:00?
2. ¿Pongo los cubiertos sobre la mesa?
3. ¿Voy al parque con Ud.?
4. ¿Hacemos las reservaciones en el hotel?
5. ¿Venimos todos los días?
6. ¿Traemos las bebidas para la fiesta?
7. ¿Me quedo un rato más?
8. ¿Le digo los chismes de hoy?
9. ¿Le entrego el boleto al conductor?
10. ¿Le damos alojamiento al turista?

EL IMPERATIVO DE NOSOTROS EN ACCIÓN

Vivamos rodeados de plantas

Decoremos nuestra casa con plantas. **Pongamos** pocos muebles de estilo sencillo y **llenemos** los espacios con flores para dar una nota viva a nuestro hogar. **Creemos** un jardín interior lleno de color con plantas que crecen bajo techo. **Cultivemos** nuestras plantas favoritas: helechos,° orquídeas, tulipanes, begonias y geranios. **Usémoslas** como elemento para alegrar la vida y como parte importante de la decoración.

helechos *ferns*

Preguntas

1. ¿Cómo podemos dar una nota viva al hogar?
2. ¿Cuáles son algunas de las plantas que crecen bajo techo?
3. ¿Cuáles son algunas de sus plantas o flores favoritas?

2. Las formas del imperativo de nosotros

Para formar el imperativo de **nosotros**, usamos la primera persona del plural del presente del subjuntivo. (INGLÉS: *let's* + verbo.[1])

	Afirmativo	Negativo
salir entregar correr	salgamos entreguemos corramos	no salgamos no entreguemos no corramos

Los verbos reflexivos pierden la **-s** final en el imperativo afirmativo. En el negativo siguen la forma del subjuntivo.

	Afirmativo	Negativo
quedarse levantarse ponerse	(quedemos + nos) = quedémonos[2] (levantemos + nos) = levantémonos (pongamos + nos) = pongámonos	no nos quedemos no nos levantemos no nos pongamos

El verbo **ir** es irregular en el imperativo afirmativo. En el negativo sigue la forma del subjuntivo.

---

[1] *Let's* se puede expresar también usando el modo indicativo **vamos a** + *infinitivo* en el afirmativo: **Vamos a estudiar ahora.** En el negativo sólo se usa la forma del subjuntivo.

[2] ATENCIÓN: Cuando se agrega el pronombre, hay que escribir un acento sobre la antepenúltima sílaba.

	Afirmativo	Negativo
ir irse	vamos vámonos	no vayamos no nos vayamos

Práctica

A. *Conteste usando el imperativo de* **nosotros.**

> *Ejemplo:* ¿Qué servimos para la cena?
> *Sirvamos arroz con pollo.*

1. ¿Adónde vamos?
2. ¿Por dónde salimos?
3. ¿Nos ponemos los abrigos para salir?
4. ¿Cuánto tiempo nos quedamos en la playa?
5. ¿Cuándo volvemos del viaje?
6. ¿Dónde tomamos una cerveza?
7. ¿A quién solicitamos el folleto de viajes?
8. ¿Cuántas maletas llevamos?
9. ¿Qué le decimos al camarero cuando venga?
10. ¿Dónde nos sentamos?

B. *Imagínese que Ud. es un guía a cargo de veinte turistas que visitan la ciudad de México. Dé instrucciones generales según el ejemplo.*

> *Ejemplo:* Salir temprano para visitar la ciudad.
> *Salgamos temprano para visitar la ciudad.*

1. Contratar un autobús grande.
2. Comenzar por la Avenida de los Insurgentes.
3. Pasar por el Paseo de la Reforma.
4. Visitar la Alameda y el Palacio de Bellas Artes.
5. Ir luego al Zócalo.
6. Imaginarse los grandes sacrificios que allí tuvieron lugar.
7. Entrar en el Palacio Nacional.
8. Contemplar los murales de Diego Rivera.
9. Marcharse por la puerta de la derecha.
10. Terminar la visita en la Catedral.

EL IMPERATIVO FAMILIAR EN ACCIÓN

¡Que no se te olvide nada!

Haz lo que te aconsejo. **Ve** a la playa todos los días pero **no te quedes** mucho tiempo tendida al sol; **entra** y **sal** del agua con frecuencia para no quemarte demasiado. **Ten** siempre a mano una bolsa grande con todo lo que necesitas para la playa; en ella **lleva** una toalla grande, el biquini que te regalé y algunas cremas bronceadoras.

Por favor, **cuídate** mucho y **no te olvides** de comunicarme el día y la hora de tu regreso.

Preguntas

1. ¿Quién cree Ud. que habla en este párrafo? ¿A quién? ¿Cómo lo sabemos?
2. ¿Qué consejos da la persona que habla? ¿Cree Ud. que son buenos consejos?

La playa de Torremolinos es el lugar de reunión de esta familia española.

3. Las formas del imperativo de tú y de vosotros

El imperativo afirmativo de la forma familiar **tú** tiene las mismas formas que la tercera persona singular del presente del indicativo. Para el imperativo negativo se usa la forma de la segunda persona singular del presente del subjuntivo.

	Afirmativo	*Negativo*
mirar	mira (tú)	no mires
pedir	pide (tú)	no pidas
volver	vuelve (tú)	no vuelvas

Algunos verbos son irregulares en el imperativo afirmativo pero las formas negativas siguen la regla anterior.

	Afirmativo	Negativo
decir	**di**	no digas
hacer	**haz**	no hagas
ir	**ve**	no vayas
ser	**sé**	no seas
salir	**sal**	no salgas
poner	**pon**	no pongas
tener	**ten**	no tengas
venir	**ven**	no vengas

El imperativo afirmativo de **vosotros** se forma cambiando la **-r** del infinitivo por **-d**. Para el imperativo negativo se usa la forma de la segunda persona plural del presente del subjuntivo.

	Afirmativo	Negativo
descansar	descansad	no descanséis
comer	comed	no comáis
vivir	vivid	no viváis

Si se usa la forma afirmativa del imperativo de **vosotros** con el pronombre reflexivo **os,** se suprime la **-d** final. (EXCEPCIÓN: irse: id + os = idos)

	Afirmativo	Negativo
sentarse	(sentad + os) = sentaos	no os sentéis
vestirse	(vestid + os) = vestíos	no os vistáis
ponerse	(poned + os) = poneos	no os pongáis

𝒫ráctica

A. *Conteste las preguntas en las formas afirmativa y negativa del imperativo familiar.*

> *Ejemplo:* **¿Pido la cuenta al camarero?**
> *Sí, pídesela, por favor.*
> *No, no se la pidas, por favor.*

1. ¿Le doy el menú?
2. ¿Se lo digo ahora?
3. ¿Me lo pongo esta noche para la fiesta?
4. ¿Llevo la maleta a la aduana?

5. ¿Me quejo de la mala comida?
6. ¿Hago los preparativos del viaje?
7. ¿Vengo a buscarte temprano?
8. ¿Te sirvo la comida?
9. ¿Voy a la sala de espera?
10. ¿Salgo de la carretera?

B. *Imagínese que Ud. es una madre (un padre). Déle instrucciones a su hijo (-a) que sale de vacaciones dentro de unas horas.*

Ejemplo: **Apurarse que es muy tarde.**
            Apúrate que es muy tarde.

1. Hacer las maletas.
2. No olvidarse de llevar ropa interior.
3. Poner los pantalones bien doblados.
4. Ver que no falta nada.
5. Tener cuidado al cerrar con llave la maleta.
6. Llamar un taxi a la casa.
7. Decirle que la (lo) lleve al aeropuerto.
8. Darle una propina al taxista.
9. Enviarnos muchas tarjetas postales.
10. No salir mucho de noche.
11. Regresar por tren.
12. Acordarse de traer algunos regalos para la familia.

En un restaurante al aire libre en la Plaza Mayor de Madrid, España, la gente disfruta de la hora del aperitivo.

EL SUBJUNTIVO EN ORACIONES INDEPENDIENTES

Reflexiones de un adolescente enamorado

Quiero que ella me mire, que me haga caso. Pero tengo miedo de lo que pueda pasar. Espero que algún día podamos conocernos, pero dudo que así sea. Anacleta, yo sé tu nombre, sé dónde vives, sigo tus pasos, te encuentro todas las mañanas en la parada del autobús. **Tal vez** tú **te dés** cuenta de mis miradas, a lo mejor reconoces secretamente mi existencia. **Ojalá tenga** algo que decirte cuando nos presenten y digan: «Anacleta, éste es mi amigo Serafín Roca.» **Acaso** tú **seas** una secretaria ejecutiva o una modelo profesional y entonces, ¿de qué hablaremos? O peor todavía: puede que seas una devota ama de casa con tres hijos y un perrito chihuahua. Temo que todo termine ahí, que nunca nuestras manos se enlacen ni se crucen nuestros destinos. **¡Quién pudiera** contarte mis sueños!

¡Ah! Pero **quizá leas** poemas apasionados de Pablo Neruda,[3] **quizá vayas** a los cafés bohemios de madrugada y **bailes** tangos sensuales vestida de negro. **Que** nadie me **diga** que esto es platónico o infantil. Yo sólo deseo que tú dejes de ser un sueño, y que me dirijas la palabra . . .

* * *

Llega el autobús y otra vez siento mucho que no se haya roto el silencio entre nosotros.

Preguntas

1. ¿Quién habla? ¿Qué desea con todo su corazón?
2. ¿Quién es Anacleta? ¿Cómo se la imagina el adolescente?
3. ¿Qué piensa Ud. que haría Anacleta si supiera los sentimientos del joven adolescente?

4. Los usos del subjuntivo en oraciones independientes

Expresiones de duda:	Ejemplos:
Acaso, quizá(s), tal vez[4] (*maybe, perhaps*) Se usan con el indicativo o el subjuntivo. El indicativo expresa más certidumbre; el subjuntivo hace énfasis en la duda.	 Tal vez **consultará** la guía turística. (Creo que lo hará.) Tal vez **consulte** la guía turística. (Espero que lo haga.)

---

[3] Poeta chileno (1902–1973), ganador del Premio Nobel, que escribió no sólo *Veinte poemas de amor y una canción desesperada* sino también muchos poemas abstractos y políticos.

[4] **A lo mejor** tiene el mismo sentido que **acaso, quizá(s)** o **tal vez,** pero se usa siempre con el modo indicativo: A lo mejor está en la lista de pasajeros.

Expresiones de deseo:	Ejemplos:

Expresiones de deseo:

1. **¡Ojalá (que)!**
   - Se usa siempre con el subjuntivo.
   - Con el presente expresa un deseo para el momento presente o para el futuro.
   - Con el imperfecto expresa un deseo que no se realizará a pesar de nuestros deseos.
   - Con el presente perfecto expresa un deseo que se espera realizado en el pasado.
   - Con el pluscuamperfecto expresa un deseo que no se ha realizado a pesar de nuestros deseos.

2. **¡Quién!** (*How I wish . . ., If only I could . . .*)
   En frases exclamativas implica deseo y se usa únicamente con el imperfecto y el pluscuamperfecto del subjuntivo.

3. **¡Que!**
   Se usa en oraciones exclamativas en las que se ha eliminado el verbo principal.

4. **Querer, poder y deber**
   Se usan en el imperfecto del subjuntivo como formas de cortesía. Equivalen al condicional.

Ejemplos:

¡Ojalá que **esté** en la lista de pasajeros!
(*I hope*)

¡Ojalá el barco **hiciera** escala en Panamá!
(*I wish*)

¡Ojalá que **haya tenido** tiempo!
(*I hope*)

¡Ojalá me lo **hubieras contado** antes!
(*I wish*)

¡Quién **fuera** pájaro para volar!
¡Quién **tuviera** quince abriles!
¡Quién **hubiera viajado** por todo el mundo!

(Deseo . . .) ¡Que **te diviertas**!
¡Que te **vaya** bien!
¡Que **regrese** pronto!

Quisiera (Querría) hablar con Ud.
¿**Pudiera** (Podría) Ud. decirme la hora?
Debieras (Deberías) descansar un poco.

Práctica

A. *Modifique la oración empleando* **quizá(s)**, **tal vez** *o* **acaso** *y el presente del subjuntivo.*

   Ejemplo: Fermín me propone viajar en coche. (Quizás . . .)
   Quizás Fermín me proponga viajar en coche.

   1. Un descanso te hará mucho bien. *(Quizás . . .)*
   2. Ellos se quejan de los precios tan altos. *(Acaso . . .)*
   3. Debemos obtener autorización de la Secretaría de Turismo. *(Tal vez . . .)*
   4. Me ofrecen una tarifa especial en el crucero. *(Tal vez . . .)*
   5. Lo multarán por exceso de velocidad. *(Quizá . . .)*
   6. Ella no vendrá vestida de blanco. *(Tal vez . . .)*
   7. Dan preferencia al turista japonés. *(Quizá . . .)*
   8. Yo compro un boleto de primera clase. *(Acaso . . .)*
   9. Conviene hacer las reservaciones por escrito. *(Tal vez . . .)*

B. *Modifique la oración empleando* **quizá(s)** *o* **tal vez** *y el presente perfecto del subjuntivo.*

> *Ejemplo:* Él ha almorzado con algunos amigos. (Tal vez . . .)
> *Tal vez él haya almorzado con algunos amigos.*

1. La cocinera ha recalentado la comida. *(Tal vez . . .)*
2. Han encontrado lo que buscaban en la feria. *(Quizá . . .)*
3. Mis padres han visitado las ruinas hoy. *(Tal vez . . .)*
4. Se han olvidado traerme el café. *(Quizás . . .)*
5. Has tenido la oportunidad de conocer Bolivia. *(Tal vez . . .)*
6. Ud. ya ha escuchado algo del accidente. *(Quizás . . .)*
7. Francisco ha recibido mi carta. *(Tal vez . . .)*
8. Este boxeador ha participado en las Olimpiadas. *(Tal vez . . .)*
9. Con esa dieta has perdido peso. *(Quizá . . .)*
10. No han visto el contrabando. *(Quizás . . .)*

C. *Complete las oraciones con la forma apropiada del verbo indicado.*

1. ¡Ojalá que tú no _____ (tener) ningún problema mañana!
2. Me dijo que la fiesta sería anoche. Me gustaría saber cómo resultó. ¡Ojalá que todo _____ (salir) bien!
3. Ayer mi madre fue de compras pero no tuvo tiempo para comprarme la blusa que yo quería. ¡Ojalá que _____ (tener) tiempo ayer!
4. Ayer fue el partido final. No sé todavía quién ganó. ¡Ojalá que _____ (ganar) nuestro equipo!
5. ¿Piensas casarte el próximo mes? ¡Ojalá que _____ (ser) muy feliz!
6. ¡Ojalá que hoy _____ (ser) domingo para no trabajar!
7. No me dijo nada. ¡Ojalá que me lo _____ (decir) anoche!
8. ¡Ojalá yo _____ (tener) dinero para comprarme ese coche pero soy muy pobre.

D. *Ud. y un(a) amigo (-a) acaban de llegar al hotel donde quieren pasar una velada tranquila. Den las siguientes instrucciones.*

> *Ejemplo:* Nadie debe molestarlos.
> *¡Que nadie nos moleste!*

1. Poner muchas flores en la habitación.
2. La habitación debe tener vista al mar.
3. Servir la cena en la habitación.
4. El champán debe estar muy frío.
5. Poner un letrero en la puerta que diga «Favor de no molestar».
6. No despertarlos al día siguiente.
7. Traerles el desayuno en cama.
8. Los huevos deben estar muy frescos.
9. No olvidarse de traer el periódico.

LOS ADVERBIOS EN ACCIÓN

El yoga para la salud

Hoy hay miles de personas que practican **diariamente** el yoga. En el occidente se ha descubierto **recientemente** todo lo que estos ejercicios pueden contribuir para mejorar **radicalmente** la salud del cuerpo y de la mente. Los novicios no deben asustarse de aquellas posiciones **muy** avanzadas que se ve tomar a los gurus.° Lo importante es seleccionar un programa moderado (recuerde que en el yoga no se adelanta **rápido**) y practicar **poco a poco** nuevas posiciones. **Primero,** hay que escoger un lugar de la casa **sumamente** cómodo donde no haya distracciones. Cubra el área de práctica con una estera° **bastante** grande. Esta estera se usará **sólo** para el yoga. Lo primero que hay que aprender es a descansar **profundamente**. Tiéndase en el suelo y cierre los ojos. Comenzando por los pies, concéntrese en cada parte del cuerpo, asegurándose de estar **consciente** y **completamente** relajado. Quédese en este estado treinta segundos **por lo menos**, y después, empiece **lentamente** los otros ejercicios. Siguiendo este programa **de cerca**, Ud. se sentirá **más** sano **de hoy en adelante**.

gurus maestros de yoga

estera *mat*

𝔓reguntas

1. ¿Cómo difieren los ejercicios de yoga de los del occidente?
2. Describa Ud. el primer ejercicio de yoga que se tiene que aprender.
3. ¿Ha practicado Ud. el yoga u otros métodos para lograr la completa salud del cuerpo y de la mente? ¿la meditación?

5. Los adverbios: Formas y usos

Un adverbio es una palabra que modifica:

un verbo: Habla **despacio**, por favor.
un adjetivo: Son **bastante** inteligentes para comprenderlo.
otro adverbio: Te aseguro que escribe **muy** bien.

1. Muchos adverbios terminan en **-mente**. Se usa la forma femenina del adjetivo **+ -mente**:

Forma masculina	Forma femenina	Adverbio
verdadero	verdadera	verdaderamente
inteligente	inteligente	inteligentemente
principal	principal	principalmente

Cuando hay dos o más adverbios que terminan en **-mente** en la misma oración, la terminación se añade sólo al último:

Lo examinó **lenta** y **cuidadosamente**.
Los ejercicios del yoga no se hacen ni **rápida** ni **violentamente**.

2. Muchas veces la forma en **-mente** puede sustituirse por una preposición **+** un sustantivo:

generalmente = por lo general, en general
frecuentemente = con frecuencia (a menudo)
repentinamente = de repente (de golpe)
finalmente = por fin, al fin
irónicamente = con ironía, de modo irónico

3. Muchas veces un adjetivo puede funcionar como adverbio. En este caso toma la forma masculina, salvo cuando también modifica el sujeto de la oración:

Los obreros trabajan **rápido**.

PERO:

Mis tías llegan **contentas**.   Los niños viven **felices**.

4. Los adverbios se colocan detrás del verbo o delante del adjetivo o adverbio que modifican. Al cambiar de posición en la frase, reciben más énfasis:

Uds. lo han hecho **bien**.	**Bien** lo han hecho Uds.
Hay que sufrir **mucho**.	**Mucho** hay que sufrir.
Jugaron **heroicamente** para ganar el campeonato.	**Heroicamente** jugaron para ganar el campeonato.

𝒫𝓇á𝒸𝓉𝒾𝒸𝒶

A. *Usando* **-mente,** *cambie los adjetivos indicados a adverbios.*

1. Aquí viven _____ (tranquilo) sin preocuparse de nada.
2. Su hijo nos lo explicó _____ (claro e inteligente).
3. La dama hizo su entrada _____ (elegante) al baile de disfraces.
4. Estas mujeres son _____ (extraordinario) bellas.
5. Se salvó _____ (milagroso) de la catástrofe.
6. Después de los cambios que hizo, el proceso se ve _____ (notable) mejor.
7. Hablaron _____ (lento y cuidadoso).
8. Aquellos precios me parecen _____ (terrible) caros.

***B.** Reemplace el adverbio con una preposición **+** sustantivo.*

1. Me contestaron *cortésmente* aunque estaban furiosos.
2. *Generalmente* no creemos lo que dice pero hoy parece tener razón.
3. Lo buscaron *desesperadamente* por todas partes.
4. *Finalmente* pudo contestarme: «Acabo de ver un fantasma.»
5. Este consejo sobre el cuidado de la piel es *indudablemente* el mejor que he oído.
6. Me da pena que no lo haya prometido *sinceramente*.

***C.** Coloque los adverbios indicados en el lugar apropiado de la oración. Indique si hay más de una posición posible.*

1. Llegaron y tuvieron tiempo de charlar antes de la reunión. *(temprano)*
2. Me di cuenta de lo que había sucedido. *(de golpe / anoche)*
3. Hay veintiún alumnos en esta clase. *(solamente)*
4. Lograron terminar el proyecto. *(poco a poco)*
5. Este flan es delicioso. *(sumamente)*
6. Fuimos al cine y vimos una película sobre un jugador famoso de béisbol. *(anteayer)*
7. El día feriado lo celebraron bien. *(muy)*
8. El hecho de que lo han descubierto me parece importante. *(extraordinariamente)*
9. No lo han resuelto: creo que es necesario continuar la búsqueda. *(todavía / por lo tanto)*
10. Este problema es importante; no lo podemos dejar para mañana. *(demasiado / verdaderamente)*

𝓟alabras traicioneras

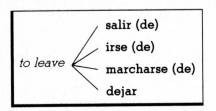

salir (de)   to leave (a place), to go out (from a place)

Salgo a las ocho.
Para ir a Puerto Rico **saldremos del** puerto de Nueva York.

to go out (with someone)

Hace tres meses que **salgo** con ella.

irse (de) / marcharse (de)   *to leave, to go away*

Me voy (me marcho) de aquí para siempre.

dejar   *to leave (someone or something)*

Cuando partí para Miami, tuve que **dejar** a mi familia en Cuba.
Dejé cerrada la puerta porque hacía frío.

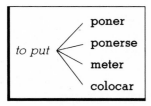

poner   *to put*

Puse el lápiz en el escritorio.

to set:

María, **ponga** la mesa para la cena, por favor.

ponerse   *to put on (clothing)*

Marcos, **ponte** los guantes.

meter   *to put (in)*

Metió el dinero en la bolsa para no perderlo.
El niño dejó de llorar cuando su mamá le **metió** el biberón en la boca.

colocar   *to put (in place)*

Coloqué los platos en el armario.
Colocaron el anuncio en el centro de la página para que todos lo vieran.

Práctica

Dé el equivalente en español de la palabra indicada.

1. Hasta llegar a mi oficina no me di cuenta de que había _____ (*left*) las llaves en el coche.
2. El mago _____ (*put*) la mano en el sombrero y sacó un conejo.
3. Sabía que tendría que _____ (*leave*) de la casa a las ocho si quería llegar a tiempo.

4. Con muchísimo cuidado, la dependienta _____ (put) los vasos de cristal en el escaparate.
5. De repente mi socio _____ (*put*) la mano en el bolsillo y sacó un billete de cien dólares.
6. El viejo _____ (*put on*) las gafas para leer el contrato.
7. Pienso _____ (*leave*) mañana y sé que no volveré jamás.
8. Es casi imposible creer que tu esposo _____ (*left*) y no te _____ (*left*) ni una nota.
9. La maestra les dijo a los estudiantes: _____ (*Put*) Uds. los libros sobre el pupitre.

Desarrollo

Ampliación de gramática

A. *Complete con la forma apropiada del subjuntivo, indicativo o imperativo.*

Reservaciones en los hoteles

En cuanto a reservaciones en los hoteles, nosotros _____ (querer) darle algunos consejos:

- Es conveniente que Ud. _____ (hacer) sus reservaciones anticipadamente, por telegrama. Nosotros le _____ (aconsejar) que Ud. _____ (pagar) la respuesta telegráfica del hotel.
- _____ (Tratar) Ud. de llegar al hotel a la hora indicada en la reservación.
- Si por alguna razón Ud. _____ (decidir) quedarse más tiempo de lo planeado, _____ (avisar) a la administración del hotel con uno o dos días de anticipación. _____ (Recordar) Ud. que otros turistas _____ (poder) haber reservado su cuarto a partir de la fecha en que Ud. pensaba irse.
- Nosotros le aconsejamos que no _____ (pagar) ninguna cuenta antes de revisarla con cuidado. _____ (Pedir) Ud. que le _____ (explicar) todos los gastos que _____ (aparecer).
- En cuanto a las comidas, es importante que Ud. _____ (acordarse) de pagar al contado y en el momento de consumirlas.
- Con los pasajes, _____ (reservar) Ud. con anticipación y _____ (reconfirmar) el día anterior a su partida. _____ (Procurar) llegar al aeropuerto o a la terminal de autobuses con tiempo, sobre todo en fechas de gran congestión de pasajeros.

Ojalá que estos consejos le _____ (servir) y esperamos que Ud. _____ (tener) un feliz viaje.

B. *Complete las oraciones con la forma apropiada del verbo indicado.*

1. Quería que nosotros _____ (hacer) muchos ejercicios.
2. Yo no _____ (conocer) a la muchacha que fue a la fiesta.
3. ¡No _____ (poner—tú) la mesa tan temprano!
4. Recomendaron que nosotros _____ (beber) mucha leche.
5. ¿No había nadie que _____ (hablar) español?
6. ¡ _____ (Salir) de aquí y déjame en paz!
7. _____ (Tener) Ud. cuidado al cruzar la calle.
8. Si _____ (llover), no saldremos de paseo.
9. ¡ _____ (Prepararse) Uds. para la fiesta!
10. Estamos todos cansados. ¡ _____ (Volver) a casa pronto!
11. Raúl _____ (sentir) que tú no fueras con ellos.
12. Hace mucho que María no me llama. Quizás _____ (preguntar) hoy por mí.
13. ¡Quién _____ (ser) tan distinguido como el Rey Juan de España!
14. Si yo no _____ (ir) de compras, no habría tenido nada para comer.
15. ¡Que (él) no me _____ (molestar)!
16. ¡Ojalá que él no _____ (irse) esta mañana! Quisiera verlo una vez más.
17. Ellos _____ (dudar) que Felipe pueda equivocarse.
18. Si tú _____ (tener) algunas dudas, pregúntame.
19. ¿ _____ (Poder) Ud. ayudarme con mi trabajo?
20. Buscaba un libro que _____ (tener) muchos dibujos.

Ampliación de léxico

A. *Explique la diferencia entre:*

1. un entrenador y un aficionado
2. el fútbol y el fútbol norteamericano
3. desahogado y desordenado
4. hacer un viaje y hacer escala
5. la cerveza y el champán

B. *Usando el imperativo, dé algunas instrucciones para efectuar las siguientes acciones.*

Ejemplo: **empaquetar las maletas**

> *Prepara tu ropa para el viaje.*
> *Saca las maletas del desván.*
> *No te olvides de empaquetar con cuidado.*

1. pintar el techo
2. no ensuciar una habitación
3. cultivar flores
4. preparar un huevo duro
5. pesarse en una balanza
6. montar en bicicleta
7. disfrutar de un día feriado

8. escribir una tarjeta postal
9. sobrevivir un vuelo en avión
10. aplicar una crema bronceadora
11. hacer reservaciones en un hotel
12. divertirse en la playa

Motivos de discusión

1. Explique Ud. a sus compañeros cómo es su casa. ¿Cuántas habitaciones tiene? ¿Cuál es su habitación preferida? ¿Expresa su dormitorio su personalidad? ¿Cómo está decorado? ¿Cómo son los muebles? ¿Hay muchos cuadros o carteles en las paredes?

2. ¿Tiene Ud. algunas plantas? ¿Cuáles son? ¿Cuántas veces a la semana las riega? ¿Habla Ud. a sus plantas? ¿Cree Ud. que la música tiene algún efecto en ellas?

3. ¿Le gusta trabajar en el jardín? ¿Cuáles son sus flores preferidas? ¿Cuáles son las ventajas de tener un jardín de flores?

4. Cuando Ud. sale de vacaciones, ¿escoge un lugar tranquilo en los bosques, en las montañas, o cerca del mar? ¿O prefiere Ud. ser turista en una gran ciudad y visitar museos, asistir a teatros y hacer los recorridos nocturnos? ¿Le gusta más a Ud. viajar por avión, por barco o por tren?

5. ¿Ha visitado Ud. algún país hispánico? ¿Qué piensa Ud. de las diferentes costumbres, comidas y deportes? ¿Qué otros aspectos le impresionaron?

6. ¿Come Ud. a menudo en restaurantes? ¿Le gusta la comida de los restaurantes o prefiere comer en casa? ¿Qué le gusta más, la carne, el pescado o los mariscos?

7. ¿Qué sabe Ud. de la comida hispánica? ¿Ha probado Ud. la paella española? ¿el mole mexicano? ¿las empanadas chilenas? ¿el ceviche peruano? ¿los picantes bolivianos? ¿Qué opina Ud. de ellos?

8. ¿Cree Ud. que es bueno ser vegetariano? ¿Cuáles son las ventajas y desventajas de una dieta vegetariana? ¿Qué sabe Ud. de la buena nutrición? ¿Qué alimentos necesitamos todos los días? ¿Cuáles debemos evitar?

9. Si Ud. tuviera el dinero suficiente para ir a un restaurante de primera categoría, ¿adónde iría? ¿Qué pediría para comer? ¿para tomar? ¿de postre?

10. ¿Es Ud. aficionado (-a) a los deportes? ¿Qué deportes practica? ¿Qué beneficios trae el ejercicio? ¿Qué peligros? ¿Sabe Ud. cuáles son los deportes favoritos de los hispanoamericanos? ¿Qué país es este año el campeón mundial de fútbol? ¿Le gustaría participar en las Olimpiadas? ¿Qué opina Ud. de este gran evento deportivo?

Temas de composición

Escriba instrucciones para uno o más de los siguientes tópicos.

1. Su receta favorita
2. Ejercicios para adelgazar
3. Cómo jugar un deporte
4. Cómo curar un resfriado
5. Cómo llegar a su casa
6. La mejor manera de cultivar legumbres
7. Cómo maquillarse
8. Cómo curar el hipo *(hiccups)*
9. Cómo preparar un viaje
10. Cómo suministrar los primeros auxilios *(first aid)*

Debate

Escoja uno de los siguientes temas polémicos y con un compañero presenten puntos de vista opuestos a la clase.

1. El trote, ¿es bueno o malo para la salud?
2. La violencia en los deportes: ¿Se debe prohibir el fútbol, el fútbol americano, la corrida, el hockey, el boxeo? Y los aficionados a estos deportes, ¿deben evitar sus muestras de entusiasmo?
3. Los suplementos de vitaminas, ¿son necesarios o peligrosos?
4. El alto costo del tratamiento médico en este país: ¿Debe intervenir el gobierno? ¿Es preferible asegurarse en forma individual o participar en un programa nacional de seguro?

Mini-teatro

Escoja una de las siguientes situaciones y con sus compañeros preséntela a la clase.

1. Una joven pareja entra en la agencia de viajes. Se van a casar el mes que viene y desean planear su luna de miel. ¿Adónde irán? ¿Qué les sugerirá el agente de viajes?
2. Un hombre o una mujer va a un salón de belleza por un corte de pelo. Cuando termina el peluquero (-a), el (la) cliente no está satisfecho (-a). En realidad, está furiosísimo (-a). ¿Qué le dirá al peluquero (-a)? ¿Cómo reaccionará éste (-a)?
3. El entrenador de un equipo trata de animar a sus jugadores. No es una tarea fácil porque es el último partido del año y el equipo no ha ganado ni una sola vez durante la temporada. ¿Qué les dirá?

Lección 9

Los medios de comunicación

LOS PRONOMBRES RELATIVOS, LOS INTERROGATIVOS Y LAS EXCLAMACIONES

Los relativos:

Que

Quien

El que

El cual

Los interrogativos y las exclamaciones

Enfoque: Gramática en contexto

Lea el siguiente relato y en el cuadro que sigue analice los usos de los pronombres relativos:

LA TELEVISIÓN: MEDIO EDUCACIONAL

La televisión, ese medio de comunicación tan discutido y sobre **el cual** se han hecho innumerables estudios, es sin duda el instrumento **que** tiene mayor poder de persuación en la juventud. Diversas investigaciones muestran **que** es en el hogar, frente a la televisión, **donde** el niño recibe sus primeras
5 impresiones del mundo exterior. Muchos educadores, **quienes** se han dado cuenta del impacto **que** tiene la televisión en los menores de edad, están tratando de utilizar este importante medio con fines educacionales, **lo que** nos parece de gran mérito.

Los programas educacionales de **que** hablamos tienen como objetivo
10 despertar el sentido analítico y crítico de los jóvenes. El programa ideal, nos informa uno de los personeros del medio con **quien** tuvimos una entrevista, sería **el que** proporcione al televidente un pasatiempo **que** no se limite a entretener sino también a educar. Ésta es la razón por **la cual** muchas escuelas primarias han decidido ofrecer a sus estudiantes este tipo de estímulo. Hemos
15 tenido la ocasión de ver un programa infantil **cuyos** personajes centrales son dos niños **que** se encargan, no sólo de animar la acción, sino también de ilustrar los peligros de fumar cigarrillos. **Quienes** han visto este programa opinan, como nosotros, **que** la televisión puede y debe ser utilizada en forma positiva.

Examine los usos de los pronombres relativos en la lectura *La televisión: Medio educacional.*

¿Por qué se usa **que** *en estas oraciones?*	*El pronombre relativo* **que** *se refiere a personas o cosas:*
. . . es . . . el instrumento **que** tiene mayor poder de persuación . . . (ll. 2–3) Los programas educacionales de **que** hablamos . . . (l. 9)	1. Sigue directamente al antecedente. 2. Sigue a las preposiciones cortas **a**, **de**, **en** o **con** para referirse a cosas.
¿Por qué se usa **quien** *en estas oraciones?*	*El pronombre relativo* **quien**(**es**) *se refiere únicamente a personas:*
Muchos educadores, **quienes** se han dado cuenta del impacto que tiene la televisión . . . (ll. 5–6) . . . nos informa uno de los personeros del medio con **quien** tuvimos una entrevista . . . (ll. 10–11) **Quienes** han visto este programa opinan . . . que la televisión puede . . . ser utilizada en forma positiva. (ll. 17–19)	1. Introduce una cláusula que está separado de la oración principal por comas. 2. Sigue a todas las preposiciones. 3. Se usa como equivalente de **la persona que**.
¿Por qué se usan **el que** *o* **el cual** *en estas oraciones?*	*Los pronombres relativos* **el que** *y* **el cual** *se refieren a personas o cosas:*
. . . ese medio de comunicación tan discutido y sobre **el cual** (**el que**) se han hecho . . . estudios . . . (ll. 1–2) El programa ideal . . . sería **el que** proporcione al televidente un pasatiempo que no se limite a entretener . . . (ll. 10–13)	1. Se usan después de todas las preposiciones. 2. Después del verbo **ser** se usa únicamente **el que**.
¿Por qué se usan **lo que** *o* **lo cual** *en esta oración?*	*Los pronombres relativos* **lo que**, **lo cual**:
Muchos educadores . . . están tratando de utilizar este importante medio . . . **lo que** (**lo cual**) nos parece de gran mérito. (ll. 5–8)	Se usan cuando el antecedente es una frase o una idea completa.
¿Por qué se usa **cuyo** *en esta oración?*	*El pronombre relativo* **cuyo**:
Hemos tenido la ocasión de ver un programa infantil **cuyos** personajes centrales son dos niños. . . (ll. 14–16)	Expresa posesión.
¿Por qué se usa **donde** *en esta oración?*	*El pronombre relativo* **donde**:
. . . es . . . frente a la televisión **donde** el niño recibe sus primeras impresiones del mundo . . . (ll. 4–5)	Expresa lugar.

Perspectivas

Léxico LOS MEDIOS DE COMUNICACIÓN

La prensa (The press)

el **abonado**, la **abonada** subscriber
el **acontecimiento** event
el **artículo** article
la **censura** censorship
los **comentarios** commentary
el **corresponsal**, la **corresponsal** correspondent
la **crítica** criticism
el **crítico**, la **crítico** critic
el **diario**, el **periódico** newspaper
  la **crónica de la sociedad** social pages
  las **historietas**, las **tiras cómicas** comics
  la **sección deportiva** sports news
  la **sección financiera** financial section
la **(casa) editorial** publishing house
el **editorial** editorial

la **entrevista** interview
el **lector**, la **lectora** reader
el **periodista**, la **periodista** journalist, reporter
el **redactor**, la **redactora** editor
la **revista semanal (mensual)** weekly (monthly) magazine
el **semanario** weekly newspaper
la **serie** series

criticar to critique, to criticize
publicar to publish

imparcial impartial
impreso printed

La radio y la televisión (Radio and television)

el **boletín de noticias** news bulletin
la **emisión** broadcast
el **espectáculo** show
el **locutor**, la **locutora** radio announcer
el **noticiero** newscast
el **personero**, la **personera** agent
el **programa educacional** educational program
la **red nacional** national network
la **tele** TV
el **televidente**, la **televidente** television viewer

la **televisión** television (industry, medium)
el **televisor** television set

apagar to turn off
clausurar to close, to terminate
educar to educate
encender (e > ie) to turn on
entretener (e > ie) to entertain
transmitir to transmit

El cine y las bellas artes (Movies and the arts)	
el actor actor	**el personaje** character
la actriz actress	**la taquilla** box office
la comedia comedy	**el taquillero, la taquillera** ticket seller
el cuadro painting	
el director, la directora director	**actuar (de)** to act (as)
la entrada, el billete ticket	**componer** to compose
el escenario staging	**dar una película** to show a film
la historia de amor love story	**dibujar** to draw
el misterio mystery	**filmar, rodar** to film
la novela novel	**interpretar, hacer el papel (de)** to
la película de ciencia ficción science fiction movie	play the role (of)
de vaqueros cowboy movie	

La comunicación personal (Personal communication)	
la conversación conversation	**decir** to say
la charla, la plática chat	**hablar** to speak
	comunicar to communicate
conversar to converse	**contar (o > ue)** to tell
charlar, platicar to chat	

LOS PRONOMBRES RELATIVOS

Los pronombres relativos tienen una doble función. Primero, se refieren a un sustantivo o pronombre que está fuera de la cláusula en que aparece el pronombre relativo, creando una relación entre la cláusula y su antecedente. Segundo, los pronombres relativos funcionan como pronombres dentro de la cláusula subordinada que introducen, donde se emplean como sujeto o complemento del verbo.

Los pronombres relativos pueden introducir dos clases de cláusulas subordinadas:

1. Una cláusula restrictiva que completa el significado del antecedente y que no se la puede omitir sin cambiar el sentido de la oración.

Oración principal:	Los libros	no me gustan.
Relativo:	que	
Cláusula restrictiva:	recibí hoy	

2. Una cláusula parentética que está separada de la oración principal por comas y sirve para ofrecer información adicional. Por lo tanto esta información puede eliminarse sin alterar el sentido de la oración.

Oración principal: El redactor del periódico   quiere conocerte.
Relativo: ,quien
Cláusula parentética: parece ser muy amable,

El pronombre relativo es indispensable en español y no se lo puede omitir como sucede frecuentemente en inglés:

Ésta es la casa **que** me gusta.   *This is the house (that) I like.*

LOS PRONOMBRES RELATIVOS EN ACCIÓN

La prensa electrónica: ¿Desaparecerán los periódicos?

Los redactores de los periódicos, **quienes** están en el proceso de renovar la tecnología en sus empresas, se preguntan si algún día, **del cual** probablemente no estamos muy lejanos, no se verán reemplazados por sus propias innovaciones. Se preocupan por la llamada «prensa electrónica» **que** permitiría la sustitución de los periódicos por información recibida en las computadoras instaladas en las oficinas y los hogares. A través de la pantalla del televisor o del vídeo, con la ayuda de un microprocesador, se podrán seleccionar tanto las noticias de último momento como las pasadas. Los principales periódicos españoles han incorporado ya las nuevas técnicas informáticas° instalando una terminal de pantalla con teclado° **donde** antes había una máquina de escribir.

Hay una prensa internacional **que** ya realiza ediciones múltiples y simultáneas en varios países mediante la fotocopia por satélite y ya podemos ver el día en **que** el periodista, para **quien** cada minuto cuenta muchísimo, transmitirá directamente su crónica a la computadora, **la cual** la imprimirá directamente y sin pérdida de tiempo.

Hay **quienes** afirman, sin embargo, que será difícil, si no imposible, prescindir° del periódico impreso. Los lectores, **cuyos** hábitos rutinarios son difíciles de cambiar, no eliminarán la satisfacción que ofrece la lectura del periódico en camino al trabajo. **Lo que** sí está claro es que caminamos hacia una prensa diferente.

técnicas informáticas *computer science* / **teclado** *keyboard*

prescindir *to do without*

Preguntas

1. ¿Por qué se preocupan los editores de los periódicos?
2. ¿Cómo funcionará la «prensa electrónica»?
3. ¿Qué avances ya hemos visto en la prensa española?
4. ¿Cuáles serían las ventajas y desventajas de la prensa electrónica?

1. El pronombre relativo **que**:

- Es el pronombre relativo más común y más versátil.
- Se refiere a personas o cosas.
- Puede ser sujeto o complemento del verbo.
- Es invariable.

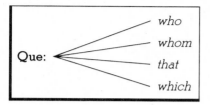

Que se usa:

1. Cuando sigue inmediatamente al antecedente e introduce una cláusula restrictiva:

> El hombre **que** habla es un periodista famoso. [*who*]
> La muchacha **que** conocieron era una amiga mía. [*whom*]
> Las películas **que** vimos ayer fueron muy interesantes. [*that*]

2. Cuando está separado del antecedente por comas e introduce una cláusula parentética:

> Raúl, **que** fue mi compañero de curso, ha recibido el premio. [*who*]
> Este libro de ciencia ficción, **que** acabo de leer, es una obra maestra. [*that*]

3. Después de las preposiciones **a, con, de** y **en** para referirse a cosas:

> La ciudad en **que** nací es muy bonita. [*which*]

2. El pronombre relativo **quien(es)**:

- Se refiere únicamente a personas.
- Puede ser sujeto o complemento del verbo.
- Concuerda con el antecedente en número.

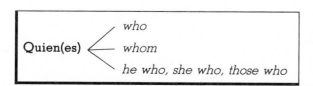

Quien(es) se usa:

1. Cuando está separado de la cláusula principal por comas e introduce una cláusula parentética, se puede usar **quien** en lugar de **que**:

> Raúl, **quien** [**que**] fue mi compañero de curso, ha recibido el premio. [*who*]
> Tu amiga, a **quien**[1] vi ayer, preguntó por ti. [*whom*]

2. Después de todas las preposiciones:

> Tu socio, con **quien** hablé esta mañana, parecía enfermo. [*whom*]
> Los delegados, entre **quienes** tenemos que elegir el representante, llegaron anoche. [*whom*]

3. Como equivalente de «la persona que»:

> **Quien** busca, encuentra. [*he who*]
> **Quienes** han visto la película afirman que es excelente. [*those who*]

Práctica

*Complete con el pronombre relativo **que** o **quien(es)**.*

1. El muchacho _____ vino a verme se llama Miguel.
2. Las emisoras _____ transmitieron propaganda política fueron clausuradas.
3. Los muchachos de _____ hablábamos acaban de salir de ese edificio.
4. El director, _____ está de vacaciones, me envió una postal.
5. Ésta es la sala en _____ nos reunimos a menudo.
6. Hace años que no veo a las personas con _____ me crié.
7. ¿Crees que el editorial _____ trae este semanario es imparcial?
8. _____ busca, encuentra.
9. Algunos de los corresponsales _____ llegaron con el presidente están enfermos.
10. Mi antiguo socio, _____ vive ahora en Madrid, acaba de casarse.
11. Mis amigos de la infancia, _____ me quieren muchísimo, me enviaron un regalo.
12. La muchacha a _____ conocí anoche me llamó por teléfono.
13. Las películas _____ más me gustaron fueron las argentinas.
14. _____ mal anda, mal acaba.
15. Envíame por avión las cosas _____ te encargué.

---

[1]Con excepción de **que**, todos los pronombres relativos usados como complemento directo para referirse a una persona llevan la **a personal**.

3. Los pronombres relativos el que y el cual

- Se refieren a personas o cosas.
- Pueden ser sujeto o complemento del verbo.
- Concuerdan con el antecedente en género y en número.
- Se usan como sustitutos de **que** o **quien** para identificar con mayor claridad al antecedente.

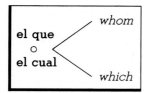

El que o **el cual** se usan indistintamente para referirse a personas o cosas después de las preposiciones de una o dos sílabas (especialmente **sin, para** y **por** para evitar confusiones con las conjunciones **sin que, para que** y **porque**):

> Las personas con **las que (las cuales)** trabajo no me gustan. [*whom*]
> El cuadro por **el cual (el que)** pagamos cien dólares ahora vale más de mil. [*which*]

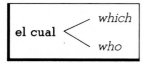

El cual se usa:

1. Después de las preposiciones compuestas como **delante de, encima de, junto a,** etc.:

> El edificio **delante del cual** nos encontrábamos era la oficina central. [*which*]

2. Para referirse a personas o cosas cuando está separado de la oración por comas (una cláusula parentética), para dar mayor énfasis al antecedente:

> El periodista, **el cual** escribió el artículo, es de Madrid. [*who*]

3. Cuando hay dos antecedentes, para aclarar a quien se refiere:

> Pienso consultar a la hermana de mi socio, **la cual** vive en Los Ángeles.
> [**la cual = la hermana =** *who*]

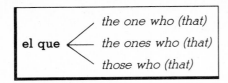

el que	the one who (that)
	the ones who (that)
	those who (that)

El que se usa:

1. Para señalar uno entre varios al referirse a personas, cosas o lugares cuando está separado de la oración principal por comas (cláusula parentética):

El periodista, **el que** escribió el artículo, es de Madrid. (Distinguimos al periodista de Madrid entre otros.) [*the one who*]

2. Después del verbo **ser** para referirse a personas o cosas:

Estos hombres son **los que** me llamaron la atención. [*the ones who*]

3. Para indicar un antecedente no mencionado que puede ser persona o cosa:

Los que llegaron tarde no encontraron entradas. [*those who*]
Estas casas son interesantes pero prefiero **las que** vimos ayer. [*the ones that*]

Práctica

A. *Seleccione* ***que, el que*** *o* ***el cual.***

1. ¿Todavía tienes la revista (que / la que / la cual) te presté?
2. Me refiero a la actriz, (la que / la cual) vimos anoche, y no a la famosa señorita Marini.
3. Este informe no es tan importante como (que / el que / el cual) consultamos ayer.
4. Quiero hablar con la mamá del niño, (que / la que / la cual) nos dio la noticia del accidente.
5. Las tiendas en frente de (que / las que / las cuales) estacionamos el coche están muy lejos de aquí.
6. Las películas (que / las que / las cuales) dirige Carlos Saura me gustan mucho.
7. Estos periódicos son (que / los que / los cuales) tienen los crucigramas.
8. Éstos son los señores para (que / quienes) compramos el cuadro.

B. *Forme una sola oración usando los relativos* ***que, quien, el que*** *o* ***el cual.***

> **Ejemplo:** Preguntamos por el fotógrafo. El fotógrafo había tomado las fotografías.
> *Preguntamos por el fotógrafo que había tomado las fotografías.*

1. Me gustan las películas. En las películas hay mucha acción.
2. La editorial paga sueldos bajos. Trabajo para la editorial.
3. Hablábamos de nuestros planes. Nuestros planes son muy interesantes.
4. Los comentarios no fueron imparciales. Transmitieron anoche los comentarios.

5. ¿Es éste el actor? ¿Admiras tanto al actor?
6. Pensamos llamar al amigo de Teresa. El amigo de Teresa es tan divertido.
7. Éste es el edificio. Delante de este edificio hubo una manifestación.
8. El cine mudo es un mundo de fantasía. En un mundo de fantasía nos sumergimos con mucha facilidad.
9. ¿Conociste al actor? ¿El actor hizo el papel de malvado?
10. Hace un momento me llamó el socio de mi hermana. El socio está de vacaciones.

En un programa de televisión, el crítico de cine Alfonso Sánchez se prepara para hablar sobre los últimos estrenos de la pantalla.

4. Otros pronombres relativos

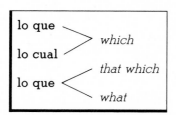

Lo que y **lo cual** son los pronombres relativos neutros. Son invariables.

1. Se usa **lo que** o **lo cual** cuando el antecedente es toda una cláusula, frase o idea:

El editorialista criticó al presidente, **lo que (lo cual)** alienó a los abonados. [*which*]
Decidieron salir de vacaciones, por **lo que (lo cual)** me alegro mucho. [*which*]

2. Para referirse a una idea imprecisa se usa **lo que** (y <u>no</u> **lo cual**):

> **Lo que** me dijo ayer nunca lo repetiré. [*that which, what*]
> Yo no sé **lo que** piensas hacer. [*what*]

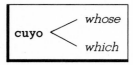

Cuyo es variable y funciona como adjetivo: concuerda en género y número con la palabra que modifica y <u>no</u> con el antecedente. Se usa:

1. Para expresar posesión:

> El crítico, **cuyos** comentarios fueron publicados en esta revista, es un hombre
> muy inteligente. [*whose*]

2. Después de una preposición:

> Me dijeron que no tenía dinero, en **cuyo** caso deberíamos enviárselo. [*which*]

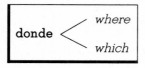

Cuanto (Todo lo que) es variable y funciona como adjetivo. Concuerda en género y número con la palabra que modifica. Se usa para indicar una cantidad y se refiere a un antecedente determinado:

> Ofrecieron muchas recepciones; asistimos a **cuantas (todas las que)** pudimos.
> Darán muchos premios. Trataré de ganar **cuantos** pueda.

> **donde** < *where* / *which*

Donde es invariable. Se usa para referirse a lugares:

> Ésta es la ciudad **donde** nació Cervantes. [*where*]
> Iré a un lugar **donde** no haya estado jamás. [*where*]
> La calle por **donde** fui estaba muy oscura. [*which*]

Práctica

A. *Complete con* **lo que, lo cual, cuyo, cuanto o donde.**

1. Los redactores todavía no han leído mi manuscrito, _____ me preocupa mucho.
2. Ésta es la oficina _____ trabajo todos los días.
3. Mi hermana Irene, _____ novio es periodista, también asistirá a la reunión.
4. _____ me parece extraño es que los corresponsales no mencionaron el robo.
5. Es posible que nos llame esta tarde, en _____ caso tendremos que decirle la verdad.
6. Empaquetamos _____ pudimos en las dos maletas.
7. No pienso hacer _____ hiciste tú. Prefiero trabajar a mi manera.
8. Me pidieron toda la información y les di _____ tenía.
9. El barrio _____ vivía de niño era muy pobre.
10. Esta película, _____ directora es una mujer muy hábil, me gustó muchísimo.

B. *Termine las oraciones de una manera original.*

1. El periódico ideal es *el que* . . .
2. Para enterarse de *lo que* pasa en el mundo hay que . . .
3. Hay ocasiones en *que* . . .
4. Miguel de Cervantes, *cuyos* libros son famosos . . .
5. El camino *por donde* fui . . .
6. Los espectáculos a *los que* asistí esta temporada . . .
7. El año en *que* comenzó la guerra . . .
8. Se quedó callada, en *cuyo* momento nos dimos cuenta . . .
9. La persona *que* se esfuerza es *la que* . . .
10. El director de *cuya* película te hablé . . .
11. Hemos recibido un informe según *el cual* . . .
12. La librería *donde* . . .
13. *Cuanto* me dijiste . . .
14. Con *cuantos* amigos me encontré . . .
15. *Lo que* más me preocupa . . .

5. *Resumen:* que, quien, el que *y* el cual

1. | Antecedente **+** relativo (personas o cosas) |

• Se usa **que** cuando el relativo sigue *directamente* (sin coma ni preposición) al antecedente:

> El libro **que** me prestaste no me gustó.
> La señora **que** viste es mi amiga.

2. | Antecedente **+** coma (,) **+** relativo |

• *Personas:* Se usa **que, quien** o **el cual. El que** indica selección entre varios:

Picasso, $\begin{Bmatrix} \textbf{que} \\ \textbf{quien} \\ \textbf{el cual} \end{Bmatrix}$ era español y no francés, pintó cuadros abstractos.

El periodista, **el que** escribió el artículo, es de Madrid. (selección)

• *Cosas:* Se usa **que** o **el cual. El que** indica selección entre varios:

Esa clase, $\begin{Bmatrix} \textbf{que} \\ \textbf{la cual} \end{Bmatrix}$ comienza en cinco minutos, es de periodismo.

Esos artículos, **los que** leímos ayer, son excelentes. (selección)

3. | Antecedente **+** preposición **+** relativo |

• *Personas:* Se usa **quien, el que** o **el cual:**

Las personas con $\begin{Bmatrix} \textbf{quienes} \\ \textbf{las que} \\ \textbf{las cuales} \end{Bmatrix}$ trabajo son de Colombia.

• *Cosas:* Se usa **el que** o **el cual.** Después de **a, de, en** o **con** se usa también **que:**

Las casas por $\begin{Bmatrix} \textbf{las que} \\ \textbf{las cuales} \end{Bmatrix}$ pagué una fortuna se derrumbaron.

Ésa es la reunión a $\begin{Bmatrix} \textbf{que} \\ \textbf{la que} \\ \textbf{la cual} \end{Bmatrix}$ asistí.

• Después de preposiciones compuestas se usa **el cual:**

El edificio delante **del cual** se realizó el desfile era enorme.
La muchacha detrás de **la cual** me sentaba era muy lista.

4. | Antecedente **+** **ser** **+** **el que** (personas y cosas) |

• Se usa únicamente **el que** después del verbo **ser:**

Esos hombres son **los que** me llamaron la atención.
Mis cuadernos son **los que** usamos.

5. | Antecedente **+** antecedente **+ el cual** (personas y cosas) |

• Cuando hay dos antecedentes se usa **el cual** para aclarar a quién se refiere:

La prima de mi amigo, **la cual** está aquí, tuvo un gran problema.
El color de la falda, **el cual** es muy llamativo, no le queda bien.

Práctica

Reemplace el pronombre relativo por un equivalente.

Ejemplo: **Quien** busca, encuentra.
El que busca, encuentra.

1. El amigo por *quien* hice tanto murió anoche.
2. Las historietas con *las que* tanto se divertía el público ya no aparecen en los periódicos.
3. Ésta es la causa política por *la que* tanto hemos luchado.
4. *El que* te pidió perdón temía las consecuencias.
5. Los lectores de mis libros, *que* son muchos, me escriben cartas con frecuencia.
6. Todos no asistieron a la reunión, *lo que* me molesta mucho.
7. La casa *en que* vive está muy vieja.
8. Estos son los soldados de *quienes* hemos leído tanto.
9. *Los que* no trabajan no comen.
10. Los criminales, sobre *los cuales* se escribió tanto, han sido detenidos.
11. Mi esposo se olvida de todo, *lo cual* me preocupa muchísimo.
12. El pueblo *donde* vivo es muy pequeño.

LOS INTERROGATIVOS Y LAS EXCLAMACIONES EN ACCIÓN

Marcos Sánchez en El gaucho matrero°   matrero *outlaw*

(Entrevista de un periodista con un actor de cine en un estudio cinematográfico.)

PERIODISTA: ¿**Cuántas** películas ha filmado Ud.?
SÁNCHEZ: *El gaucho matero* es mi quinta película.
PERIODISTA: ¿**Cuándo** terminó de filmarla?
SÁNCHEZ: Hace un mes exactamente.
PERIODISTA: ¿**Qué** opinión tiene de ella?
SÁNCHEZ: Creo que le gustará al público. En esta película interpreto el papel de un gaucho que vive fuera de la ley.
PERIODISTA: ¿**Por qué** decidió protagonizar al antihéroe?
SÁNCHEZ: Porque pienso que un buen actor, para realizarse, tiene que interpretar diferentes papeles.

PERIODISTA: ¿**Cómo** se logra que una película interese al público?

SÁNCHEZ: Lo más importante es que el tema sea de interés general y que los intérpretes se identifiquen con su papel.

PERIODISTA: En su opinión, ¿**cuáles** son los elementos más difíciles de combinar en una película?

SÁNCHEZ: ¡**Qué** pregunta más complicada! ¿**Cómo** contestarla? Bueno, todos los elementos son difíciles de combinar: la dirección, el reparto°, la actuación y la técnica cinematográfica.

PERIODISTA: En general, ¿**dónde** cree Ud. que deben rodarse° las películas?

SÁNCHEZ: En escenarios naturales como la pampa argentina. Por eso me gusta actuar de gaucho.

PERIODISTA: ¿**A qué** debe Ud. el éxito de su carrera artística y **quién** le ayudó a lograrlo?

SÁNCHEZ: Por casualidad conocí a un productor de cine, nos hicimos grandes amigos, y es él el que me lanzó. Debo mi éxito al deseo constante de superar mi posición en el medio cinematográfico. Mantenerse en primer plano es difícil pero no imposible.

el reparto *cast*

rodarse filmarse

Una cartelera de cine en Santo Domingo muestra una selección de películas.

Preguntas

1. ¿Qué opina el actor Sánchez de su nueva película?
2. ¿Está Ud. de acuerdo con Sánchez que las películas deben rodarse en escenarios naturales? Explíquese.
3. ¿Cómo se hizo famoso Sánchez?
4. ¿Qué clase de películas le gustan más a Ud.? ¿Qué opina Ud. de los comentarios de Marcos Sánchez?

6. Los interrogativos

- Se usan para formular preguntas.
- Se colocan al principio de la pregunta.[2]
- Llevan acento ortográfico.

A. Los siguientes interrogativos son invariables:

Interrogativo	Forma preguntas sobre:	Ejemplos:
¿Cómo?	manera o modo condición (con **estar**) esencia (con **ser**)	¿**Cómo** pinta Dalí?—Pinta rápidamente. ¿**Cómo** está Ud.?—Bien, gracias. ¿**Cómo** es la oficina?—Es grande.
¿Cuándo?	tiempo, hora o fecha	¿**Cuándo** comenzó el concierto? —Comenzó hace una hora.
¿Dónde?	lugar	¿**Dónde** están dando la película actual- mente?—Ahora la dan en el cine Rex.
¿Adónde?	en qué dirección (con verbos de movimiento)	¿**Adónde** van los Gómez?—Van al teatro.
¿De dónde?	origen	¿**De dónde** son Uds.?—Somos de Chile.
¿Qué?	definición, identifi- cación	¿**Qué** buscas?—Busco el libro de Borges.
¿Qué tal?	evaluación	¿**Qué tal** el libro de Carpentier?—Me gusta muchísimo.
¿Por qué?	motivo o razón	¿**Por qué** comen tanto?—Porque tenemos hambre.
¿Para qué?	propósito o finalidad	¿**Para qué** sirven las noticias?—Sirven para informar al público.

---

[2] A veces, el interrogativo no va al principio de la frase, pero sí empieza la pregunta indirecta:

No sé **qué** quería decirle.
Me pregunto **por qué** lo ha hecho.

B. Los siguientes interrogativos concuerdan en número con el sustantivo:

Interrogativo	Forma preguntas sobre:	Ejemplos:
¿Cuál(es)?	selección	¿Cuál(es) de los actores prefieres?—Me gustan todos.
¿Quién(es)?	identidad	¿Quién compuso la ópera Carmen?—La compuso Bizet.
¿De quién(es)?	posesión	¿De quién(es) son estas revistas?—Son nuestras.

C. Hay un interrogativo que concuerda en número y en género con el sustantivo:

Interrogativo	Forma preguntas sobre:	Ejemplos:
¿Cuánto (-a, -os, -as)?	cantidad	¿Cuántos boletines de noticias hay? —Ahora hay cuatro en total.

Práctica

Forme preguntas empleando los interrogativos según el ejemplo.

Ejemplo: El noticiero empieza a las diez.
          ¿Cuándo empieza el noticiero?

1. Anoche supe que los Morales son de Guatemala.
2. Seleccioné esta novela para Susana y Marcos.
3. Voy al teatro con mi amiga Elena.
4. Prefiero trabajar con Juana.
5. Pagan trescientos dólares al mes de alquiler.
6. Traeré la foto que está en el escritorio.
7. Trabajando mucho, uno alcanza poco a poco su meta.
8. Dudo que lo tengan listo para mañana.
9. Por fin pudieron salir por la ventana.
10. Los discos que se hacen hoy son de plástico.
11. La película duró más de dos horas y media.
12. Estas oficinas son las de la redactora y sus asistentes.
13. Este botón sirve para cambiar los canales de la televisión.
14. No anunciaron la reunión del presidente porque tuvo que cancelarla al último momento.

7. Los interrogativos: ¿Qué? vs. ¿Cuál?

Con el verbo **ser** el *pronombre* interrogativo **¿qué?** se emplea para pedir definiciones. **¿Cuál?** se usa para seleccionar uno entre varios.

¿Qué?: Definición	*¿Cuál(es)?: Selección*
¿Qué es una revista mensual? —Es una revista que aparece una vez al mes. **¿Qué** hacen los corresponsales? —Escriben artículos para el semanario.	**¿Cuál** es la revista mensual que más te gusta?—*Vanidades*. **¿Cuáles** son sus ideas más importantes? —Son las que acaba de mencionar.

Como *adjetivo* interrogativo (es decir, cuando el interrogativo va seguido de un sustantivo), se prefiere el uso de **¿qué?** aun cuando el sentido es de selección:

¿Qué cartas recibiste hoy?
—Las que me mandaron hace tres días.
¿Qué cines son los más caros?
—Los que están en el centro.

𝒫ráctica

Forme una pregunta para las siguientes situaciones usando ¿qué?, ¿cuál? o ¿cuáles?.

Ejemplo: **Un amigo le presenta a su profesor de sociología y Ud. oye su nombre pero no su apellido. Pregúnteselo.**
¿*Cuál es su apellido?*

1. Yo le dije que trabajo para un periódico en Monterrey, y Ud. quiere saber si es para *El norte* o para *La prensa*.
2. Ayer le mencioné que hace poco mi familia y yo nos mudamos a otra ciudad. Ud. me telefonea hoy para pedirme la dirección.
3. Su jefe le dice a Ud. que acaba de recibir una carta del presidente de la empresa y Ud. le pregunta sobre el contenido.
4. Su amigo le trae algunas flores y Ud. quiere identificarlas.
5. Ud. acaba de conocer a un crítico de teatro y le pregunta sobre sus obras favoritas.
6. Ud. está leyendo el libro que compró ayer y alguien le pide más información sobre el libro.
7. Ud. escribió un artículo y lo envió a dos revistas para publicarlo. Su jefe quiere que Ud. nombre las dos revistas.

8. Las exclamaciones

Todos los interrogativos pueden servir de exclamaciones, si lo permite el sentido.

- Se usan para formar frases exclamativas.
- Llevan acento ortográfico.

¡Qué! = *What a(n) . . . !*

¡**Qué** + sustantivo!   ¡**Qué** lástima!
¡**Qué** + adjetivo + sustantivo!   ¡**Qué** buen escritor!
¡**Qué** + sustantivo + **más** (**tan**) + adjetivo!   ¡**Qué** idea **más** (**tan**) innovadora!

¡Qué! = *How . . . !* (*intensifier*)

¡**Qué** + adjetivo!   ¡**Qué** bonito!
¡**Qué** + adverbio!   ¡**Qué** rápido corren esos hombres!

¡Cómo! = *How . . . !* (*in what manner*)

¡**Cómo** + verbo!   ¡**Cómo** baila!

¡Cuánto! = *How* (*much*) . . . ! (*to what extent*)

¡**Cuánto** + verbo!   ¡**Cuánto** siento que te vayas!
                        ¡**Cuánto** la quería!

¡Cuánto (-a)! = *How much . . . !* (*quantity*)

¡**Cuánto** + sustantivo (*singular*)!   ¡**Cuánto** dinero tenía!

¡Cuántos (-as)! = *How many . . . !*

¡**Cuántos** + sustantivo (*plural*)!   ¡No puedo creer **cuántos** programas vimos!

¡Quién! = *Who . . . !*

¡**Quién** + verbo!   ¡**Quién** podría hacerlo sino tú!

Práctica

A. *Forme exclamaciones para las siguientes situaciones.*

1. Ud. acaba de torcerse el tobillo y se queja del dolor.
2. Ud. está impresionado con la manera en que trabaja su socio.
3. Ud. asiste a un concurso de belleza y exclama . . . —¡ _____!
4. Ud. va a un restaurante nuevo y la comida está muy rica.
5. Su mejor amigo acaba de volver de Madrid, y Ud. expresa su deseo de viajar a España.

B. *Complete con una palabra exclamativa.*

1. ¡ _____ exageraron el acontecimiento en ese artículo!
2. ¡ _____ me alegro de que no lo hayan cancelado!
3. ¡ _____ película más chistosa!
4. ¡ _____ dibuja este artista!
5. ¡ _____ suerte que llegaron a tiempo!

C. *Cambie a frases exclamativas.*

> *Ejemplo:* **El viaje es muy largo.**
> *¡Qué viaje más (tan) largo!*

1. Este personaje es muy realista.
2. Estas actrices bailan bien.
3. Los boletos son carísimos.
4. Tiene un montón de trabajo delante de ella.
5. Me gustan muchísimo los cuentos de Arreola.

Palabras traicioneras

pedir *to ask for* (*something*)

> Cuando tengo sed, **pido** agua.
> Te **pidieron** que no fumaras en casa.

preguntar *to ask (a question)*

> Me **preguntaron** si quería acompañarlos.
> Le **preguntaré** qué hora es.

preguntar por *to ask (for someone)*

> Fui a la casa y **pregunté por** Isabel, pero no estaba.

hacer una pregunta *to ask (pose) a question*

> Si no lo comprendes todo, **hazme una pregunta.**

preguntarse *to wonder*

> **Me pregunto** por qué no me llamó por teléfono.

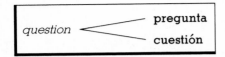

pregunta *an (interrogative) question*

> Tengo sólo una **pregunta:** ¿cómo piensas hacerlo?

cuestión *an issue, matter, question*

> Nos reuniremos hoy para discutir la **cuestión** financiera.

> ¿por qué?
> porque
> a causa de

¿por qué? *why?*

> **¿Por qué** llora el niño?

porque *because* (introduce una frase)

> No te llamé **porque** no tuve tiempo.

a causa de *because of* (introduce un sustantivo o un pronombre)

> No puedo oírte **a causa del** ruido.

Práctica

Complete las frases con la forma correcta de las palabras entre paréntesis.

1. Cancelaron el partido (porque / a causa de) la lluvia.
2. Yo te (pedir / preguntar) que me ayudes.
3. Te aconsejo que vayas a la agencia de viajes y que (pedir / preguntar por) Ana Campos.
4. Yo (preguntar / preguntarse) si tengo razón o no. No estoy seguro.
5. Si Uds. no comprenden, tendrán que (pedirle / hacerle) una pregunta.
6. La (pregunta / cuestión) que consideramos hoy es muy importante.
7. Yo le (pedir / preguntar) al telefonista el precio de la llamada.
8. Me dijo que hacía mucho ejercicio (porque / a causa de) quería perder peso.
9. ¿Por qué Elena le (pedir / preguntar) sobre su vida personal?—Lo hizo (porque / a causa de) quería saber qué tipo de hombre era.
10. Las (preguntas / cuestiones) que le hizo el abogado revelaron la verdad.

El locutor de esta estación de radio en la ciudad de México selecciona los discos para el programa del día.

Desarrollo

Ampliación de gramática

A. *Complete con el pronombre relativo apropiado.*

El futuro del cine

¿Ha muerto el cine? Esto es _____ se vienen preguntando muchos profesionales del cine, _____ ven con alarma la expansión de la televisión. El cine, _____ popularidad ha disminuido enormemente en años recientes, no podrá seguir tal como lo conocemos hoy. Es un fenómeno social en _____ mucha gente _____ no se conoce asiste en silencio a un espectáculo de luces y sombras _____ les entretiene. Con la televisión, en cambio, podemos gozar del espectáculo en la intimidad de nuestro hogar, _____ tiene grandes ventajas.

Pero no son únicamente los representantes del cine _____ se ven amenazados: los directores de programación, _____ están encargados de la emisión habitual, dicen que es el cine _____ devora la televisión. Los video cassettes, _____ precios son muy razonables, ofrecen al público una amplia selección de películas. Resulta que muchas personas, para _____ las películas son muy importantes, prefieren verlas en su propia casa, dentro de un ámbito familiar en _____ pueden seleccionar la película _____ se quiere ver a la hora más adecuada.

_____ se puede ver claramente es que para bien o para mal, el cine sufrirá grandes cambios.

B. *Complete con un pronombre relativo, un interrogativo o una exclamación.*

Noticiero deportivo

He aquí las últimas noticias deportivas. Acabamos de recibir este interesante reportaje de nuestro corresponsal Raimundo Pérez, _____ nos habla desde la escuela _____ esta tarde tuvo lugar un evento deportivo de _____ probablemente se hablará por mucho tiempo.

¡ _____ se lo hubiera imaginado! Los Tigres, el equipo profesional _____ ganó el campeonato nacional de fútbol el año pasado, y Las Arañas, el equipo de una de las escuelas secundarias de la capital, se encontraron hoy en un partido _____ fue organizado a beneficio de la escuela.

_____ financiaron el partido consideraban este evento deportivo como una manera de atraer al público a un acto benéfico. Los futbolistas del equipo nacional no previeron el entusiasmo de sus jóvenes adversarios, _____ haciendo un esfuerzo en los últimos momentos marcaron el gol _____ les daría la victoria final.

Hace algunos minutos tuvimos la siguiente entrevista con el capitán del equipo juvenil Las Arañas.

—¿ _____ explica Ud. este inesperado éxito?

—Bueno, _____ se ve claramente es que este partido, para _____ nos entrenamos durante muchas semanas, tenía una importancia enorme para nosotros. Los profesionales, _____ estaban muy seguros de su posición de campeones, jamás consideraron la posibilidad de una derrota. ¡ _____ alegría nos dio el triunfo! Además, hay que admitirlo, tuvimos mucha suerte.

—¿ _____ fue su reacción después de marcar el gol decisivo?

—¡ _____ pregunta! ¿ _____ podría explicar el momento más emocionante de mi vida?

Ampliación de léxico

A. *Complete con una de las palabras de la lista.*

un diario   el personaje   el televisor   interpreta   financiera
una entrevista   un semanario   vaqueros
el noticiero   un televidente

1. Un periódico que se publica todos los días es _____. Uno que aparece todas las semanas es _____.
2. Antes de invertir mucho dinero, hay que consultar la sección _____ del periódico.
3. El que mira la televisión es _____. El aparato que transmite las señales es _____.
4. De todas las películas, me gustan más las de _____ donde se puede ver los conflictos entre los indios y los malvados.
5. Todas las noches veo _____ en la tele para enterarme de lo que pasa en el mundo.
6. El actor que _____ el papel de presidente de la empresa es muy famoso.
7. _____ principal de una novela es el protagonista.
8. El periodista trató de obtener _____ con el presidente pero no pudo.

B. *Empareje los números con las secciones del periódico.*

1. _____ la crónica de la sociedad
2. _____ el horóscopo
3. _____ los comentarios nacionales
4. _____ las notas necrológicas
5. _____ los anuncios por palabra
6. _____ las historietas

a.

SOCIO poco capital necesito, internación automóviles teléfono 355676 (5-7/153190)

TRANSFIERO Negocio lucrativo, Ballivián 1285, Oficina 2 (31-6/152987).

WARA COMERCIAL Ofrece tienda anticrético Edificio Murillo Ref. Rodríguez 379 (5-11/153192)

SE VENDE Tienda de 127 Mts2 superficie Ref. teléfono 354075 (2-6/153061)

TRANSFIERO 3 tiendas teléfono 379027 (3-12/153098).

OCASION VENDO juego comedor completo con mesa de vidrio y modular. Ref. Teléfono 357178 Sra. Roxana (5-6/153185)

PUERTAS CORTINAS por $b. 2.200 el M2. galvanizadas de 1era. calidad garantizadas ref. teléfono 373872 (3-9/153096).

PRESTAMOS DINERO GARANTIA HIPOTECARIA Joyas, trámites al día, también precisamos distintas sumas. COMERCIAL MORALES 371569 Evaristo Valle 251 (20-20 Feb/152201)

VENDO SINTETIZADOR, piano electrónico con string teléfono 371087 (2-6/153074)

COMPRAMOS TELEVISORES de cualquier marca y en cualquier estado, llamar al 362774 RECOGEMOS A DOMICILIO (5-8/153197)

GRABADORA CINTA cualquier modelo Fono. 792813 (6-7/153305).

COMPRAMOS Televisores en mal estado colores y blanco-negro, de cualquier marca radios, radiolas, grabadoras, 3 en 1 equipos componentes. Ref. Teléfono 379639 (3-6/153099).

OCASION VENDO nivel con trípode, futbolín, Villa Armonía frente al surtidor (5-6/153193)

b.

c.

Se inicia la Semana de la Mujer, organizada por el PSOE

K. M.

«Los partidos políticos no han sido un buen nexo de unión con los derechos y reivindicaciones de las mujeres y, aunque, en una sociedad machista como la que conocemos, la democracia tiene ciertas ventajas para favorecer el protagonismo de todos los grupos sociales —ahora ya no es como en la dictadura, en que las mujeres íbamos de extras—, debemos saber que la democracia que hemos conocido no es suficiente, porque la democracia no es el reconocimiento de derechos, sino el ejercicio de esos derechos y un sistema donde se lucha por ellos». Estas palabras fueron pronunciadas por Carmen Mestre, coordinadora federal de Mujer y Socialismo, en la apertura de la II Semana de la Mujer.

En el debate de esta primera sesión, con el título *Democracia y feminismo*, intervinieron también la diputada por Granada María Izquierdo y la jefa del gabinete de la ministra para los Derechos de la Mujer de Francia, Danielle Bahisson, quien asistió por delegación de la titular del Ministerio, Ivette Roudy.

d.

El Centro Cívico Cultural Femenino "20 de Octubre" el día de ayer rindió homenaje póstumo al Sr. Coronel don Adrián Patiño Carpio, recordando los 30 años de su fallecimiento.

Ayer sábado en la Capilla de Nuestra Señora de Pompeya, Miraflores, fue bendecida la Boda de la señorita Jeannett Alfaro Chávez con el señor Gonzalo Salazar Castrillo, luego se ofreció una recepción social.

RECEPCIONES

Con motivo de celebrar el 80 aniversario del natalicio del Emperador del Japón, el Embajador de ese país y la señora de Hayashiya, ofrecerán una recepción el miércoles a mediodía en la residencia de la Embajada.

El Embajador de Israel, señor Shlomo Levy ofrecerá una recepción en su residencia el jueves 7 de mayo con motivo del XXXIII aniversario de la independencia del Estado de Israel.

MATRIMONIO

En la Iglesia de los Reverendos Padres carmelitas ayer fue bendecido el enlace matrimonial de la señorita Rosario Dávila Ferrer con el señor Antonio Barriga Muñoz.

En la Iglesia de La Merced se realizó la boda de la señorita Eva Alarcón con el señor Hugo Quisbert.

e.

ACUARIO (enero 21 a febrero 19): Recibirá la llamada de un familiar para discutir asuntos familiares que le afectan directamente. Día poco adecuado para viajar.

PISCIS (febrero 20 a marzo 20): Una noticia inesperada puede dañar sus proyectos o negocios. No preste atención a las palabras de un asociado. No se deje llevar por los impulsos.

ARIES (marzo 21 a abril 20): Piense en sus relaciones amorosas y evite comentarlas con otras personas. Iniciará una nueva amistad que le proporcionará muchas satisfacciones.

TAURO (abril 21 a mayo 21): Dedíquese al trabajo para salvar una situación comprometida. Sus esfuerzos serán bien recompensados. Prepárese para un viaje de negocios.

GEMINIS (mayo 22 a junio 24): Recibirá una gran alegría. Oiga a una persona que desea de todo corazón ayudarle a triunfar. Trate de ser amoroso en estos días.

CÁNCER (junio 22 a julio 23): No inicie relaciones amorosas con la persona que trabaja con Ud. El día se presenta sin embargo favorable en el terreno social si utiliza el tacto con sus amistades.

LEO (julio 24 a agosto 23): Habrá tensiones con una persona del sexo opuesto. Sea firme y obtendrá un éxito financiero.

VIRGO (agosto 23 a septiembre 23): Buen día para liquidar los asuntos pendientes. Tenga cuidado con el trato que da a sus compañeros de trabajo. Un resentimiento podría causar conflictos con uno de ellos.

LIBRA (septiembre 24 a octubre 23): La salud de uno de sus familiares le preocupará y posiblemente tenga que cambiar sus planes sociales. Recibirá una invitación que tendrá un gran significado para Ud.

ESCORPIÓN (octubre 24 a noviembre 22): No se deje llevar por el optimismo ante los éxitos obtenidos hoy en el sector profesional. Dé tiempo a tiempo, dedíquese al trabajo y no se deje manipular por falsos amigos.

SAGITARIO (noviembre 23 a diciembre 20): No divulgue la noticia recibida acerca de las relaciones amorosas de un amigo. Si es Ud. casado cuide sus relaciones matrimoniales y sea cariñoso con su pareja.

CAPRICORNIO (diciembre 21 a enero 20): Revise sus proyectos de trabajo, si recibe una oferta en el campo profesional. Procure no dar muchas muestras de entusiasmo hasta no recibir el consejo de un amigo.

f.

Motivos de discusión

1. ¿Cómo se informa Ud. de los acontecimientos mundiales? ¿Por medio de la prensa, la radio o la televisión? ¿Cuál de las tres nos da la visión más exacta de lo que ocurre en el mundo?

2. Se dice que actualmente los medios de comunicación no sólo dan las noticias, sino también, las instigan y dirigen. ¿Puede Ud. pensar en un incidente al que hayan contribuido los medios de comunicación?

3. ¿Qué opina Ud. de los programas de televisión que vemos? Algunos dicen que nos embrutecen; otros piensan que nos instruyen. ¿Cuáles son algunos de los mejores y peores programas, y por qué?

4. ¿Le gustaría trabajar para un periódico o una revista? ¿Cómo se imagina Ud. la vida de un periodista, un corresponsal o un redactor?

5. ¿Cree Ud. que los medios de comunicación tienen demasiado poder en la sociedad?

6. Describa Ud. la noticia más impresionante de este año. ¿Cuáles son algunas de las noticias más importantes de la última década?

7. ¿Cuáles son sus películas favoritas? ¿Las historietas de amor, las operetas, las comedias, los misterios, las de vaqueros o las de ciencia ficción? ¿Por qué? ¿Cuáles son algunas de las peores películas que ha visto?

8. ¿Tiene la prensa el derecho de publicar todas las noticias? Debe publicar documentos secretos del gobierno, o información financiera o personal de los individuos?

9. Si Ud. pudiera publicar un artículo o un libro, ¿de qué se trataría?

10. Pídale a su instructor(a) que le ayude a conseguir un periódico de un país de habla española, y compárelo con un periódico norteamericano. ¿Qué semejanzas encuentra? ¿Hay diferencias en la sección deportiva, la sección financiera, la crónica de la sociedad, o en la manera de transmitir las noticias? Las diferencias que se encuentran, ¿son debidas a las características particulares de los periódicos, o a diferencias más profundas entre las dos culturas?

11. ¿Lee Ud. el periódico universitario? ¿Cuál debe ser su función principal? ¿Realiza esta función?

12. ¿Cuáles serían los elementos más importantes de un código de ética para asegurar la responsabilidad de los miembros de la prensa y de las emisiones de radio y de televisión?

Temas de composición

1. Ud. es redactor de un diario de gran influencia en una ciudad importante del país. Prepare un editorial de unas 100–200 palabras sobre uno de los siguientes tópicos:

a. Los candidatos principales para la próxima elección de alcalde.

b. El aumento de crímenes violentos en los barrios pobres de la ciudad.

c. El servicio militar obligatorio para los jóvenes.

d. Problemas de tráfico en el centro durante las horas de embotellamiento.

2. Ud. es crítico de cine o de teatro para una red nacional de televisión. Acaba de asistir al estreno de una nueva película u obra de teatro y tiene que dar su opinión a los televidentes. Será necesario presentarles una idea general de la trama, los actores que interpretaron los papeles principales, y los triunfos y defectos de la película.

Debate

La censura en la sociedad moderna

Posición:	*Pro censura*	*Contra censura*
Papeles:	Un clérigo que se preocupa por la falta de censura en los programas de cine y televisión. Cree que ciertos de estos programas inducen a la juventud de hoy a la violencia y al crimen.	Un(a) director(a) de cine que se siente limitado (-a) si no tiene libertad completa en sus creaciones cinematográficas.

Mini-teatro

Ud. es un(a) entrevistador(a) que trabaja para la industria de la televisión. Su jefe le solicita preparar una serie de entrevistas con varios personajes de importancia actual en el país. Le sugiere que trate de arreglar entrevistas con el presidente del país; con una actriz famosa, cuya última película acaba de estrenarse; con el mejor jugador de fútbol del país; con el presidente de la compañía más grande de industria doméstica; y con el autor de novelas populares que ahora se venden en cantidades extraordinarias. El objeto principal de las entrevistas es informar y divertir a los televidentes. Algunos de sus compañeros pueden actuar de entrevistados. Prepare Ud. lo que va a preguntar a los diferentes personajes y conduzca las entrevistas delante de la clase.

Lección 10

La identidad hispánica en los Estados Unidos

EL INFINITIVO Y EL GERUNDIO

El infinitivo
El gerundio
Las conjunciones

Enfoque: Gramática en contexto

Lea el siguiente artículo y en el cuadro que sigue analice los usos del infinitivo y del gerundio.

LA EDUCACIÓN BILINGÜE PARA NUESTROS HIJOS

Las escuelas en los Estados Unidos han sido objeto de muchas críticas. Una de ellas es que fueron planeadas únicamente para los niños anglos de la clase media **olvidándose** de los muchos grupos étnicos que integran este país.

Los grandes problemas de educación que venimos **confrontando** las
5 familias hispánicas en los Estados Unidos son los siguientes:
- Al **ingresar** a la escuela nuestros hijos no hablan inglés y en la mayoría de las escuelas los maestros no saben ni **saludar** en español.
- Hasta que nuestros hijos **se vayan familiarizando** con el inglés, la falta de comunicación con sus compañeros anglos les atemoriza y el **ir** a la escuela es
10 una experiencia poco agradable para ellos.
- Mientras están **aprendiendo** el inglés **se van atrasando** en otras materias, lo que da lugar a que se los considere lentos.
- A muchos niños que eran excelentes estudiantes en sus países natales los hemos visto **fracasar** debido a que los maestros les exigen **asimilar** las
15 materias en una lengua que no comprenden.
- Como consecuencia, nuestros niños comienzan a **creer** que son inferiores a los demás, sienten vergüenza de **hablar** español y tratan, en lo posible, de **ocultar** su origen hispánico.

Los maestros de escuela tienen que **recordar** la decisión de la Corte Suprema
20 de los Estados Unidos que establece que «**Enseñar** en inglés a un alumno que no entiende esta lengua es **privar**le de sus derechos civiles.»[1] **Apoyándonos** en esta decisión, pedimos a los distritos escolares de la nación **establecer** buenos programas de inglés y **dar** a nuestros hijos la oportunidad de **estudiar** las diferentes materias en su propio idioma. De no **prestar** atención a nuestra
25 demanda, los niños hispánicos seguirán **siendo** objeto de discriminación educativa.

---

[1] Proceso de Lau v. Nichols, 1974.

Examine los usos del infinitivo y del gerundio en la lectura *La educación bilingüe para nuestros hijos.*

¿Cómo funciona el infinitivo en estas frases?	Se emplea:
. . . el **ir** a la escuela es una experiencia poco agradable para ellos. (ll. 9–10)	Como sujeto de la oración.
. . . «**Enseñar** en inglés a un alumno que no entiende esta lengua es **privar**le de sus derechos civiles.»(ll. 20–21)	Como predicado después de **ser.**
. . . pedimos a los distritos escolares . . . **establecer** buenos programas de inglés y **dar** a nuestros hijos la oportunidad de **estudiar** . . . (ll. 22–23)	Como complemento de la oración.
. . . los hemos visto **fracasar** . . . (ll. 13–14)	Como complemento de un verbo de percepción.
. . . nuestros hijos comienzan a **creer** que son inferiores a los demás, sienten vergüenza de **hablar** español y tratan . . . de **ocultar** su origen hispánico.(ll. 16–18)	Después de una preposición.
Los maestros de escuela tienen que **recordar** la decisión de la Corte Suprema de los Estados Unidos . . . (ll. 19–20)	Después de **tener que.**
Al **ingresar** a la escuela nuestros hijos no hablan inglés . . . (l. 6)	Después de **al** (*upon*) se usa como sinónimo de **en el momento de, cuando.**
De no **prestar** atención a nuestra demanda, los niños . . . (ll. 24–25)	**De +** infinitivo reemplaza la cláusula condicional con **si.**

¿Por qué se usa el gerundio en estas frases?	Se usa:
Mientras están **aprendiendo** el inglés se van atrasando en otras materias . . . (l. 11)	Después del verbo **estar** para indicar una acción en progreso.
Hasta que nuestros hijos **se vayan familiarizando** con el inglés, la falta de comunicación con sus compañeros les atemoriza . . . (ll. 8–9)	Después de un verbo de movimiento.
. . . los niños hispánicos seguirán **siendo** objeto de discriminación educativa.(ll. 25–26)	Después de un verbo de continuidad.
Apoyándonos en esta decisión, pedimos a los distritos escolares . . . (ll. 21–22)	Solo, como adverbio.

Perspectivas

Léxico LA IDENTIDAD HISPÁNICA EN LOS ESTADOS UNIDOS

El individuo y la sociedad (*The individual and society*)

el apellido last name
el arte mural mural art
el barrio neighborhood
el chicano, la chicana Mexican-American
el «gabacho», la «gabacha» Anglo-American
el indocumentado, la indocumentada illegal alien
el mestizo, la mestiza person of mixed Hispanic and indigenous origin

el «mojado» wetback; illegal alien
el patrón, la patrona boss

asimilar to assimilate
familiarizarse con to familiarize oneself with
pertenecer to belong
reclamar los derechos to demand rights
sentir orgullo (vergüenza) de, sentirse orgulloso (avergonzado) de to be proud (ashamed) of

---

La lucha (*The struggle*)

el censo census
la ciudadanía citizenship
el derecho (civil) (civil) right
la educación bilingüe bilingual education
la esperanza hope
la frontera border
la mano de obra labor
el pasaporte passport
la pobreza poverty
la repatriación return to one's country

atrasarse to fall behind
ceder to yield, to cede
despreciar to scorn
detener to arrest, to stop

establecer to establish
explotar to exploit
fomentar to encourage
fundar to found
huir to flee, to escape
humillar to humiliate
ocultar to hide
privar de to deprive of
prohibir to prohibit
recoger la cosecha to gather the harvest
reconocer to recognize
reemplazar to replace
sembrar (e > ie) to seed, to sow
señalar to point out
surgir to arise

EL INFINITIVO EN ACCIÓN

Búsqueda de la identidad perdida

En la desesperada búsqueda de la identidad perdida, se oye el grito de los chicanos: «**Ser** libres y soberanos y no **reconocer** fronteras caprichosas.» «La Raza» o «Poder Chicano» es el movimiento político-social que ha surgido en este país para **luchar** contra el gabacho que por más de un siglo ha explotado al trabajador hispano y no le ha permitido **levantar** la voz para reclamar sus derechos.

Al **señalar** los derechos de los chicanos, «La Raza» declara que las tierras de Aztlán[2] que pertenecían a sus abuelos, tienen que **volver** a manos de los que con orgullo siembran el campo y recogen las cosechas. Para los chicanos, Aztlán es la tierra del indio y del mestizo que habitaba en ella antes de **llegar** el «Mayflower» al continente.

Preguntas

1. ¿Qué es «La Raza» y por qué ha surgido en este país?
2. ¿Qué es Aztlán? ¿Qué importancia tiene para los chicanos?

1. Los usos del infinitivo

1. | Infinitivo como sujeto de la oración |

El infinitivo puede emplearse como sujeto de la oración. En este caso toma el artículo definido masculino: (Éste último generalmente se omite.)

(El) **luchar** por nuestros derechos es mi mayor deseo.
(El) **inmigrar** trae muchos problemas.

2. | Infinitivo como complemento de la oración |

El infinitivo puede emplearse como complemento de la oración o, después del verbo **ser**, como predicado de la oración:

Te ruego **hablar** con los trabajadores.
Lo que me importa es **saber** que están satisfechos.

---

[2] Región en el suroeste de los Estados Unidos y el norte de México donde se cree que comenzó el pueblo azteca que más tarde inmigró al sur y construyó la ciudad de Tenochtitlán (México), capital del imperio azteca.

3. | Verbo + infinitivo |

El infinitivo puede emplearse como complemento de un verbo conjugado
cuando no hay cambio de sujeto:[3]

> **Deseo conocer** el arte mural de los barrios hispánicos.
> Me dijiste que **pensabas visitar** las misiones que fundaron los españoles
> en Tejas y Nuevo México.

4. | Preposición + infinitivo |

Después de una preposición se usa el infinitivo (no el gerundio como en
inglés) en oraciones en que no hay cambio de sujeto:

> **Después de exponer** sus puntos de vista se retiraron en silencio.
> No descansarán **hasta[4] obtener** lo que piden.
> Se marchó **sin darme[5]** la mano.

5. | Pronombre del complemento directo + verbo de percepción + infinitivo |

Se usa el infinitivo después de los verbos de percepción como **escuchar,
mirar, oír, sentir** y **ver**. Generalmente hay cambio de sujeto y se requiere el
pronombre del complemento directo:

> **Los he visto crecer** a todos ellos.
> Toda la noche **la oyeron llorar**.
> **Lo escuchamos pedir** perdón.

6. | Pronombre del complemento indirecto + { expresión impersonal o verbo de voluntad } + infinitivo |

Después de las expresiones impersonales (**es difícil, es necesario,** etc.) y de
los verbos de voluntad que toman el pronombre del complemento indirecto,
se puede usar el infinitivo como alternativa del subjuntivo. Esta construcción
generalmente requiere el pronombre del complemento indirecto:

---

[3] Consulte el Apéndice 3, pp. 317–323.

[4] Si hay cambio de sujeto se usa el subjuntivo. EJEMPLO: No descansarán hasta que sus hijos
obtengan lo que piden. (Véase la Lección 6.)

[5] Los pronombres van detrás del infinitivo formando una sola palabra. (Véase la Lección 4.)

Nos es difícil comprender todo el asunto.
A los cubanos **les permitieron entrar** a los Estados Unidos.
Me exigieron presentar mi pasaporte.

7. | **Tener que** ⎫
   | **Haber de** ⎬ + infinitivo
   | **Haber que** ⎭

Para expresar:

  a. Obligación personal se usa **tener que** + infinitivo *(to have to)* o **haber de** + infinitivo *(should, to be supposed to):*

Tendremos que suspender la huelga.
Tenían que pasar por Miami.
Han de pensarlo bien.
He de terminarlo antes de las nueve.

  b. Obligación impersonal se usa **haber que** + infinitivo *(one must . . . it is necessary):*

Hay que luchar para sobrevivir.
Me dijeron que **había que tener** cuidado.

8. | **Al** + infinitivo

Se usa en expresiones temporales como equivalente de **en el momento de** *(upon + -ing):*

Al concluir el discurso levantó la mano en señal de protesta.
Se le llenaron los ojos de lágrimas **al hablar** de su familia.

9. | **De** + infinitivo

Se usa como equivalente de las oraciones condicionales **si** + indicativo o **si** + subjuntivo:

De no hacerlo sufrirás las consecuencias. (Si no lo haces . . .)
De verlo en ese estado lamentable sus padres llorarían de pena.
  (Si lo vieran . . .)
De tener dinero en ese momento habríamos pagado nuestras deudas.
  (Si hubiéramos tenido . . .)

10. El infinitivo en instrucciones

Se usa como equivalente del imperativo en anuncios impersonales:

No **pisar** el césped. (No pise . . .)
Doblar a la izquierda. (Doble a . . .)
Tomar la medicina antes de acostarse. (Tome . . .)

Práctica

A. *Reemplace la palabra indicada por el infinitivo correspondiente según el ejemplo.*

Ejemplo: **La pesca está prohibida.**
(El) pescar está prohibido.

1. *La lectura* trae muchos beneficios.
2. Es sabido que *la discusión* no lleva a nada.
3. *El viaje* es interesante.
4. *El baile* me gusta mucho.
5. *La comida* es necesaria para vivir.
6. El doctor dijo que *la natación* es buena para la salud.
7. *El estudio* trae muchos beneficios.
8. *La entrada* sin documentos a los Estados Unidos se considera un delito.

B. *Forme una sola oración usando la preposición indicada.*

Ejemplo: **Rosalía irá a California. Visitará las misiones. (para)**
Rosalía irá a California para visitar las misiones.

1. A menudo se enferma. No se cuida. *(por)*
2. Vivían en México. Inmigraron a los Estados Unidos. *(antes de)*
3. Castigaron a María. Había dicho una mentira. *(por)*
4. Se quedarán en Arizona. Encontrarán trabajo. *(hasta)*
5. Llegué a la metrópoli de «L.A.». No sabía que los españoles le habían dado el nombre de «Pueblo de Nuestra Señora la Reina de los Ángeles de Porciúncula.»[6] *(sin)*
6. Me llamaron por teléfono. Se despidieron. *(para)*
7. Vivió muchos años en Nueva York. Aprendió el inglés. *(hasta)*
8. Me establecí en Miami. Visité muchas ciudades. *(después de)*
9. Establecieron un departamento de estudios chicanos. Prestaron servicios a la comunidad hispánica. *(para)*
10. Gasta mucho dinero. No piensa en el futuro. *(sin)*

C. *Modifique la oración empleando el pronombre del complemento directo o indirecto y el infinitivo según el ejemplo.*

Ejemplo: **Veo que las *cosechas aumentan* de día en día.**
Las veo aumentar de día en día.

---

[6]Santuario religioso en Italia.

No permitió que *hablaran.*
No les permitió *hablar.*

1. Sentimos que *Raúl caminaba* en el piso de arriba.
2. Escuché que los *Prudencio decían* que sus antepasados eran españoles.
3. ¿Viste que los *inmigrantes sufrían* mucho?
4. Les rogamos *a Uds.* que *tengan* paciencia.
5. El líder obrero pide *a los trabajadores del campo* que *suspendan* el trabajo.
6. Oímos que la *puerta se cerró* de un golpe.
7. El gobierno no permite que *ellos entren* sin documentos.
8. Juan mira que los *campesinos van* y *vienen.*
9. Es preciso que *ellos estén* bien informados del asunto.
10. Les aconsejo que *visiten* el Museo del Barrio.

D. *Reescriba las frases indicadas usando* **al** + *infinitivo,* **de** + *infinitivo, o el infinitivo en instrucciones.*

1. *En el momento de llegar* a la reunión, todos se dieron cuenta de las posibles implicaciones políticas.
2. *Si no pones atención al asunto,* no llevarás a cabo lo que te propones.
3. *Traduzca* al inglés las siguientes oraciones.
4. *Si hubiera sabido español,* habría conseguido el puesto.
5. *No fume* en el hospital.
6. *Cuando mencionaron* el problema de la frontera, todas empezaron a hablar a la vez.

EL GERUNDIO EN ACCIÓN

El problema de los «mojados»

¿Sabe Ud. que en ciertas épocas del año hay más de un millón de «mojados» **trabajando** en California? La proximidad de la frontera mexicana viene **proporcionando** un gran número de trabajadores que, **huyendo** de la pobreza de su país, cruzan nuestra frontera **sabiendo** que los patrones están dispuestos a contratarlos. No es de extrañar, entonces, que el mojado viva **temiendo** ser descubierto y esté **pensando** en lo que podría suceder si «la migra»[7] lo detiene.

Los patrones que vienen **fomentando** esta práctica no conocen estos temores. Hay una ley que prohibe ser mojado pero no existe una ley que prohiba contratar a un mojado para que trabaje en los campos. La única preocupación del patrón es reemplazar lo más pronto posible a un trabajador que ha sido detenido y repatriado a fin de que se continúe **recogiendo** las frutas y legumbres.

---

[7]Servicio de Inmigración de los Estados Unidos.

Muchas veces el patrón sale **ganando** con la repatriación de un mojado que fue detenido por la migra antes de cobrar el salario devengado.° Uno de los principales líderes políticos de los mexicano-americanos mantiene que el Servicio de Inmigración está «**conduciendo**» un reinado de terror y explotación contra la gente mexicana».

devengado ganado

Preguntas

1. ¿Qué es un «mojado»? ¿De dónde viene y por qué?
2. ¿Por qué temen los mojados a «la migra»?
3. ¿Cuál es la contradicción fundamental en la ley con respecto a los mojados?
4. ¿Cuáles son las preocupaciones de los patrones? Según el autor, ¿cómo explotan a los ilegales?
5. ¿Cuál es la acusación que hace un líder político al Servicio de Inmigración?
6. ¿Qué medidas podríamos tomar para resolver esta situación?

En la frontera de Laredo un policía guarda celosamente la entrada a los Estados Unidos.

2. Las formas del gerundio

Ud. recordará que el gerundio es invariable. Los verbos regulares forman el gerundio con las siguientes terminaciones:

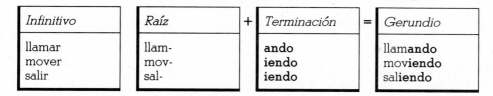

Infinitivo	Raíz	+	Terminación	=	Gerundio
llamar	llam-		**ando**		llam**ando**
mover	mov-		**iendo**		mov**iendo**
salir	sal-		**iendo**		sal**iendo**

Los verbos de la conjugación **-er, -ir** cuya raíz termina en una vocal toman la terminación **-yendo** en lugar de **-iendo**:

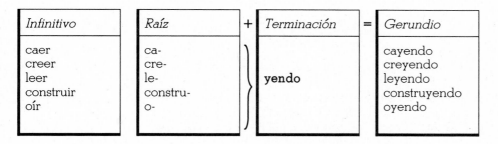

Infinitivo	Raíz	+	Terminación	=	Gerundio
caer	ca-				cayendo
creer	cre-				creyendo
leer	le-		**yendo**		leyendo
construir	constru-				construyendo
oír	o-				oyendo

Los verbos de la conjugación **-ir** que sufren en la tercera persona del pretérito un cambio de la vocal radical (**o>u, e>i**) sufren en el gerundio el mismo cambio de vocal:

Infinitivo	Pretérito	Gerundio
d**e**cir	dijo	diciendo
d**o**rmir	durmió	durmiendo
m**o**rir	murió	muriendo
p**e**dir	pidió	pidiendo
p**o**der	pudo	pudiendo
s**e**ntir	sintió	sintiendo
v**e**nir	vino	viniendo

Hay un gerundio irregular:
    ir: **yendo**

3. Los usos del gerundio

1. | **estar** + gerundio |

El uso más corriente del gerundio es con el verbo **estar** para expresar que una acción está en progreso:

> **Están hablando** de los grupos étnicos.
> **Estaban refiriéndose** a nuestra conversación de ayer.
> Me gustaría que **estuviera actuando** en el teatro chicano.

2. | Verbos de movimiento + gerundio |

Los verbos **ir, venir, andar, entrar, salir** y **llegar** + gerundio describen una acción que se viene desarrollando gradualmente:

> **Va creciendo** el número de participantes para el desfile puertorriqueño.
> Los recién llegados **entraron hablando** de los indocumentados que viven en San Antonio de Tejas.

ATENCIÓN:

Dos de estos verbos al traducirse al inglés tienen un matiz diferente:

> **venir** + gerundio: *to keep -ing*
> **andar** + gerundio: *to go around -ing*

> **Vienen diciendo** que un buen número de cubanos desea regresar a su patria.
> Me dijo que **andaba pidiendo** dinero para las festividades de San Juan.

3. | Verbos de continuidad + gerundio |

Los verbos **continuar** y **seguir** + gerundio refuerzan la acción continua:

> En los barrios de Nueva York se **continúa llamando** «bodegas» a las tiendas de comestibles.
> **Seguiremos exigiendo** la educación bilingüe para nuestros hijos.

4. | Pronombre del complemento directo **+** verbo de percepción **+** gerundio |

Con los verbos de percepción se puede usar el gerundio en lugar del infinitivo: (Véase la página 280 de esta lección.)

> Los **vi saliendo** (salir) del restaurante El Inca.
> La **oímos llamando** (llamar) a gritos «socorro».

5. | El gerundio en función de adverbio |

El gerundio puede usarse como adverbio:

a. Para modificar un verbo:

> Me contestó **riendo.**
> A menudo lo llamaba **quejándome.**

b. Para explicar cómo se puede hacer algo (INGLÉS: *by* + gerundio):

> **Trabajando** mucho, lograron mejorar su situación ecónomica.
> Se puede aprender mucho **mirando** los programas educacionales.

c. Cuando está subordinado a otro verbo y las dos acciones coinciden en algún momento del tiempo:

> **Repitiendo** los antiguos versos de las Posadas, recorrimos las calles.
> **Sonriendo** al público, el golfista Lee Treviño recibió el trofeo.

6. | El gerundio en función de adjetivo |

Sólo dos gerundios se usan como adjetivos en español: **ardiendo** *(burning)* e **hirviendo** *(boiling):*

> Al ver su casa **ardiendo**, llamó a los bomberos.
> Preparó el café con el agua **hirviendo.**

Los sufijos **-dor, -ante** o **-iente** corresponden al gerundio usado como adjetivo en inglés:

> una mujer **trabajadora** *(a working woman)*
> la semana **entrante** *(the coming week)*
> el agua **corriente** *(running water)*

Práctica

A. Complete con el gerundio de uno de los verbos de la lista.

abrir   hablar   saludar
caminar   rezar   temer
comprender   saber   visitar
darse cuenta

    1. Me dijo que _____ Tucson se sintió orgulloso de su origen hispánico.
    2. Entraron en la iglesia _____ .
    3. _____ por la calle, me encontré con tu hermana.
    4. Le exigía que trabajara, aun _____ que estaba enfermo.
    5. _____ de fiestas se acordó que hoy es tu cumpleaños.
    6. _____ de su ignorancia, preferí no discutir el asunto.
    7. _____ la muerte, pidió un confesor.
    8. _____ a la bandera, cantaron el himno nacional.
    9. Nos dejaron entrar _____ las puertas con mucho miedo.
    10. _____ la gravedad de la situación, nos quedamos callados.

B. Con el verbo indicado, cambie las oraciones usando el verbo + gerundio.

Ejemplo: **El conjunto de mariachis** *tocaba* **un corrido.**   (estar)
                  El conjunto de mariachis estaba tocando un corrido.

    1. La música que *tocan* es latinoamericana.   *(venir)*
    2. Los chicanos *han luchado* por sus derechos.   *(estar)*
    3. Algunos cubanos *abandonaron* la esperanza de volver un día a su tierra.   *(ir)*
    4. Muchos puertorriqueños *vienen* al continente en busca de trabajo.   *(seguir)*
    5. Se *ha observado* que sin la mano de obra de los hispánicos, muchos hoteles en Nueva York se cerrarían.   *(venir)*
    6. *Preguntábamos* por una dirección muy extraña.   *(andar)*
    7. El problema del desempleo *es* muy grave en Puerto Rico.   *(continuar)*
    8. Algunas organizaciones activistas chicanas *tratan* de mejorar la situación de los trabajadores mexicanos.   *(estar)*
    9. *Hablaron* a todos en español.   *(llegar)*
    10. Muchos inmigrantes *obtienen* la ciudadanía estadounidense.   *(seguir)*

C. Forme frases completas usando el gerundio donde sea apropiado.

    1. nosotros / ir / anoche / discoteca / donde / todo el mundo / estar / bailar / salsa
    2. puertorriqueños / seguir / luchar / derechos / ciudadanos / este país
    3. estudiar / español / uno / poder / aprender / origen / este / palabras / inglés: **bonanza, rodeo, patio y corral**
    4. fechas / 5 de mayo / 16 de septiembre / continuar / tener / importancia / chicanos
    5. nosotros / les / oír / discutir / problemas / educación bilingüe

LAS CONJUNCIONES EN ACCIÓN

¿Americanos o norteamericanos?

Actualmente se emplea la palabra «americano» para referirse a un ciudadano de los Estados Unidos **pero** este uso del término es impropio **e** injusto. La palabra americano **no sólo** se refiere a los estadounidenses **sino también** a los canadienses, centroamericanos **y** sudamericanos. El término **y** no separar a la gente del nuevo mundo. Cuando los españoles pronuncian la palabra «europeo», **no** se refieren únicamente a ellos **sino que** quieren expresar que se consideran hermanos continentales de los portugueses, italianos, franceses **y** todos los demás habitantes de Europa. ¿Por qué entonces se reserva el término «americano» para los estadounidenses?

Preguntas

1. ¿Por qué es impropio el uso de la palabra «americano» para referirse únicamente a un ciudadano de los Estados Unidos?
2. ¿La palabra «americano» une o separa a la gente de nuestro continente?
3. Cuando los españoles pronuncian la palabra «europeo», ¿a quiénes se refieren?

Este mural de un negocio cubano adorna una pared en la ciudad de Miami.

4. Las conjunciones

1. | **pero** + (sujeto) + verbo |

Pero equivale a *but.* Une dos cláusulas independientes:

> Teníamos sueño **pero** no pudimos dormir.
> Estábamos invitados **pero** no fuimos a la fiesta.

2. | **sino** + sustantivo |

No . . . sino tiene el sentido de **al contrario** (INGLÉS: *but [rather]*). Sirve para introducir una oración negativa seguida de una idea opuesta:

> No tengo sueño **sino** hambre.
> La carta no era para mí **sino** para José.

| **Sino + que** + verbo |

No . . . sino que se usa cuando los verbos de las dos cláusulas son distintos y se oponen.

> **No** me han dado el dinero **sino que** lo han puesto en el banco.
> César Chávez **no** quiere la violencia **sino que** espera que los ciudadanos comprendan y apoyen su causa.

| **No sólo . . . sino (también)** |

No sólo . . . sino (también) (INGLÉS: *not only . . . but also*) sirve para expresar una afirmación eliminando la restricción impuesta por **sólo**:

> Pensamos visitar **no sólo** Colorado **sino también** California.
> **No sólo** hablará con los campesinos **sino** con los patrones.

3. **y (e)**

Y une dos palabras o frases. Si la palabra que sigue comienza con **i** o **hi**,[8] la conjunción **y** cambia a **e** por razones fonéticas:

> Indios **y** mestizos vinieron a verme.
> Juan **e** Inés me hablaron de ti.
> Padre **e** hijo fueron a la fiesta.

4. **o (u)**

O sirve para expresar una elección. Si la palabra que sigue comienza con **o** u **ho**, la conjunción **o** cambia a **u** por razones fonéticas:

> Trae pan **o** galletas.
> ¿Me dijiste este **u** oeste?
> ¿Es mujer **u** hombre?

Práctica

*Complete las oraciones con **pero, sino, sino que** o **sino (también)**.*

1. No organizamos una fiesta _____ un desfile.
2. El restaurante se llama «Las Delicias» _____ la comida es pésima.
3. La bodega en Miami no es un lugar donde se guarda el vino _____ una tienda de comestibles.
4. Le envié un regalo _____ jamás me lo agradeció.
5. No te dije que me llamaras _____ vinieras a verme.
6. Nuestras escuelas carecen de maestros bilingües _____ las autoridades no escuchan nuestras quejas.
7. Se oye comentar ese asunto no sólo a los jóvenes _____ a los viejos.
8. Yo no me compré la blusa _____ me la regalaron.
9. En Chicago viven no sólo chicanos _____ puertorriqueños.
10. Las calles están llenas de vida y movimiento _____ no se oyen las bocinas de autos.

---

[8]Si la palabra comienza con **hie** se usa la conjunción **y** porque el problema fonético desaparece:
> Lo hicieron de madera **y** hierro.

Palabras traicioneras

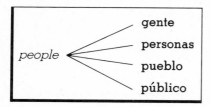

la gente   *people* (en general, como abstracción o grupo)

>Por la noche se ve mucha **gente** en las calles de Madrid.

las personas   *(individual) people, persons* (se usa con palabras como **varias, algunas, muchas, pocas,** etc.)

>Sé que hay varias **personas** en esta clase que saben tocar la guitarra.
>Algunas **personas** se negaron a aceptar el nuevo reglamento.

el pueblo   *people, masses, a race, nation*

>Se dice que el **pueblo** japonés se adapta a las condiciones de la vida moderna.
>El **pueblo** no soportará más la tiranía de un dictador.

el público   *audience, public*

>El **público** entusiasmado pedía que se repitiera la canción.

ATENCIÓN:

gente, pueblo y **público** funcionan como una sola entidad; por lo tanto, el verbo está en el singular:

>A la **gente** no le gusta sufrir inútilmente.

> mitad
> medio
> a mediados de

la mitad   *(a) half*

>La **mitad** para mí y la **mitad** para ti.
>Dividieron el tesoro por la **mitad**.

medio   *half, middle*

> Son las tres y **media**.
> Muchos países del **Medio** Oriente exportan petróleo.

a mediados de   *around the middle of*

> Creo que podremos irnos **a mediados de** noviembre.

Práctica

Seleccione la(s) palabra(s) apropiada(s) y haga los cambios necesarios para completar la oración.

gente   personas   pueblo   público   mitad   medio   a mediados de

1. Hacía casi una hora y _____ que viajábamos cuando por fin llegamos a Toledo.
2. Hay pocas _____ que tienen tanto talento como Ud.
3. La reacción del _____ mexicano fue muy positiva.
4. ¡Parece que sí tenías hambre! Acabas de comer la _____ de la torta.
5. Terminarán los trabajos de restauración de este monumento _____ octubre.
6. Tengo un dólar y _____ y necesito dos para tomar el tren.
7. En ese caso es importante que el _____ sepa lo que esos documentos contienen.
8. La _____ de la Edad _____ construyó muchas catedrales para demostrar su fé.

Esta misión en San Antonio, Tejas, construida por los padres franciscanos en 1716, muestra la presencia hispánica en el suroeste de los Estados Unidos.

Desarrollo

Ampliación de gramática

Seleccione el infinitivo o el gerundio.

Cuatro siglos de presencia hispánica en el suroeste

En el censo de la población de los Estados Unidos de 1980 se pudo (establecer / estableciendo) que cerca de catorce millones y medio de habitantes poseen apellidos hispánicos, de los cuales, siete millones se declararon de origen mexicano. (Recordar / Recordando) varios datos históricos no nos es difícil llegar a (comprender / comprendiendo) esta cifra.

Después de la conquista de México por Hernán Cortés (1519), algunos exploradores españoles se aventuraron en las regiones del suroeste de nuestro continente (buscar / buscando) el lugar de las Siete Ciudades de Cíbola. En 1598 Juan de Oñate decidió (fundar / fundando) el pueblo de Chamitas al norte de Santa Fe en Nuevo México, (ser / siendo) ésta la primera colonia europea que se establecía en el suroeste de nuestro país. Con la expansión de México hacia el norte fue (surgir / surgiendo) el Virreinato de la Nueva España que llegó a (ser / siendo) una de las glorias españolas. El Virreinato comprendía lo que es hoy México, las islas Filipinas y los estados de California, Tejas, Nuevo México, Colorado y Arizona.

En 1821, después de tres siglos de dominio español, la Nueva España logró su independencia y se organizaron los Estados Unidos Mexicanos. Los primeros años de la república no fueron fáciles. Surgieron muchas luchas internas y el gobierno mexicano, sin (darse / dándose) cuenta, fue (descuidar / descuidando) sus posiciones en el norte. Esto provocó la rebelión de Tejas que culminó en la guerra con los Estados Unidos (1846–1848) en la que México tuvo que (ceder / cediendo) el 51 por ciento de su territorio. Los mexicanos que continuaron (vivir / viviendo) en las tierras cedidas a los Estados Unidos fueron (aceptar / aceptando) la ciudadanía estadounidense sin (saber / sabiendo) que serían considerados ciudadanos de segunda clase.

Ampliación de léxico

A. *Usando el vocabulario de esta lección, discuta los siguientes temas con respecto a los hispanohablantes en los Estados Unidos.*

1. Generalmente se habla de la educación bilingüe en este país desde el punto de vista de las minorías, es decir, el derecho que tienen los niños a la enseñanza en español y en inglés. ¿Cree Ud. que también sería necesario enseñar el español a los niños anglos para que estos programas tengan un éxito completo? Aquí tiene algunas palabras para iniciar la discusión.

la lucha	reclamar	asimilar
educación bilingüe	derechos	el barrio
el censo de la población hispánica	sentirse orgulloso	la pobreza
chicano	establecer	

2. Los hispanos en los Estados Unidos confrontan día a día el conflicto de mantener su identidad hispánica o aceptar la presión interna de asimilarse al mundo anglo. ¿Cree Ud. que los problemas de los hispanos son diferentes de los de los inmigrantes italianos, judíos, irlandeses, chinos o vietnamitas? Justifique su respuesta. Use las siguientes palabras para la discusión.

el mojado	despreciar	la ciudadanía
el «gabacho»	identidad hispánica	la mano de obra
el patrón	asimilar	la cosecha
explotar	familiarizarse	la repatriación
humillar		

3. ¿Qué efecto han tenido los siguientes factores en las distintas experiencias de los cubanos, los puertorriqueños y los chicanos en este país? (a) la geografía, (b) el nivel de la educación, (c) el color de la piel, (d) las razones (económicas y políticas) para emigrar a los Estados Unidos, y (e) la actitud de los anglos hacia el grupo. Use las siguientes palabras para la discusión.

la esperanza	explotar	asimilar
la ciudadanía	surgir	familiarizarse
el apellido	establecer(se)	sentirse orgulloso
fomentar		

B. *Busque Ud. en la columna B las definiciones de las palabras que aparecen en la columna A.*

A	B
_____ 1. el mestizo	a. un extranjero que vive en los Estados Unidos sin la autorización del gobierno
_____ 2. pertenecer	
_____ 3. ocultar	b. establecer una organización
_____ 4. el barrio	c. formar parte de un grupo
_____ 5. la repatriación	d. el nombre que se da en los Estados Unidos al vecindario donde viven los hispánicos
_____ 6. señalar	
_____ 7. el indocumentado	e. indicar
_____ 8. fundar	f. una persona de origen hispánico-indígena
_____ 9. el chicano	g. un mexicano-americano
_____ 10. la frontera	h. esconder
	i. la línea que divide dos países
	j. enviar a una persona al país de origen

C. *¿Podría Ud. expresar en inglés los siguientes nombres de lugares de origen español?*

1. Alameda (ciudad en el norte de California)
2. Alcatraz (isla en la bahía de San Francisco, sitio de una prisión federal 1934–1963)
3. (The) Alamo (misión franciscana en San Antonio, Tejas, sitio de una de las batallas principales por la independencia de Tejas)
4. Colorado
5. Chula Vista (suburbio de San Diego, California)
6. El Camino Real (avenida en la península de San Francisco)
7. Florida
8. Los Ángeles
9. Las Vegas
10. Los Gatos (ciudad cerca de San José, California)
11. Nevada
12. Palo Alto (ciudad cerca de San Francisco)
13. Pueblo (ciudad de Colorado, en el río Arkansas)
14. El Paso (ciudad al oeste de Texas, en el Río Grande)
15. (El) Río Grande (río que forma parte de la frontera entre Tejas y México)
16. Tiburón (ciudad al noroeste de San Francisco)
17. Mariposa (condado californiano que incluye una parte de Yosemite)
18. Yerba Buena (isla en la bahía de San Francisco)
19. Boca Ratón (ciudad en la costa de Florida)
20. Las Cruces (ciudad al sur de Nuevo México en el Río Grande)

Respuestas: (1) poplar grove (2) pelican (3) poplar (4) red (5) pretty view (6) The Royal Highway (7) florid, lush (8) the angels (9) the meadows (10) the cats (11) snow-covered (12) tall pole (tall tree: the redwood) (13) town (14) the pass (15) the big river (16) shark (17) butterfly (18) peppermint (literally: good grass) (19) mouth of the mouse (20) the crosses

Un equipo hispánico de béisbol posa para celebrar su último triunfo.

Motivos de discusión

1. ¿Sabe Ud. qué grupos componen la población hispánica en los Estados Unidos? Consulte el cuadro siguiente. ¿Dónde se han concentrado los hispánicos?

Población y porcentaje de hispánicos en las 30 grandes ciudades según el censo de 1980

New York City	1,405,957	19.9%	San Jose	140,574	22.1%
Chicago	422,061	14.0%	Milwaukee	26,111	4.1%
Los Angeles	815,989	27.5%	Cleveland	17,772	3.1%
Philadelphia	63,570	3.8%	Columbus, Ohio	4,651	0.8%
Houston	281,224	17.6%	Boston	36,068	6.4%
Detroit	28,970	2.4%	New Orleans	19,219	3.4%
Dallas	111,082	12.3%	Jacksonville	9,775	1.8%
San Diego	130,610	14.9%	Seattle	12,646	2.6%
Baltimore	7,641	1.0%	Denver	91,937	18.7%
San Antonio	421,774	53.7%	Nashville	3,627	0.8%
Phoenix	115,572	15.1%	St. Louis	5,531	1.2%
Indianapolis	6,145	0.9%	Kansas City, Mo.	14,703	3.3%
San Francisco	83,373	12.3%	El Paso	65,819	62.5%
Memphis	5,225	0.8%	Atlanta	5,842	1.4%
Washington, D.C.	17,652	2.8%	Pittsburgh	3,196	0.8%

USN&WR tables—Basic data: U.S. Dept. of Commerce. U.S. News and World Report Magazine

2. ¿Cuándo llegaron los refugiados cubanos a este país? ¿Por qué abandonaron Cuba? ¿Dónde se establecieron? Se dice que los cubanos han contribuido enormemente al desarrollo de Miami. Explique. ¿Cree Ud. que los Estados Unidos tienen el deber de admitir a los refugiados cubanos que siguen saliendo de su país?

3. ¿Por qué es la población mexicana tan grande en el suroeste de los Estados Unidos? ¿En qué estados viven los chicanos? ¿Qué significan las palabras «mojado» y «la migra»? ¿Cómo se beneficia el país con la presencia de los mexicanos? ¿Qúe diferencias existen entre la inmigración mexicana y la cubana?

4. ¿En qué parte de los Estados Unidos se han concentrado los puertorriqueños? ¿Por qué cree Ud. que vienen a las grandes ciudades? ¿Por qué son considerados ciudadanos americanos? ¿Qué problemas tienen en común mexicanos, cubanos y puertorriqueños?

5. ¿Ha visitado Ud. en los Estados Unidos algunas iglesias de estilo español? ¿Quiénes fundaron las misiones del suroeste? ¿Con qué propósito? ¿Cuántas ciudades fundadas por los españoles que llevan nombres de santos conoce Ud.?

6. ¿En qué otros aspectos se nota la presencia hispánica en los Estados Unidos? Describa su influencia en: (a) el idioma, (b) la comida, (c) el arte, (d) la música.

Temas de composición

1. ¿Ha asistido Ud. alguna vez a una fiesta de los hispánicos en los Estados Unidos? ¿Ha notado algunas diferencias entre las fiestas hispánicas y las fiestas americanas? Escriba sus comentarios sobre:
   a. la cortesía hispánica
   b. la comida
   c. los bailes y la música
   d. otras costumbres

2. ¿Le gusta el arte? Escriba Ud. una composición sobre el arte mural de los chicanos:
   a. origen de este arte
   b. ciudades en las que se encuentra
   c. efecto que tiene en la comunidad

Debate

Las elecciones bilingües

De acuerdo a la Ley de Derecho al Voto, en las regiones donde más del 5 por ciento de la población es de una lengua minoritaria, los ciudadanos tienen el derecho de inscribirse y votar en su lengua materna.

Pro derechos minoritarios

El derecho al voto debe ser para todos los ciudadanos por igual. El votante debe contribuir al destino de este país informándose y votando en su propia lengua. No permitirle es discriminarlo.

Contra derechos minoritarios

Es un gasto innecesario de material. Los otros grupos minoritarios que formaron nuestro país aprendieron el inglés y votaron en inglés. El ciudadano verdadero de los EE.UU. es el que participa en el gobierno en nuestro idioma oficial.

Mini-teatro

Ud. trabaja para la Organización de Servicios de la Comunidad y desea ayudar a los inmigrantes en sus problemas con las oficinas del Servicio de Inmigración, la policía y las organizaciones de ayuda social. Entreviste a varios inmigrantes, averigüe sus problemas y trate de resolverlos de la mejor manera posible.

Apéndice 1   VOCABULARIO ÚTIL

Números cardinales

1	uno, un, una	18	diez y ocho, dieciocho	70	setenta
2	dos	19	diez y nueve, diecinueve	80	ochenta
3	tres	20	veinte	90	noventa
4	cuatro	21	veinte y uno (un, una),	100	ciento, cien
5	cinco		veintiuno (veintiún, veintiuna)	200	doscientos, -as
6	seis	22	veinte y dos, veintidós	300	trescientos, -as
7	siete	23	veinte y tres, veintitrés	400	cuatrocientos, -as
8	ocho	24	veinte y cuatro, veinticuatro	500	quinientos, -as
9	nueve	25	veinte y cinco, veinticinco	600	seiscientos, -as
10	diez	26	veinte y seis, veintiséis	700	setecientos, -as
11	once	27	veinte y siete, veintisiete	800	ochocientos, -as
12	doce	28	veinte y ocho, veintiocho	900	novecientos, -as
13	trece	29	veinte y nueve, veintinueve	1.000	mil
14	catorce	30	treinta	100.000	cien mil
15	quince	40	cuarenta	200.000	doscientos (-as) mil
16	diez y seis, dieciséis	50	cincuenta	1.000.000	un millón
17	diez y siete, diecisiete	60	sesenta	1.000.000.000	mil millones
				1.000.000.000.000	un billón

Números ordinales

primero,-a	*first*	cuarto,-a	*fourth*	séptimo,-a	*seventh*	décimo,-a	*tenth*
segundo,-a	*second*	quinto,-a	*fifth*	octavo,-a	*eighth*		
tercero,-a	*third*	sexto,-a	*sixth*	noveno,-a	*ninth*		

Las estaciones del año

la primavera	*spring*
el verano	*summer*
el otoño	*fall*
el invierno	*winter*

Los meses del año

enero	*January*	julio	*July*
febrero	*February*	agosto	*August*
marzo	*March*	septiembre	*September*
abril	*April*	octubre	*October*
mayo	*May*	noviembre	*November*
junio	*June*	diciembre	*December*

Los días de la semana

lunes	*Monday*
martes	*Tuesday*
miércoles	*Wednesday*
jueves	*Thursday*
viernes	*Friday*
sábado	*Saturday*
domingo	*Sunday*

La hora

¿Qué hora es?

1:00	Es la una.
2:00	Son las dos.
3:00	Son las tres.
4:05	Son las cuatro y cinco.
5:10	Son las cinco y diez.
6:15	Son las seis y cuarto.
7:30	Son las siete y media.
7:45	Son las ocho menos cuarto.
12:00	Son las doce.
	Es (el) mediodía.
	Es (la) medianoche.

¿A qué hora es . . . ?

A las diez de la mañana. (10:00)
A la una de la tarde. (1:00)
A las ocho de la noche. (8:00)
A las nueve en punto. (9:00)
A las once y media. (11:30)
Al amanecer.
Al atardecer.
Al anochecer.
A(l) mediodía.
A (la) medianoche. } (12:00)

Apéndice 2

LA PUNTUACIÓN

Los signos de puntuación sirven para dar claridad a las ideas expresadas por escrito. Los más importantes son: el punto (.), la coma (,), los dos puntos (:), el punto y coma (;), los puntos suspensivos (. . .), los paréntesis (), las comillas («»), la raya [*dash*] (—), el guión [*hyphen*] (-), los signos de interrogación (¿?) y los signos de admiración (¡!).

La puntuación en español y en inglés tienen mucho en común y generalmente siguen las mismas reglas. Algunas diferencias importantes son:

1. Se usa el punto y no la coma como en inglés para separar números:

   Después del inventario hay 2.420 libros en el almacén.

2. Se usa la coma
   a. en la enumeración de una serie de elementos, excepto en las dos últimas palabras si van unidas por una conjunción:

   Compré manzanas, naranjas, peras y uvas.
   El proyecto es claro, preciso e interesante.

   b. para indicar las fracciones decimales:

   3½ equivale a 3,5.

3. La raya se usa para indicar el comienzo de un diálogo y se la repite cada vez que cambia la persona que habla:

   —Buenos días, Raúl. ¿Hace cuánto tiempo que estás aquí?
   —Hace media hora.

   ATENCIÓN: Se usan las comillas en español como en inglés para indicar una cita:

   El mendigo me dijo: «Dios se lo pague.»

4. Los signos de interrogación se colocan al principio y al final de una pregunta:

   ¿Te gustaría ir al cine conmigo?

5. Los signos de admiración se usan al principio y al final de una oración exclamativa:

   ¡Qué frío hace hoy!

LAS LETRAS MAYÚSCULAS Y MINÚSCULAS

A. Las mayúsculas

1. Como en inglés se escriben con mayúscula los nombres propios de personas, animales, cosas y lugares:

   Gloria Iturralde llegó de Costa Rica trayendo a su gata Michica.
   El lago Titicaca está en los Andes.

2. En títulos de obras literarias, artículos y películas, únicamente la primera palabra lleva la letra mayúscula:

   Gabriel García Márquez escribió *Los funerales de la mamá grande*.
   Cantinflas actuó en la película *La vuelta alrededor del mundo en ochenta días*.

B. Las minúsculas

1. Contrario al inglés, se escriben con minúscula los días de la semana, los meses del año, los adjetivos de nacionalidad y los nombres de los idiomas.

   Enviamos su pedido el día lunes, 5 de abril.
   Para ser española habla muy bien el inglés.

DIVISIÓN DE SÍLABAS

A. Las consonantes

1. Una consonante entre dos vocales se une a la vocal siguiente (las letras ch, ll y rr constituyen una sola consonante):

   e/ne/ro   za/pa/to   te/cho   ca/lla/do   fe/rro/ca/rri/le/ro

2. Dos consonantes juntas generalmente se separan:

   al/to   co/men/zar   tiem/po   per/so/na   ac/ción

3. No se separan los grupos de consonantes b, c, f, g o p seguida de l o r y los grupos dr o tr:

   a/bri/ré   a/pren/de/mos   ha/blar   a/gra/da/ble   re/tra/to

4. Si hay tres o más consonantes entre dos vocales, sólo la última consonante se une a la vocal siguiente, a menos que la última consonante sea l o r:

   ins/pi/ra/ción   cons/ti/tuir   ins/tan/te
   PERO: abs/trac/to   ex/pli/ca/ción

B. Las vocales

1. Dos vocales fuertes (**a, e, o**) se separan:

   le/e/mos ca/e/rán lo/a/ble em/ple/a/do

2. Los diptongos (combinación de dos vocales débiles [**i, u**] o una fuerte y una débil) no se separan:

   c**ue**/llo t**ie**/nes v**ie**/jo a/ve/ri/g**uar** b**ai**/la/r**i**/na

3. Si la vocal fuerte del diptongo lleva acento, las vocales no se separan:

   re/vi/s**ió**n vi/v**ió** tam/b**ié**n pu/bli/ca/c**ió**n

4. Si la vocal débil lleva acento, se rompe el diptongo; por lo tanto, las vocales se separan:

   gra/d**ú**/an r**í**/o i/r**í**/a/mos dor/m**í**/a/mos

EL ACENTO EN EL LENGUAJE HABLADO Y ESCRITO

1. El *acento de intensidad* se refiere al lenguaje hablado. Es la mayor fuerza que se da a una sílaba en una palabra:

   per**so**na recu**er**do univer**sal**

2. Si una palabra termina en vocal o en consonante **n** o **s** el acento de intensidad cae naturalmente en la penúltima sílaba:

   ma**ña**na **co**men **a**las

3. Si una palabra termina en consonante con excepción de **n** o **s,** el acento de intensidad cae naturalmente en la última sílaba:

   pregun**tar** pa**red** carna**val**

4. Las palabras que no se pronuncian de acuerdo a estas reglas llevan acento ortográfico sobre la vocal de la sílaba acentuada:

   te**lé**fono la**drón** **fá**cil mate**má**ticas

5. Las palabras de una sóla sílaba generalmente no llevan acento ortográfico. Sin embargo, se usa el acento ortográfico en algunos casos para indicar una diferencia de significado en dos palabras que se pronuncian de la misma manera:

de	preposición	dé	mandato formal (**dar**)
el	artículo definido	él	pronombre de la tercera persona singular
mas	pero	más	*more*
mi	adjetivo posesivo	mí	pronombre preposicional
se	pronombre	sé	primera persona singular del presente del indicativo (**saber**)

si	*if*	sí	*yes,* pronombre reflexivo
solo	*alone*	sólo	solamente
te	pronombre complemento	té	*tea*
tu	pronombre posesivo	tú	pronombre personal

6. Las palabras interrogativas y exclamativas llevan acento ortográfico en la sílaba acentuada:

¿**Qué** hora es?   ¿**Cómo** estás?   ¡**Cuán**to lo quería!

Apéndice 3 — *LOS VERBOS*

Verbo de la primera conjugación: **-ar**

Infinitivo: **hablar**

Gerundio: **hablando**

Participio pasado: **hablado**

Tiempos simples

Indicativo

Presente	Imperfecto	Pretérito	Futuro	Condicional
hablo	hablaba	hablé	hablaré	hablaría
hablas	hablabas	hablaste	hablarás	hablarías
habla	hablaba	habló	hablará	hablaría
hablamos	hablábamos	hablamos	hablaremos	hablaríamos
habláis	hablabais	hablasteis	hablaréis	hablaríais
hablan	hablaban	hablaron	hablarán	hablarían

Subjuntivo

Presente	Imperfecto	
hable	hablara	hablase
hables	hablaras	hablases
hable	hablara	hablase
hablemos	habláramos	hablásemos
habléis	hablarais	hablaseis
hablen	hablaran	hablasen

Imperativo

Afirmativo	Negativo
habla (tú)	no hables
hable (Ud.)	
hablemos	
hablad (vosotros)	no habléis
hablen	

Tiempos compuestos

Indicativo

Presente perfecto	Pluscuam-perfecto	Futuro perfecto	Condicional perfecto
he hablado	había hablado	habré hablado	habría hablado
has hablado	habías hablado	habrás hablado	habrías hablado
ha hablado	había hablado	habrá hablado	habría hablado
hemos hablado	habíamos hablado	habremos hablado	habríamos hablado
habéis hablado	habíais hablado	habréis hablado	habríais hablado
han hablado	habían hablado	habrán hablado	habrían hablado

Subjuntivo

Presente perfecto	Pluscuamperfecto
haya hablado	hubiera hablado
hayas hablado	hubieras hablado
haya hablado	hubiera hablado
hayamos hablado	hubiéramos hablado
hayáis hablado	hubierais hablado
hayan hablado	hubieran hablado

	hubiese hablado
	hubieses hablado
	hubiese hablado
	hubiésemos hablado
	hubieseis hablado
	hubiesen hablado

Verbo de la segunda conjugación: **-er**
Infinitivo: **aprender**
Gerundio: **aprendiendo**
Participio pasado: **aprendido**

Tiempos simples

Indicativo

Presente	Imperfecto	Pretérito	Futuro	Condicional
aprendo	aprendía	aprendí	aprenderé	aprendería
aprendes	aprendías	aprendiste	aprenderás	aprenderías
aprende	aprendía	aprendió	aprenderá	aprendería
aprendemos	aprendíamos	aprendimos	aprenderemos	aprenderíamos
aprendéis	aprendíais	aprendisteis	aprenderéis	aprenderíais
aprenden	aprendían	aprendieron	aprenderán	aprenderían

Subjuntivo

Presente	Imperfecto	
aprenda	aprendiera	aprendiese
aprendas	aprendieras	aprendieses
aprenda	aprendiera	aprendiese
aprendamos	aprendiéramos	aprendiésemos
aprendáis	aprendierais	aprendieseis
aprendan	aprendieran	aprendiesen

Imperativo

Afirmativo	Negativo
aprende (tú)	no aprendas
aprenda (Ud.)	
aprendamos	
aprended (vosotros)	no aprendáis
aprendan (Uds.)	

Tiempos compuestos

Indicativo

Presente perfecto	Pluscuam-perfecto	Futuro perfecto	Condicional perfecto
he aprendido	había aprendido	habré aprendido	habría aprendido
has aprendido	habías aprendido	habrás aprendido	habrías aprendido
ha aprendido	había aprendido	habrá aprendido	habría aprendido
hemos aprendido	habíamos aprendido	habremos aprendido	habríamos aprendido
habéis aprendido	habíais aprendido	habréis aprendido	habríais aprendido
han aprendido	habían aprendido	habrán aprendido	habrían aprendido

Subjuntivo

Presente perfecto	Pluscuamperfecto	
haya aprendido	hubiera aprendido	hubiese aprendido
hayas aprendido	hubieras aprendido	hubieses aprendido
haya aprendido	hubiera aprendido	hubiese aprendido
hayamos aprendido	hubiéramos aprendido	hubiésemos aprendido
hayáis aprendido	hubierais aprendido	hubieseis aprendido
hayan aprendido	hubieran aprendido	hubiesen aprendido

Verbo de la tercera conjugación: **-ir**
Infinitivo: **vivir**
Gerundio: **viviendo**
Participio pasado: **vivido**

Tiempos simples

Indicativo

Presente	*Imperfecto*	*Pretérito*	*Futuro*	*Condicional*
vivo	vivía	viví	viviré	viviría
vives	vivías	viviste	vivirás	vivirías
vive	vivía	vivió	vivirá	viviría
vivimos	vivíamos	vivimos	viviremos	viviríamos
vivís	vivíais	vivisteis	viviréis	viviríais
viven	vivían	vivieron	vivirán	vivirían

Subjuntivo

Presente	*Imperfecto*	
viva	viviera	viviese
vivas	vivieras	vivieses
viva	viviera	viviese
vivamos	viviéramos	viviésemos
viváis	vivierais	vivieseis
vivan	vivieran	viviesen

Imperativo

Afirmativo	*Negativo*
vive (tú)	no vivas
viva (Ud.)	
vivamos	
vivid (vosotros)	no viváis
vivan (Uds.)	

Tiempos compuestos

Indicativo

Presente perfecto	*Pluscuam-perfecto*	*Futuro perfecto*	*Condicional perfecto*
he vivido	había vivido	habré vivido	habría vivido
has vivido	habías vivido	habrás vivido	habrías vivido
ha vivido	había vivido	habrá vivido	habría vivido
hemos vivido	habíamos vivido	habremos vivido	habríamos vivido
habéis vivido	habíais vivido	habréis vivido	habríais vivido
han vivido	habían vivido	habrán vivido	habrían vivido

Subjuntivo

Presente perfecto	*Pluscuamperfecto*	
haya vivido	hubiera vivido	hubiese vivido
hayas vivido	hubieras vivido	hubieses vivido
haya vivido	hubiera vivido	hubiese vivido
hayamos vivido	hubiéramos vivido	hubiésemos vivido
hayáis vivido	hubierais vivido	hubieseis vivido
hayan vivido	hubieran vivido	hubiesen vivido

VERBOS IRREGULARES

Indicativo	Presente	Imperfecto	Pretérito	Futuro	Condicional	Subjuntivo Presente	Subjuntivo Imperfecto		Imperativo Afirmativo	Imperativo Negativo
andar	ando	andaba	anduve	andaré	andaría	ande	anduviera	anduviese	anda	no andes
	andas	andabas	anduviste	andarás	andarías	andes	anduvieras	anduvieses	ande	
	anda	andaba	anduvo	andará	andaría	ande	anduviera	anduviese	andemos	
andando	andamos	andábamos	anduvimos	andaremos	andaríamos	andemos	anduviéramos	anduviésemos	andad	no andéis
	andáis	andabais	anduvisteis	andaréis	andaríais	andéis	anduvierais	anduvieseis	anden	
andado	andan	andaban	anduvieron	andarán	andarían	anden	anduvieran	anduviesen		
caber	quepo	cabía	cupe	cabré	cabría	quepa	cupiera	cupiese	cabe	no quepas
	cabes	cabías	cupiste	cabrás	cabrías	quepas	cupieras	cupieses	quepa	
cabiendo	cabe	cabía	cupo	cabrá	cabría	quepa	cupiera	cupiese	quepamos	
	cabemos	cabíamos	cupimos	cabremos	cabríamos	quepamos	cupiéramos	cupiésemos	cabed	no quepáis
cabido	cabéis	cabíais	cupisteis	cabréis	cabríais	quepáis	cupierais	cupieseis	quepan	
	caben	cabían	cupieron	cabrán	cabrían	quepan	cupieran	cupiesen		
caer	caigo	caía	caí	caeré	caería	caiga	cayera	cayese	cae	no caigas
	caes	caías	caíste	caerás	caerías	caigas	cayeras	cayeses	caiga	
cayendo	cae	caía	cayó	caerá	caería	caiga	cayera	cayese	caigamos	
	caemos	caíamos	caímos	caeremos	caeríamos	caigamos	cayéramos	cayésemos	caed	no caigáis
caído	caéis	caíais	caísteis	caeréis	caeríais	caigáis	cayerais	cayeseis	caigan	
	caen	caían	cayeron	caerán	caerían	caigan	cayeran	cayesen		
conducir	conduzco	conducía	conduje	conduciré	conduciría	conduzca	condujera	condujese	conduce	no conduzcas
	conduces	conducías	condujiste	conducirás	conducirías	conduzcas	condujeras	condujeses	conduzca	
conduciendo	conduce	conducía	condujo	conducirá	conduciría	conduzca	condujera	condujese	conduzcamos	
	conducimos	conducíamos	condujimos	conduciremos	conduciríamos	conduzcamos	condujéramos	condujésemos	conducid	no conduzcáis
conducido	conducís	conducíais	condujisteis	conduciréis	conduciríais	conduzcáis	condujerais	condujeseis	conduzcan	
	conducen	conducían	condujeron	conducirán	conducirían	conduzcan	condujeran	condujesen		
dar	doy	daba	di	daré	daría	dé	diera	diese	da	no des
	das	dabas	diste	darás	darías	des	dieras	dieses	dé	
dando	da	daba	dio	dará	daría	dé	diera	diese	demos	
	damos	dábamos	dimos	daremos	daríamos	demos	diéramos	diésemos	dad	no deis
dado	dais	dabais	disteis	daréis	daríais	deis	dierais	dieseis	den	
	dan	daban	dieron	darán	darían	den	dieran	diesen		
decir	digo	decía	dije	diré	diría	diga	dijera	dijese	di	no digas
	dices	decías	dijiste	dirás	dirías	digas	dijeras	dijeses	diga	
diciendo	dice	decía	dijo	dirá	diría	diga	dijera	dijese	digamos	
	decimos	decíamos	dijimos	diremos	diríamos	digamos	dijéramos	dijésemos	decid	no digáis
dicho	decís	decíais	dijisteis	diréis	diríais	digáis	dijerais	dijeseis	digan	
	dicen	decían	dijeron	dirán	dirían	digan	dijeran	dijesen		

estar / estando / estado

	Presente	Imperfecto	Pretérito	Futuro	Condicional	Pres. subj.	Imperf. subj. (-ra)	Imperf. subj. (-se)	Imperativo	Imperativo neg.
	estoy	estaba	estuve	estaré	estaría	esté	estuviera	estuviese		
	estás	estabas	estuviste	estarás	estarías	estés	estuvieras	estuvieses	está	no estés
	está	estaba	estuvo	estará	estaría	esté	estuviera	estuviese	esté	
	estamos	estábamos	estuvimos	estaremos	estaríamos	estemos	estuviéramos	estuviésemos	estemos	
	estáis	estabais	estuvisteis	estaréis	estaríais	estéis	estuvierais	estuvieseis	estad	no estéis
	están	estaban	estuvieron	estarán	estarían	estén	estuvieran	estuviesen	estén	

haber / habiendo / habido

	Presente	Imperfecto	Pretérito	Futuro	Condicional	Pres. subj.	Imperf. subj. (-ra)	Imperf. subj. (-se)
	he	había	hube	habré	habría	haya	hubiera	hubiese
	has	habías	hubiste	habrás	habrías	hayas	hubieras	hubieses
	ha	había	hubo	habrá	habría	haya	hubiera	hubiese
	hemos	habíamos	hubimos	habremos	habríamos	hayamos	hubiéramos	hubiésemos
	habéis	habíais	hubisteis	habréis	habríais	hayáis	hubierais	hubieseis
	han	habían	hubieron	habrán	habrían	hayan	hubieran	hubiesen

hacer / haciendo / hecho

	Presente	Imperfecto	Pretérito	Futuro	Condicional	Pres. subj.	Imperf. subj. (-ra)	Imperf. subj. (-se)	Imperativo	Imperativo neg.
	hago	hacía	hice	haré	haría	haga	hiciera	hiciese		
	haces	hacías	hiciste	harás	harías	hagas	hicieras	hicieses	haz	no hagas
	hace	hacía	hizo	hará	haría	haga	hiciera	hiciese	haga	
	hacemos	hacíamos	hicimos	haremos	haríamos	hagamos	hiciéramos	hiciésemos	hagamos	
	hacéis	hacíais	hicisteis	haréis	haríais	hagáis	hicierais	hicieseis	haced	no hagáis
	hacen	hacían	hicieron	harán	harían	hagan	hicieran	hiciesen	hagan	

ir / yendo / ido

	Presente	Imperfecto	Pretérito	Futuro	Condicional	Pres. subj.	Imperf. subj. (-ra)	Imperf. subj. (-se)	Imperativo	Imperativo neg.
	voy	iba	fui	iré	iría	vaya	fuera	fuese		
	vas	ibas	fuiste	irás	irías	vayas	fueras	fueses	vé	no vayas
	va	iba	fue	irá	iría	vaya	fuera	fuese	vaya	
	vamos	íbamos	fuimos	iremos	iríamos	vayamos	fuéramos	fuésemos	vamos	
	vais	ibais	fuisteis	iréis	iríais	vayáis	fuerais	fueseis	id	no vayáis
	van	iban	fueron	irán	irían	vayan	fueran	fuesen	vayan	

oír / oyendo / oído

	Presente	Imperfecto	Pretérito	Futuro	Condicional	Pres. subj.	Imperf. subj. (-ra)	Imperf. subj. (-se)	Imperativo	Imperativo neg.
	oigo	oía	oí	oiré	oiría	oiga	oyera	oyese		
	oyes	oías	oíste	oirás	oirías	oigas	oyeras	oyeses	oye	no oigas
	oye	oía	oyó	oirá	oiría	oiga	oyera	oyese	oiga	
	oímos	oíamos	oímos	oiremos	oiríamos	oigamos	oyéramos	oyésemos	oigamos	
	oís	oíais	oísteis	oiréis	oiríais	oigáis	oyerais	oyeseis	oíd	no oigáis
	oyen	oían	oyeron	oirán	oirían	oigan	oyeran	oyesen	oigan	

poder / pudiendo / podido

	Presente	Imperfecto	Pretérito	Futuro	Condicional	Pres. subj.	Imperf. subj. (-ra)	Imperf. subj. (-se)
	puedo	podía	pude	podré	podría	pueda	pudiera	pudiese
	puedes	podías	pudiste	podrás	podrías	puedas	pudieras	pudieses
	puede	podía	pudo	podrá	podría	pueda	pudiera	pudiese
	podemos	podíamos	pudimos	podremos	podríamos	podamos	pudiéramos	pudiésemos
	podéis	podíais	pudisteis	podréis	podríais	podáis	pudierais	pudieseis
	pueden	podían	pudieron	podrán	podrían	puedan	pudieran	pudiesen

poner / poniendo / puesto

	Presente	Imperfecto	Pretérito	Futuro	Condicional	Pres. subj.	Imperf. subj. (-ra)	Imperf. subj. (-se)	Imperativo	Imperativo neg.
	pongo	ponía	puse	pondré	pondría	ponga	pusiera	pusiese		
	pones	ponías	pusiste	pondrás	pondrías	pongas	pusieras	pusieses	pon	no pongas
	pone	ponía	puso	pondrá	pondría	ponga	pusiera	pusiese	ponga	
	ponemos	poníamos	pusimos	pondremos	pondríamos	pongamos	pusiéramos	pusiésemos	pongamos	
	ponéis	poníais	pusisteis	pondréis	pondríais	pongáis	pusierais	pusieseis	poned	no pongáis
	ponen	ponían	pusieron	pondrán	pondrían	pongan	pusieran	pusiesen	pongan	

querer / queriendo / querido

	Presente	Imperfecto	Pretérito	Futuro	Condicional	Pres. subj.	Imperf. subj. (-ra)	Imperf. subj. (-se)
	quiero	quería	quise	querré	querría	quiera	quisiera	quisiese
	quieres	querías	quisiste	querrás	querrías	quieras	quisieras	quisieses
	quiere	quería	quiso	querrá	querría	quiera	quisiera	quisiese
	queremos	queríamos	quisimos	querremos	querríamos	queramos	quisiéramos	quisiésemos
	queréis	queríais	quisisteis	querréis	querríais	queráis	quisierais	quisieseis
	quieren	querían	quisieron	querrán	querrían	quieran	quisieran	quisiesen

saber — sabiendo — sabido

	Presente	Imperfecto	Pretérito	Futuro	Condicional	Pres. subj.	Imp. subj. (-ra)	Imp. subj. (-se)	Imperativo	Imperativo neg.
yo	sé	sabía	supe	sabré	sabría	sepa	supiera	supiese		
tú	sabes	sabías	supiste	sabrás	sabrías	sepas	supieras	supieses	sabe	no sepas
él	sabe	sabía	supo	sabrá	sabría	sepa	supiera	supiese	sepa	
nosotros	sabemos	sabíamos	supimos	sabremos	sabríamos	sepamos	supiéramos	supiésemos	sepamos	
vosotros	sabéis	sabíais	supisteis	sabréis	sabríais	sepáis	supierais	supieseis	sabed	no sepáis
ellos	saben	sabían	supieron	sabrán	sabrían	sepan	supieran	supiesen	sepan	

salir — saliendo — salido

	Presente	Imperfecto	Pretérito	Futuro	Condicional	Pres. subj.	Imp. subj. (-ra)	Imp. subj. (-se)	Imperativo	Imperativo neg.
yo	salgo	salía	salí	saldré	saldría	salga	saliera	saliese		
tú	sales	salías	saliste	saldrás	saldrías	salgas	salieras	salieses	sal	no salgas
él	sale	salía	salió	saldrá	saldría	salga	saliera	saliese	salga	
nosotros	salimos	salíamos	salimos	saldremos	saldríamos	salgamos	saliéramos	saliésemos	salgamos	
vosotros	salís	salíais	salisteis	saldréis	saldríais	salgáis	salierais	salieseis	salid	no salgáis
ellos	salen	salían	salieron	saldrán	saldrían	salgan	salieran	saliesen	salgan	

ser — siendo — sido

	Presente	Imperfecto	Pretérito	Futuro	Condicional	Pres. subj.	Imp. subj. (-ra)	Imp. subj. (-se)	Imperativo	Imperativo neg.
yo	soy	era	fui	seré	sería	sea	fuera	fuese		
tú	eres	eras	fuiste	serás	serías	seas	fueras	fueses	sé	no seas
él	es	era	fue	será	sería	sea	fuera	fuese	sea	
nosotros	somos	éramos	fuimos	seremos	seríamos	seamos	fuéramos	fuésemos	seamos	
vosotros	sois	erais	fuisteis	seréis	seríais	seáis	fuerais	fueseis	sed	no seáis
ellos	son	eran	fueron	serán	serían	sean	fueran	fuesen	sean	

tener — teniendo — tenido

	Presente	Imperfecto	Pretérito	Futuro	Condicional	Pres. subj.	Imp. subj. (-ra)	Imp. subj. (-se)	Imperativo	Imperativo neg.
yo	tengo	tenía	tuve	tendré	tendría	tenga	tuviera	tuviese		
tú	tienes	tenías	tuviste	tendrás	tendrías	tengas	tuvieras	tuvieses	ten	no tengas
él	tiene	tenía	tuvo	tendrá	tendría	tenga	tuviera	tuviese	tenga	
nosotros	tenemos	teníamos	tuvimos	tendremos	tendríamos	tengamos	tuviéramos	tuviésemos	tengamos	
vosotros	tenéis	teníais	tuvisteis	tendréis	tendríais	tengáis	tuvierais	tuvieseis	tened	no tengáis
ellos	tienen	tenían	tuvieron	tendrán	tendrían	tengan	tuvieran	tuviesen	tengan	

traer — trayendo — traído

	Presente	Imperfecto	Pretérito	Futuro	Condicional	Pres. subj.	Imp. subj. (-ra)	Imp. subj. (-se)	Imperativo	Imperativo neg.
yo	traigo	traía	traje	traeré	traería	traiga	trajera	trajese		
tú	traes	traías	trajiste	traerás	traerías	traigas	trajeras	trajeses	trae	no traigas
él	trae	traía	trajo	traerá	traería	traiga	trajera	trajese	traiga	
nosotros	traemos	traíamos	trajimos	traeremos	traeríamos	traigamos	trajéramos	trajésemos	traigamos	
vosotros	traéis	traíais	trajisteis	traeréis	traeríais	traigáis	trajerais	trajeseis	traed	no traigáis
ellos	traen	traían	trajeron	traerán	traerían	traigan	trajeran	trajesen	traigan	

valer — valiendo — valido

	Presente	Imperfecto	Pretérito	Futuro	Condicional	Pres. subj.	Imp. subj. (-ra)	Imp. subj. (-se)	Imperativo	Imperativo neg.
yo	valgo	valía	valí	valdré	valdría	valga	valiera	valiese		
tú	vales	valías	valiste	valdrás	valdrías	valgas	valieras	valieses	val	no valgas
él	vale	valía	valió	valdrá	valdría	valga	valiera	valiese	valga	
nosotros	valemos	valíamos	valimos	valdremos	valdríamos	valgamos	valiéramos	valiésemos	valgamos	
vosotros	valéis	valíais	valisteis	valdréis	valdríais	valgáis	valierais	valieseis	valed	no valgáis
ellos	valen	valían	valieron	valdrán	valdrían	valgan	valieran	valiesen	valgan	

venir — viniendo — venido

	Presente	Imperfecto	Pretérito	Futuro	Condicional	Pres. subj.	Imp. subj. (-ra)	Imp. subj. (-se)	Imperativo	Imperativo neg.
yo	vengo	venía	vine	vendré	vendría	venga	viniera	viniese		
tú	vienes	venías	viniste	vendrás	vendrías	vengas	vinieras	vinieses	ven	no vengas
él	viene	venía	vino	vendrá	vendría	venga	viniera	viniese	venga	
nosotros	venimos	veníamos	vinimos	vendremos	vendríamos	vengamos	viniéramos	viniésemos	vengamos	
vosotros	venís	veníais	vinisteis	vendréis	vendríais	vengáis	vinierais	vinieseis	venid	no vengáis
ellos	vienen	venían	vinieron	vendrán	vendrían	vengan	vinieran	viniesen	vengan	

ver — viendo — visto

	Presente	Imperfecto	Pretérito	Futuro	Condicional	Pres. subj.	Imp. subj. (-ra)	Imp. subj. (-se)	Imperativo	Imperativo neg.
yo	veo	veía	vi	veré	vería	vea	viera	viese		
tú	ves	veías	viste	verás	verías	veas	vieras	vieses	ve	no veas
él	ve	veía	vio	verá	vería	vea	viera	viese	vea	
nosotros	vemos	veíamos	vimos	veremos	veríamos	veamos	viéramos	viésemos	veamos	
vosotros	veis	veíais	visteis	veréis	veríais	veáis	vierais	vieseis	ved	no veáis
ellos	ven	veían	vieron	verán	verían	vean	vieran	viesen	vean	

VERBOS CON CAMBIOS EN EL RADICAL

Verbos de la primera y de la segunda conjugación (-ar y -er): o > ue

	Indicativo					Subjuntivo		Imperativo	
	Presente	Imperfecto	Pretérito	Futuro	Condicional	Presente	Imperfecto	Afirmativo	Negativo
contar	cuento	contaba	conté	contaré	contaría	cuente	contara / contase		
	cuentas	contabas	contaste	contarás	contarías	cuentes	contaras / contases	cuenta	no cuentes
	cuenta	contaba	contó	contará	contaría	cuente	contara / contase	cuente	
contando	contamos	contábamos	contamos	contaremos	contaríamos	contemos	contáramos / contásemos	contemos	
	contáis	contabais	contasteis	contaréis	contaríais	contéis	contarais / contaseis	contad	no contéis
contado	cuentan	contaban	contaron	contarán	contarían	cuenten	contaran / contasen	cuenten	
volver	vuelvo	volvía	volví	volveré	volvería	vuelva	volviera / volviese		
	vuelves	volvías	volviste	volverás	volverías	vuelvas	volvieras / volvieses	vuelve	no vuelvas
	vuelve	volvía	volvió	volverá	volvería	vuelva	volviera / volviese	vuelva	
volviendo	volvemos	volvíamos	volvimos	volveremos	volveríamos	volvamos	volviéramos / volviésemos	volvamos	
	volvéis	volvíais	volvisteis	volveréis	volveríais	volváis	volvierais / volvieseis	volved	no volváis
vuelto	vuelven	volvían	volvieron	volverán	volverían	vuelvan	volvieran / volviesen	vuelvan	

Otros verbos: acordarse, acostar(se), almorzar, apostar, colgar, costar, demostrar, encontrar, llover, mover, mostrar, probar, recordar, rogar, soler, soñar, torcer

Verbos de la primera y de la segunda conjugación (-ar y -er): e > ie

	Indicativo					Subjuntivo		Imperativo	
	Presente	Imperfecto	Pretérito	Futuro	Condicional	Presente	Imperfecto	Afirmativo	Negativo
pensar	pienso	pensaba	pensé	pensaré	pensaría	piense	pensara / pensase		
	piensas	pensabas	pensaste	pensarás	pensarías	pienses	pensaras / pensases	piensa	no pienses
	piensa	pensaba	pensó	pensará	pensaría	piense	pensara / pensase	piense	
pensando	pensamos	pensábamos	pensamos	pensaremos	pensaríamos	pensemos	pensáramos / pensásemos	pensemos	
	pensáis	pensabais	pensasteis	pensaréis	pensaríais	penséis	pensarais / pensaseis	pensad	no penséis
pensado	piensan	pensaban	pensaron	pensarán	pensarían	piensen	pensaran / pensasen	piensen	
entender	entiendo	entendía	entendí	entenderé	entendería	entienda	entendiera / entendiese		
	entiendes	entendías	entendiste	entenderás	entenderías	entiendas	entendieras / entendieses	entiende	no entiendas
	entiende	entendía	entendió	entenderá	entendería	entienda	entendiera / entendiese	entienda	
entendiendo	entendemos	entendíamos	entendimos	entenderemos	entenderíamos	entendamos	entendiéramos / entendiésemos	entendamos	
	entendéis	entendíais	entendisteis	entenderéis	entenderíais	entendáis	entendierais / entendieseis	entended	no entendáis
entendido	entienden	entendían	entendieron	entenderán	entenderían	entiendan	entendieran / entendiesen	entiendan	

Otros verbos: atravesar, cerrar, comenzar, confesar, despertar(se), empezar, encender, entender, negar, nevar, perder, sentar(se), tender, tropezar

Verbos de la tercera conjugación (-ir): o > ue > u

Indicativo

	Presente	Imperfecto	Pretérito	Futuro	Condicional
dormir	duermo	dormía	dormí	dormiré	dormiría
	duermes	dormías	dormiste	dormirás	dormirías
durmiendo	duerme	dormía	durmió	dormirá	dormiría
	dormimos	dormíamos	dormimos	dormiremos	dormiríamos
dormido	dormís	dormíais	dormisteis	dormiréis	dormiríais
	duermen	dormían	durmieron	dormirán	dormirían

Subjuntivo

Presente	Imperfecto	
duerma	durmiera	durmiese
duermas	durmieras	durmieses
duerma	durmiera	durmiese
durmamos	durmiéramos	durmiésemos
durmáis	durmierais	durmieseis
duerman	durmieran	durmiesen

Imperativo

Afirmativo	Negativo
duerme	no duermas
duerma	
durmamos	
dormid	no durmáis
duerman	

Otro verbo: morir

Verbos de la tercera conjugación (-ir): e > ie > i

Indicativo

	Presente	Imperfecto	Pretérito	Futuro	Condicional
mentir	miento	mentía	mentí	mentiré	mentiría
	mientes	mentías	mentiste	mentirás	mentirías
mintiendo	miente	mentía	mintió	mentirá	mentiría
	mentimos	mentíamos	mentimos	mentiremos	mentiríamos
mentido	mentís	mentíais	mentisteis	mentiréis	mentiríais
	mienten	mentían	mintieron	mentirán	mentirían

Subjuntivo

Presente	Imperfecto	
mienta	mintiera	mintiese
mientas	mintieras	mintieses
mienta	mintiera	mintiese
mintamos	mintiéramos	mintiésemos
mintáis	mintierais	mintieseis
mientan	mintieran	mintiesen

Imperativo

Afirmativo	Negativo
miente	no mientas
mienta	
mintamos	
mentid	no mintáis
mientan	

Otros verbos: advertir, arrepentir(se), consentir, convertir(se), divertir(se), herir, preferir, referir, sugerir

---

Verbos de la tercera conjugación (-ir): e > i

Indicativo

	Presente	Imperfecto	Pretérito	Futuro	Condicional
pedir	pido	pedía	pedí	pediré	pediría
	pides	pedías	pediste	pedirás	pedirías
pidiendo	pide	pedía	pidió	pedirá	pediría
	pedimos	pedíamos	pedimos	pediremos	pediríamos
pedido	pedís	pedíais	pedisteis	pediréis	pediríais
	piden	pedían	pidieron	pedirán	pedirían

Subjuntivo

Presente	Imperfecto	
pida	pidiera	pidiese
pidas	pidieras	pidieses
pida	pidiera	pidiese
pidamos	pidiéramos	pidiésemos
pidáis	pidierais	pidieseis
pidan	pidieran	pidiesen

Imperativo

Afirmativo	Negativo
pide	no pidas
pida	
pidamos	
pedid	no pidáis
pidan	

Otros verbos: competir, concebir, despedir(se), elegir, impedir, perseguir, reír(se), repetir, reñir, seguir, servir, vestir(se)

VERBOS DE CAMBIO ORTOGRÁFICO

-gar g > gu delante de e

Verbo	Indicativo	Subjuntivo
	Pretérito	*Presente*
llegar	llegué	llegue
	llegaste	llegues
	llegó	llegue
	llegamos	lleguemos
	llegasteis	lleguéis
	llegaron	lleguen

Otros verbos: colgar, navegar, pagar, rogar, jugar

-ger, -gir g > j delante de a y o

Verbo	Indicativo	Subjuntivo
	Presente	*Presente*
proteger	protejo	proteja
	proteges	protejas
	protege	proteja
	protegemos	protejamos
	protegéis	protejáis
	protegen	protejan

Otros verbos: coger, dirigir, escoger, exigir, recoger, corregir

-guir gu > g delante de o y a

Verbo	Indicativo	Subjuntivo
	Presente	*Presente*
seguir	sigo	siga
	sigues	sigas
	sigue	siga
	seguimos	sigamos
	seguís	sigáis
	siguen	sigan

Otros verbos: conseguir, distinguir, perseguir, proseguir

-guar gu > gü delante de e

Verbo	Indicativo	Subjuntivo
	Pretérito	*Presente*
averiguar	averigüé	averigüe
	averiguaste	averigües
	averiguó	averigüe
	averiguamos	averigüemos
	averiguasteis	averigüéis
	averiguaron	averigüen

Otros verbos: apaciguar

-car c > qu delante de e

Verbo	Indicativo	Subjuntivo
	Pretérito	*Presente*
buscar	busqué	busque
	buscaste	busques
	buscó	busque
	buscamos	busquemos
	buscasteis	busquéis
	buscaron	busquen

Otros verbos: comunicar, explicar, indicar, sacar, tocar

-zar z > c delante de e

Verbo	Indicativo	Subjuntivo
	Pretérito	*Presente*
comenzar	comencé	comience
	comenzaste	comiences
	comenzó	comience
	comenzamos	comencemos
	comenzasteis	comencéis
	comenzaron	comiencen

Otros verbos: abrazar, almorzar, cruzar, empezar, gozar

-cer, -cir después de una consonante c > z delante de a y o

Verbo	Indicativo	Subjuntivo
	Presente	*Presente*
vencer	venzo	venza
	vences	venzas
	vence	venza
	vencemos	venzamos
	vencéis	venzáis
	vencen	venzan

Otros verbos: convencer, esparcir, torcer

-cer, -cir después de una vocal c > zc delante de o y a

Verbo	Indicativo	Subjuntivo
	Presente	*Presente*
conocer	conozco	conozca
	conoces	conozcas
	conoce	conozca
	conocemos	conozcamos
	conocéis	conozcáis
	conocen	conozcan

Otros verbos: agradecer, aparecer, establecer, merecer, obedecer, producir, ofrecer

-uir	i (no acentuada) > y entre vocales (menos **-quir**)

Verbo			Indicativo	Imperativo	Subjuntivo	
	Presente	Pretérito			Presente	Imperfecto
huir	huyo	huí			huya	huyera
	huyes	huiste	huye		huyas	huyeras
	huye	huyó	huya		huya	huyera
huyendo	huimos	huimos	huyamos		huyamos	huyéramos
	huís	huisteis	huid		huyáis	huyerais
huido	huyen	huyeron	huyan		huyan	huyeran

Otros verbos: construir, concluir, contribuir, destruir, instruir, sustituir

-aer, -eer,	i (no acentuada) > y entre vocales

Verbo	Indicativo	Subjuntivo
	Pretérito	Imperfecto
creer	creí	creyera
	creíste	creyeras
	creyó	creyera
creyendo	creímos	creyéramos
	creísteis	creyerais
creído	creyeron	creyeran

Otros verbos: leer, poseer, caer

-eír	pierde una **e**

Verbo	Indicativo	Subjuntivo
	Pretérito	Imperfecto
reír	reí	riera
	reíste	rieras
	rió	riera
riendo	reímos	riéramos
	reísteis	rierais
reído	rieron	rieran

Otros verbos: sonreír, freír

-iar	i > í

Verbo	Indicativo	Subjuntivo
	Presente	Presente
enviar	envío	envíe
	envías	envíes
	envía	envíe
	enviamos	enviemos
	enviáis	enviéis
	envían	envíen

Otros verbos: ampliar, criar, enfriar, guiar, variar

-uar	u > ú

Verbo	Indicativo	Subjuntivo
	Presente	Presente
actuar	actúo	actúe
	actúas	actúes
	actúa	actúe
	actuamos	actuemos
	actuáis	actuéis
	actúan	actúen

Otros verbos: acentuar, continuar, efectuar, graduar(se), situar

¿LLEVA EL VERBO UNA PREPOSICIÓN?

abandonarse a + *noun*	to give oneself up to	Me abandoné a la tristeza.
acabar con + *noun*	to finish, exhaust	Acabé con mis tareas.
acabar de + *inf.*	to have just	Acabamos de llegar.
acabar por + *inf.*	to end (up) by	Acabaste por pedirle perdón.
acercarse a + *inf.*	to approach	Se acercó a ver el desfile.
+ *noun*		Se acercó a la casa.
aconsejar + *inf.*	to advise	Te aconsejo confesar tu falta.
acordarse (o > ue) de + *inf.*	to remember	¿Te acordarás de escribirme?
+ *noun*		Me acordé de ti.
acostumbrarse a + *inf.*	to get used to	Se acostumbraron a salir temprano.
+ *noun*		Se acostumbró al país.
agradecer + *noun*	to be thankful for	Te agradezco tu compañía.
alegrarse de + *inf.*	to be glad to (about)	Me alegro de verlos sanos y contentos.
alejarse de + *noun*	to go away from	Nos alejamos del parque.
amenazar con + *inf.*	to threaten to, with	Me amenazó con no pagar.
+ *noun*	to threaten with	Me amenazó con un palo.
animar a + *inf.*	to encourage to	Lo animé a salir.
animarse a + *inf.*	to make up one's mind to	Nos animamos a bailar.
apostar (o > ue) a + *inf.*	to bet (that)	Te apuesto a que tengo razón.
aprender a + *inf.*	to learn to	Aprendiste a cocinar.
apresurarse a + *inf.*	to hasten to	Se apresuraron a ir de compras.
aprovechar + *inf.*	to make good use of	Aproveché la gran oportunidad.
aprovecharse de + *inf.*	to take advantage of	Se aprovecharon del pobre viudo.
arrepentirse (e > ie, i) de + *inf.*	to repent of, to be sorry for	Se arrepintió de hacerlo.
+ *noun*		Me arrepiento de mis faltas.
arriesgarse a + *inf.*	to risk	Nos arriesgamos a perderlo todo.
asistir a + *noun*	to attend	Asistimos al concierto anoche.
asomarse a + *inf.*	to appear (at), to look out of	Me asomé a ver si venía.
+ *noun*		Me asomé a la ventana.
asombrarse de + *inf.*	to be astonished at	Se asombró de conducir tan rápido.
+ *noun*		Se asombró de los cuadros.
aspirar a + *inf.*	to aspire to	Aspira a ser astronauta.
asustarse de + *inf.*	to be frightened at	Se asustó de verme tan triste.
+ *noun*		Se asustó de su aspecto triste.
atreverse a + *inf.*	to dare (to)	Te atreviste a venir en la lluvia.
autorizar a (para) + *inf.*	to authorize to	¿Me autorizas a comprar el coche?

aventurarse a + *inf.*	*to venture (to)*	Nos aventuramos a entrar en el castillo.
avergonzarse (o > üe) de + *inf.*	*to be ashamed of*	Me avergüenzo de no saber la lección.
ayudar a + *inf.*	*to help to*	Te ayudo a cocinar.
bastar con + *noun*	*to be enough*	Basta con eso para prepararlo.
burlarse de + *noun*	*to make fun of*	Se burlaron del enfermo.
buscar + *noun*	*to look for*	Busco mis libros.
cambiar de + *noun*	*to change*	Cambiamos de avión.
cansarse de + *inf.*	*to grow tired of*	Se cansó de esperarla.
carecer de + *noun*	*to lack*	Carece de ideales.
casarse con + *noun*	*to get married to*	Se casó con José.
cesar de + *inf.*	*to cease, to stop*	Cesó de llover.
comenzar (e > ie) a + *inf.*	*to begin to*	Comenzaron a pintar la casa.
complacerse en + *inf.*	*to take pleasure in*	Se complacen en enviarme regalos.
comprometerse a + *inf.*	*to obligate oneself to*	Me comprometo a firmar el contrato.
comprometerse con + *noun*	*to get engaged to*	Se comprometió con Juan.
concluir de + *inf.*	*to finish*	Concluimos de trabajar a las ocho.
condenar a + *inf.*	*to condemn to*	Fue condenado a morir.
+ *noun*		Fue condenado a muerte.
confesar (e > ie) + *inf.*	*to confess*	Confesó tener miedo.
+ *noun*		Confiesa su miedo.
confiar en + *inf.*	*to trust*	Confío en saber pronto la verdad.
+ *noun*		Confío en la verdad.
conformarse con + *inf.*	*to resign oneself to*	Me conformo con vivir en la pobreza.
+ *noun*		Me conformo con la pobreza.
consagrarse a + *inf.*	*to devote oneself to*	Se consagró a trabajar día y noche.
+ *noun*		Se consagró al trabajo.
conseguir (e > i) + *inf.*	*to succeed in (doing)*	Consiguió llegar a la cumbre.
+ *noun*	*to get, to obtain*	Consigo dinero para el viaje.
consentir (e > ie, i) + *inf.*	*to consent to*	No le consiento gritar.
contar (o > ue) con + *inf.*	*to count on, rely upon*	Cuento con tener tu ayuda.
+ *noun*		Cuento con tu ayuda.
contentarse con + *inf.*	*to content oneself with*	Me contento con viajar.
+ *noun*		Me contento con un viaje.
contribuir a + *inf.*	*to contribute to*	Contribuyó a descubrir el crimen.
+ *noun*		Contribuyó al descubrimiento.
convenir (e > ie) + *inf.*	*to be convenient*	Conviene decírselo.
convenir en + *inf.*	*to agree to*	Convenimos en ir juntos.

convertirse (e > ie, i) en + *noun*	*to become*	La lluvia se convirtió en granizo.
creer + *inf.*	*to believe, to think*	Creo entender sus intenciones.
cuidar + *noun*	*to care for*	Cuidaba mucho sus plantas.
cuidar de + *inf.*	*to take care to*	Cuide de no perderlo.
cumplir con + *noun*	*to fulfill*	Cumplió con su obligación.
deber + *inf.*	*ought, must*	Debe hablar en voz alta.
decidir + *inf.*	*to decide*	Decidieron enviar la carta.
decidirse a + *inf.*	*to make up one's mind to, to decide upon*	Nos decidimos a comenzar.
+ *noun*		Nos decidimos al viaje.
decidirse por + *noun*	*to decide on*	Me decidí por estos zapatos.
dedicarse a + *inf.*	*to devote oneself to*	Me dediqué a trabajar.
+ *noun*		Me dediqué al trabajo.
dejar + *inf.*	*to let, to allow, to permit*	Déjame probarlo.
dejar de + *inf.*	*to stop, to fail to*	Dejará de trabajar.
desafiar a + *inf.*	*to dare to, to challenge to*	Te desafío a pelear.
+ *noun*		Te desafío a un duelo.
desear + *inf.*	*to desire*	Deseo tener dos hijos.
despedirse (e > i) de + *noun*	*to take leave of*	Nos despedimos de ellos.
destinar a (para) + *noun*	*to destine to, to assign*	Fue destinado al (para el) Perú.
determinarse a + *inf.*	*to make up one's mind to*	Me determiné a seguir mi carrera.
dirigirse a + *noun*	*to address, to make one's way toward*	Se dirigió a la policía.
disculparse por + *inf.*	*to excuse oneself for*	Se disculpó por llegar tarde.
+ *noun*		Se disculpó por su error.
disfrutar de + *noun*	*to enjoy (a thing)*	¡Disfrute de la vida!
disponerse a + *inf.*	*to get ready to*	Se dispusieron a partir.
divertirse (i > ie, i) con + *persona*	*to amuse oneself (by) with (a person)*	Me divierto con Juan.
en + *noun*		Me divierto en las fiestas.
dudar + *inf.*	*to doubt*	Dudo saber la lección.
dudar de + *noun*	*to doubt*	Duda de todos.
dudar en + *inf.*	*to hesitate to*	¿Por qué dudaste en llamarme?
echarse a + *inf.*	*to start to, to begin*	Al ver el oso, se echó a correr.
empeñarse en + *inf.*	*to insist on, to persist in*	Se empeñó en golpearme.
enamorarse de + *noun*	*to fall in love with*	Se enamoraron de la niñita.
encargarse de + *inf.*	*to take it upon oneself to, to take charge of*	Me encargo de organizar la fiesta.
+ *noun*		Me encargo de las deudas.
enterarse de + *noun*	*to find out about*	Ayer me enteré del divorcio.
entrar en (a) + *noun*	*to enter*	Entramos en el (al) museo.

faltar a + *noun*	to be absent from, to fail to (do)	Faltaste a la reunión de anoche.
felicitar por + *noun*	to congratulate for	Te felicito por tu cumpleaños.
felicitarse de + *inf.*	to congratulate oneself on	Me felicito de conocerte tan bien.
fijarse en + *noun*	to notice	¿Te fijaste en su sombrero?
fingir + *inf.*	to pretend	Fingió no vernos.
gozar de (con) + *noun*	to enjoy	Goza de (con) su familia.
gustar(le) + *inf.*	to like, to please	Nos gusta bailar.
haber de + *inf.*	to have to, to be going to	Hoy he de verlo.
hacer + *inf.*	to make, cause	No lo hagas llorar.
hay que + *inf.*	to be necessary	Hay que pagar los impuestos.
huir de + *noun*	to flee from, to avoid	Huimos del peligro.
imaginarse + *inf.*	to imagine	¿Te imaginas tener tanto dinero?
impacientarse por + *inf.*	to grow impatient for (to)	Se impacienta por trabajar.
impedir (e > i) + *inf.*	to prevent, impede	Me impidió llamar por teléfono.
importar(le) + *inf.*	to matter	No me importa ver tus desdenes.
+ *noun*		No me importa tu desdén.
inclinarse a + *inf.*	to be inclined to	Me inclino a pensar así.
influir en + *noun*	to influence	Influyó en mis decisiones.
insistir en + *inf.*	to insist on	Insiste en vivir de ese modo.
inspirar a + *inf.*	to inspire to	Me inspiró a escribir.
intentar + *inf.*	to attempt	Intentará decírselo.
ir a + *inf.*	to be going to	Voy a rezar.
+ *noun*	to go to	Voy a la iglesia.
irse de + *noun*	to leave	Me voy de esta casa.
jugar (u > ue) a + *noun*	to play at, to practice (a sport)	¿Juegas al tenis?
jurar + *inf.*	to swear	Juró decir la verdad.
limitarse a + *inf.*	to limit oneself to	Me limité a viajar por México.
+ *noun*		Me limité a un viaje a México.
lograr + *inf.*	to succeed in, to manage to	Lograste abrir la puerta.
luchar para + *inf.*	to struggle in order to	Lucho para dar de comer a los pobres.
luchar por + *noun*	to struggle on behalf of	Lucho por los pobres.
llegar a + *inf.*	to manage to, to succeed in	Llegamos a preparar la comida.
+ *noun*	to come to, to arrive at	Llegamos a la posada.
mandar + *inf.*	to cause, to have, to order to	Nos mandó llamar.
maravillarse de + *inf.*	to marvel at	Me maravillo de escucharte cantar.
+ *noun*		Me maravillo de tu talento.

marcharse de + *noun*	*to leave*	Se marchó del pueblo.
merecer + *inf.*	*to deserve*	Merece recibir el premio.
meterse a + *inf.*	*to begin, to set oneself to*	Se metió a cantar.
meterse en + *noun*	*to become involved in*	Se metió en malos negocios.
mirar + *inf.*	*to watch*	Miraba partir el tren.
+ *noun*	*to look at*	Miró todos los cuadros.
morirse (o > ue, u) por + *inf.*	*to be dying to*	Me muero por conocerlos.
necesitar + *inf.*	*to need*	Necesito salir de compras.
negar (e > ie) + *inf.*	*to deny*	Negó conocerlo.
negarse (e > ie) a + *inf.*	*to refuse to*	Me niego a abrir la puerta.
obligar a + *inf.*	*to oblige to*	Nos obligan a firmar un contrato.
obstinarse en + *inf.*	*to persist in*	Se obstina en callar.
ocuparse de + *inf.*	*to take care of*	Se ocupa de hacer las compras.
+ *noun*		Se ocupa de las compras.
ocurrirse(le) + *inf.*	*to occur (to someone)*	Se nos ocurrió ir al cine.
ofrecer + *inf.*	*to offer*	Te ofrezco dividir las ganancias.
+ *noun*		Te ofrezco las ganancias.
ofrecerse a + *inf.*	*to offer to, to promise*	Se ofreció a darnos una conferencia.
oír + *inf.*	*to hear*	Oímos rugir a las fieras.
oler (o > hue) a + *noun*	*to smell of, like*	La casa huele a pescado.
olvidar + *inf.*	*to forget*	Olvidaste traer un paraguas.
olvidarse de + *inf.*	*to forget*	Se olvidó de cerrar con llave la puerta.
oponerse a + *inf.*	*to be opposed to*	Nos oponemos a pagar tus deudas.
+ *noun*		Nos oponemos a tus proyectos.
optar por + *inf.*	*to choose*	Optaron por salir temprano.
ordenar + *inf.*	*to order*	Te ordeno cantar.
parar de + *inf.*	*to stop, to cease*	Paré de fumar.
pararse a + *inf.*	*to stop to*	Me paré a ver los vestidos de moda.
pararse en + *noun*	*to stop at*	Me paré en todas las tiendas.
parecer + *inf.*	*to seem*	Parece tener razón.
parecerse a + *noun*	*to resemble*	Se parece al abuelo.
pasar a + *inf.*	*to proceed to, to pass on to*	Pasó a pedir dinero para el proyecto.
+ *noun*		Pasó a la siguiente lección.
pedir (e > i) + *noun*	*to ask for*	Pides más ayuda.
pensar (e > ie) + *inf.*	*to intend*	Piensa escribir una novela.
¿pensar (e > ie) de + *noun?*	*to have an opinion about*	¿Qué piensas de mí?
pensar (e > ie) en + *noun*	*to think about (have in mind)*	Piensa en su madre.
permitir + *inf.*	*to permit*	No permiten hablar inglés en clase.

persistir en + *inf.*	*to persist in*	Persiste en mentir.
poder + *inf.*	*can, to be able to*	¿Podemos entrar?
ponerse a + *inf.*	*to set oneself to, to begin to*	Nos pusimos a esquiar.
preferir (e > ie, i) + *inf.*	*to prefer*	Prefieren callar.
prepararse a (para) + *inf.*	*to prepare oneself to*	Se prepara a (para) salir.
prepararse para + *noun*	*to prepare oneself for*	Se prepara para los exámenes.
pretender + *inf.*	*to claim*	¿Pretendes decir la verdad?
principiar a + *inf.*	*to begin to*	Principia a llover.
prohibir + *inf.*	*to forbid*	Te prohibo salir.
prometer + *inf.*	*to promise*	Prometo decírtelo.
proponerse + *inf.*	*to propose*	Me propuse sacar buenas notas.
quedar en + *inf.*	*to agree to*	Quedamos en vernos más a menudo.
quedar por + *inf.*	*to remain to be*	Queda por ver lo que dirá.
quedarse a (para) + *inf.*	*to remain to*	Se quedó a (para) cuidar a los niños.
quedarse en + *noun*	*to remain in*	Se quedó en casa.
quejarse de + *inf.*	*to complain of (about)*	Se queja de no tener tiempo.
+ *noun*		Se queja de sus padres.
querer + *inf.*	*to want, to wish*	Quiero bailar.
recordar (o > ue) + *inf.*	*to remember*	Recuerdo oírlo gritar.
reírse de + *noun*	*to laugh at, to make fun of*	Todos se rieron de mí.
renunciar a + *inf.*	*to renounce, to give up*	Renunció a vivir en el campo.
+ *noun*	*to resign*	Renunció a su puesto.
reparar en + *noun*	*to notice, to observe*	No reparé en sus defectos.
resignarse a + *inf.*	*to resign oneself to*	No me resigno a morir.
+ *noun*		No me resigno a la muerte.
resistirse a + *inf.*	*to resist, to refuse to*	Se resiste a salir.
resolverse (o > ue) a + *inf.*	*to resolve to*	Me resolví a salir solo.
retirarse a + *inf.*	*to retire, withdraw*	Se retiró a descansar.
rogar (o > ue) + *inf.*	*to beg, to ask, to request*	Te ruego hablar despacio.
romper a + *inf.*	*to begin (suddenly) to*	Al verlo rompimos a llorar.
romper con + *noun*	*to break off relations with*	Rompí con mi novio.
saber + *inf.*	*to know (how)*	Sabe patinar muy bien.
salir de + *noun*	*to leave, come out of*	Salí de la casa temprano.
sentarse (e > ie) a (para) + *inf.*	*to sit down to*	Nos sentamos a (para) comer.
sentir (e > ie, i) + *inf.*	*to be sorry, regret*	Siento comunicarle esta noticia.
separarse de + *noun*	*to leave*	Me separé de mi esposa.
servir (e > i) de + *noun*	*to serve as, to function as*	Mi radio sirve también de reloj.
servir para + *noun*	*to be of use for*	Estas carpetas sirven para papeles.
servirse de + *noun*	*to use*	Me serví de estos documentos para el juicio.

soler (o > ue) + *inf.*	*to be in the habit of*	Suelo despertarme temprano.
soñar (o > ue) con + *inf.*	*to dream of (about)*	Sueñas con viajar.
+ *noun*		Sueñas con viajes.
sorprenderse de + *inf.*	*to be surprised to*	Se sorprendió de verte conmigo.
+ *noun*	*to be surprised at*	Se sorprendió de mi casa.
sostener + *inf.*	*to maintain*	Sostiene saber la verdad.
subir a + *noun*	*to go up, to climb*	Subimos a las montañas.
suplicar + *inf.*	*to beg*	Te suplico contestar mis cartas.
tardar en + *inf.*	*to take long to*	Tardaste en llegar.
temer + *inf.*	*to fear*	Temo recibir su carta.
terminar de + *inf.*	*to finish*	Terminaré de trabajar.
terminar por + *inf.*	*to end (up) by*	Terminamos por divorciarnos.
tirar de + *noun*	*to pull*	Tiré de la puerta.
tocar(le) + *inf.*	*to be one's turn*	Te toca jugar a las cartas.
trabajar en + *noun*	*to work at*	Trabajamos en casa.
trabajar para + *inf.*	*to strive to, in order to, to work for*	Trabaja para mantener a su hijo.
trabajar por + *noun*	*to work on behalf of*	Trabaja por su hijo.
tratar de + *inf.*	*to try to*	¿Trataste de verlo?
tratarse de + *noun*	*to be a question of, to be about*	Se trata de algo muy serio.
tropezar (e > ie) con + *noun*	*to come upon*	Tropecé con María en Lima.
vacilar en + *inf.*	*to hesitate to*	Vacilé en decírselo.
valer más + *inf.*	*to be better*	Vale más hablar con él.
valerse de + *noun*	*to avail oneself of*	Me valí de él para conocer al jefe.
venir a + *inf.*	*to come to, amount to*	Vine a visitarte.
ver + *inf.*	*to see*	Vimos salir la luna.
volver (o > ue) a + *inf.*	*to do again*	Volvieron a llamarme.
+ *noun*	*to return to*	Volvieron al Paraguay.

Vocabulario

GUIDE FOR THE USE OF THIS VOCABULARY

All words that appear in the text are included here, except for elementary vocabulary, common prepositions, pronouns, articles, the cardinal numbers, and exact or very close noun, adjective and adverb cognates (such as words ending in **-encia, -ción, -aria, -ivo**).

Nouns

Gender is indicated for all nouns by the use of **el** or **la**. Feminine nouns taking the masculine article are indicated by (*f.*). Nouns referring to people are given in the masculine form only unless the feminine has a substantially different spelling. Proper names used in the text that are not cognates are listed. First names and family names are omitted.

Verbs

Irregular verbs which are listed in the **Apéndice** (pp. 310–312) are marked with an asterisk*. Verbs derived from these are also marked with an asterisk. Stem-changing verbs are indicated by placing the vowel change in parenthesis after the verb, such as **volver (o > ue)**. See pp. 313–314 of the **Apéndice** for the conjugations of these verbs.

Verbs used in the text in both the nonreflexive and reflexive are indicated by (**se**) in parenthesis following the infinitive. Verbs which substantially change meaning when used reflexively are listed separately. Those words used in the text only as reflexives are listed as such.

We have tried to indicate the prepositions used with verbs where appropriate. (See the *Verbs + Preposition* list, pp. 317–323 for a more complete listing.)

Past participles

Past participles used as adjectives are listed only if their meaning differs from the verb from which they are derived.

Adverbs

Adverbs formed by adding **-mente** are omitted unless their meaning differs from the adjective from which they are derived or if that adjective was not used in the text.

Idioms or phrases

Idioms or phrases beginning with prepositions are listed under the first significant word in the phrase. Idioms beginning with verbs are listed under the verbs.

The meanings given are those that correspond to the text use.

A

abandonar to abandon, to desert
abandonarse (a) to despair; give oneself up (to)
abierto (*p.p. of abrir*) open, opened, frank
el **abogado** lawyer
el **abonado** subscriber
el **aborto** abortion, miscarriage
abrazar to hug, to embrace
el **abrigo** overcoat
abril April
abrir to open
el **abuelo** grandfather
abundar to abound, to be plentiful
aburrido bored; boring, tiresome; weary
aburrir(se) to bore; to get bored
el **abuso** abuse; misuse
acabar to finish
acabarse to be over; to be consumed
la **acción** action; stock
el **acento** accent
acentuar to accentuate; to emphasize, to stress
aceptar to accept; to receive
la **acera** sidewalk
acercarse (a) to approach, to come near (to)
aclarar to make clear, to clarify
el **acompañamiento** accompaniment
acompañar to accompany; to go with
aconsejar to advise, to counsel
el **acontecimiento** event, incident, happening
acordar (o > ue) to agree, to agree upon
acordarse (de) (o > ue) to remember
acostar(se) (o > ue) to put to bed; to go to bed, to lie down
acostumbrarse (a) to get used to, to become accustomed (to)
la **actitud** attitude
el **acto** act, action, deed
la **actriz** actress
la **actuación** performance; participation
actual present (time); current
actualmente at present, nowadays
actuar (de) to act (as)
el **acuerdo** agreement
  de acuerdo a according to
acumular to accumulate; to store
el **acusado** accused
el **acusador** accuser; prosecutor
acusar recibo to acknowledge the receipt of
adaptarse (a) to adapt; to adapt oneself (to)

adecuado adequate, suitable
adelantar to advance; to progress
adelante forward, ahead
adelgazar to get slim(mer)
además (de) in addition to; besides
el **adiestramiento** training
adivinar to guess; to predict
el **adivino** fortune teller
adjuntar to add, to enclose
adjunto annexed, enclosed
admitir to admit; to accept
adoptar to adopt
adorar to worship; to adore
adornar to decorate, to adorn
adquirir (i > ie) to acquire, to obtain
la **aduana** customhouse; customs
adulterar to adulterate
el **adulto** adult, grown-up
el **adversario** adversary, opponent
advertir (e > ie) to warn; to advise
el **aeropuerto** airport
el **afán** eagerness, anxiety
afectar to affect
el **afecto** affection
afectuosamente tenderly, cordially
afeitar(se) to shave
el **aficionado** amateur, fan
afirmar to affirm, to assert
afuera out, outside
la **agencia de viajes** travel agency
el **agente (de viajes)** travel agent
agosto August
agotar(se) to exhaust; to be exhausted, to be out of print
agradable agreeable, pleasant
agradarle (a uno) to please (someone)
agradecer to thank; to be grateful
agregar to add; to join
agrícola agricultural
el **agua** (*f.*) water
ahora now
ahorrar to save (time or money)
los **ahorros** savings
el **aire** air
  el **aire acondicionado** air conditioning
  al **aire libre** outdoors
el **ajedrez** chess
ajustar to adjust; to regulate
la **alameda** public walk; poplar grove

albergar   to lodge, to shelter
la **alcaldía municipal**   mayor's office
alcanzar   to reach; to obtain; to be enough
alegrar   to cheer up
alegrarse de   to be glad
alegre   glad, joyful, cheerful
la **alegría**   joy, gaiety
alejarse de   to move away from
el **alemán** (*n., adj.*)   German
alienar   to alienate
la **alfarería**   pottery
la **alfombra**   carpet
algún, alguno   some, any; someone; something; anyone
la **alimentación**   nourishment; nutrition
alimentar   to feed, to nourish
el **alimento**   food
el **alma**   soul, spirit
el **almacén**   warehouse; department store; store
la **almohada**   pillow
almorzar (o > ue)   to eat lunch
el **almuerzo**   lunch
el **alojamiento**   lodging
el **alquiler**   rent, rental
el **alquimista**   alchemist
alrededor (de)   around, about
alterar   to alter, change; to disturb
alto   high, tall
el **alumno**   student, pupil
el **alza** (*f.*)   rise; lift; increase
el **ama de casa** (*f.*)   housewife
amable   kind, nice, amiable
el **amanecer**   dawn
amar   to love
ambiental   environmental
el **ambiente**   environment
el **ámbito**   environment; field
ambulante   walking; wandering
la **amenaza**   menace, threat
amenazar (con)   to threaten (with)
amigable   friendly
el **amo**   master, owner, boss
el **amor**   love
   el **amor a primera vista**   love at first sight
   por amor a   for the love/sake of
la **ampliación**   extension, expansion, enlargement
ampliar   to enlarge, to extend
amplio   ample, full
el **amuleto**   amulet, charm

el **analfabetismo**   illiteracy
analizar   to analyze
el **anciano**   elderly person; elder
andaluz   Andalusian (from Andalucía, province of Spain)
*****andar**   to walk
el **anglo** (*n., adj.*)   American
el **anglosajón** (*n., adj.*)   Anglo-Saxon
el **ángulo**   angle; corner
la **angustia**   anguish, sorrow
angustiado   anguished, worried
el **anhelo**   desire; eagerness
el **anillo**   ring
animado   animated, lively
animar a   to encourage (to)
anoche   last night
anotar   to annotate; to write down
ansioso   anxious; eager
el **antecedente**   antecedent
el **antecesor**   ancestor; predecessor
el **antepasado**   ancestor
anterior   previous, earlier
la **anterioridad**   priority; precedence
la **anticipación**   anticipation
   con anticipación   in advance
anticipadamente   beforehand, in advance
anticipar   to anticipate
el **anticonceptivo**   contraceptive
antiguamente   formerly
antiguo   ancient, old; antique
antipático   unpleasant
el **antropólogo**   anthropologist
anunciar   to announce; to advertise
el **anuncio**   announcement; advertisement
añadir   to add
el **año**   year
apaciguar   to pacify, to calm
apagar   to put out, to extinguish
apagarse   to die out; to become inactive
el **aparato**   apparatus
aparecer   to appear, to show up
la **apariencia**   appearance
el **apartado de correo**   post office box
apasionado   passionate; very fond (of)
el **apellido**   last name, surname
el **apéndice**   appendix
aplicado   industrious, diligent
aplicarse   to work hard
aportar   to contribute

apostar (o>ue)   to bet
apoyar(se)   to support; to lean, to rest
el apoyo   support
la apreciación   evaluation; opinion; appreciation
apreciar   to appreciate; to price; to value
el aprecio   esteem; appraisal
aprender (a)   to learn (to)
la aprensión   apprehension; fear
apresurar(se) (a)   to hurry, to hasten
aprobar (o>ue)   to pass, to approve
apropiar   to appropriate; to accomodate, to apply
aprovechar   to profit, to be profitable
aprovecharse de   to take advantage of
los apuntes   notes
apurado   worried; in a hurry
apurar(se)   to hurry (up)
la araña   spider
el árbol (de Navidad)   tree; Christmas tree
arder   to burn
el arma de fuego   firearm
el armamento   armament; equipment
armar   to arm; to assemble
el armario   closet; cabinet
armonioso   harmonious
la arqueología   archeology
el arquitecto   architect
la arquitectura   architecture
arrancar   to pull out; to start (a motor)
arreglar   to fix, to arrange
arrepentirse (de) (e>ie)   to repent; to regret
arriesgar(se) a   to dare, to risk
arrodillarse   to kneel
el arroz   rice
la artesanía   arts and crafts
asaltar   to assault, to attack
el ascenso   rise; promotion
el asedio   siege
asegurar   to assure; to affirm; to insure
asesinar   to assassinate, to murder
el asesino   assassin, murderer
la asignatura   course; subject of study
el asilo   asylum; shelter
asimilar   to assimilate
la asistencia   attendance; presence; assistance
asistir (a)   to attend; to help
asociar(se)   to associate; to join
asomarse a   to look out; to approach
asombrarse (de)   to be amazed (at)
el asombro   astonishment, amazement

asombroso   astonishing, amazing
la aspiración   aspiration, ambition
la aspiradora   vacuum cleaner
aspirar a   to aspire (to); to seek
el astro   star; heavenly body
la astucia   cunning, slyness
astuto   cunning, sly
asumir   to assume
el asunto   topic, subject matter; business
asustar   to frighten, to scare
el atardecer   late afternoon, evening
el ataúd   coffin
atemorizar   to frighten, to scare
la atención   attention, care; courtesy
atender (e>ie)   to pay attention; to take care of
el atleta   athlete
atormentar   to worry, to bother
*atraer   to attract
atrasarse   to get behind
atravesar (e>ie)   to cross; to walk across, to get through
atreverse (a)   to dare
atribuir   to attribute
el auditorio   audience; auditorium
el aula (f.)   classroom
aumentar   to increase
el aumentativo   augmentative (as in the suffixes -ón or -azo)
el aumento (de sueldo)   increase, raise (in salary)
auténtico   authentic, true
el autobús   bus
el autógrafo   autograph
el autor   author
la autoridad   authority
autorizar (a o para)   to authorize (to)
el auxilio   aid, help
los primeros auxilios   first aid
el aval   guarantee
el avance   advance, progress
avanzar   to advance
el ave (f.)   bird, fowl
la avenida   avenue
aventurarse a   to risk, to dare
el aventurero   adventurer
avergonzarse (de) (o>üe)   to feel ashamed (of)
averiguar   to find out; to investigate
el avión   airplane
avisar   to inform, to announce; to warn
ayer   yesterday

la **ayuda**   help, aid
   ayudar (a)   to help, to aid
   azotar   to beat, to whip
el **azúcar**   sugar

B

el **bachiller**   one who holds a high school degree
el **bachillerato**   high school degree
la **bahía**   bay, harbor
   bailar   to dance
el **baile**   dance, ball
      el **baile de máscaras**   masked ball
   bajar   to go down; to lower
el **balance**   balance, equilibrium
la **balanza**   balance, scale
el **balcón**   balcony
el **baloncesto**   basketball
   bancario   banking; financial
el **banco**   bank; bench
la **bandera**   flag, banner
el **bando**   faction
el **banquero**   banker
   barato   cheap
la **barba**   beard
el **barco**   boat, ship
   barrer   to sweep
la **barrida**   sweep, sweeping
el **barrio**   district, neighborhood
el **barro**   mud, clay
   basar   to base
la **base**   base, foundation
   básico   basic
   bastante   enough, sufficient
   bastar con   to be enough
la **batalla**   battle; struggle
   beber   to drink
la **bebida**   drink, beverage
la **beca**   scholarship, fellowship
el **béisbol**   baseball
la **Bella Durmiente**   Sleeping Beauty
las **bellas artes**   the fine arts
la **belleza**   beauty
   bello   beautiful
   bendito   blessed
el **benefactor**   benefactor; patron
   beneficiarse   to profit from
el **beneficio**   benefit, profit
      a beneficio de   for the benefit of

   benéfico   beneficient, good
   besar   to kiss
el **beso**   kiss
el **biberón**   baby's bottle; pacifier
la **biblioteca**   library
la **bicicleta**   bicycle
   bien   well
el **billete**   ticket, bill, banknote
el **biquini**   bikini
el **bisabuelo**   great-grandfather
   Blanca Nieves   Snow White
la **blusa**   blouse
la **boca**   mouth
la **bocina**   horn
la **boda**   wedding, marriage
la **bodega**   grocery store
la **bola**   ball
      la **bola de cristal**   crystal ball
el **boletín**   bulletin
      el **boletín de noticias**   bulletin board
el **boleto**   ticket
el **bolígrafo**   ballpoint pen
la **bolsa**   bag, purse; stock market
el **bolsillo**   pocket
el **bombero**   firefighter
   borrar   to erase
el **bosque**   forest, woods
   botar   to throw away; to fire
la **botella**   bottle
el **botón**   button; knob; handle
el **boxeador**   boxer
el **boxeo**   boxing
el **brazo**   arm
   breve   brief, short
   brillar   to shine
la **broma**   joke
el **bronce**   bronze
la **brujería**   witchcraft
el **brujo**   witch, sorcerer
   brusco   blunt, rude, abrupt
   bueno   good; kind; useful; in good health
el **buitre**   vulture
   burlarse de   to make fun of; to scoff at
la **burocracia**   bureaucracy
   buscar   to look for, to seek, to search
   buscarle tres pies al gato   to complicate
      matters; to make life more difficult than it is
la **búsqueda**   search

C

el **caballo**   horse

el **cabello**   hair

*caber   to fit into; to have enough room

la **cabeza**   head; upper part; leader

la **cabina**   cabin

el **cabo**   end; piece of rope; foreman

    al cabo de   at the end of, after

*caer   to fall, to fall down; to fall off

el **café**   coffee; cafe

la **caída**   fall, drop; descent

la **caja**   case, box

    la **caja fuerte**   safe

el **cajero**   cashier

la **calavera**   skull

la **calculadora**   calculator

calcular   to calculate

calentar(se)   to warm (oneself)

la **calidad**   quality

caliente   hot, warm

calificar   to qualify

calificativo   qualifying

calmar   to calm, quiet

el **calor**   heat, warmth

caluroso   hot, warm; cordial

calvo   bald

callar(se)   to quiet, to keep quiet

la **calle**   street

la **cama**   bed

la **cámara**   chamber; house (of a legislative body)

el **camarero**   waiter

cambiar (de)   to change

el **cambio**   change; exchange

    a cambio de   in exchange for

    en cambio   instead of, on the other hand

caminar   to walk

el **camino**   road; course

    camino a   on the way to

la **camioneta**   pick-up truck

la **campana**   bell

la **campanada**   ringing of a bell; stroke

el **campeón**   champion

el **campeonato**   championship

el **campesino**   peasant, farmworker; farmer

el **campo**   country; field; camp

el **canal**   channel

cancelar   to cancel

la **canción**   song; lyric poem

el **cansancio**   fatigue, weariness

cansar(se)   to tire; to fatigue

el **cantante**   singer

cantar   to sing

la **cantidad**   quantity

el **canto**   song

capaz (de)   capable (of), able to

Caperucita Roja   Little Red Riding Hood

la **capital**   capital, capital city

el **capitán**   captain

el **capítulo**   chapter

caprichoso   capricious, whimsical

la **cara**   face; expression; front

el **carácter**   character; temper

caracterizar   to characterize

el **caramelo**   candy, caramel

el **carbón**   charcoal; coal

cardinal   fundamental, principal, cardinal

carecer de   to lack

cargar   to charge; to carry; to load

el **Caribe**   Caribbean

la **caridad**   charity

el **cariño**   affection, love

cariñoso   affectionate, loving

el **carnaval**   carnival

la **carne**   flesh; meat

el **carnero**   ram

el **carnet (de identidad)**   identification card

caro   expensive; dear

la **carta**   letter

el **cartel**   poster

el **cartero**   letter carrier, mailman

la **carrera**   career; race; course of study

la **carretera**   highway

el **carro**   car; cart

la **casa**   house; business firm

    la **casa de campo**   country home

    la **casa editorial**   publishing house

casamentero   matchmaking

el **casamiento**   wedding; marriage

casar(se) (con)   to marry, to get married (to)

el **caso**   case; point; matter; event

castigar   to punish

el **castillo**   castle

casualidad (por casualidad)   by chance

el **catálogo**   catalogue

la **catástrofe**   catastrophe, mishap

el **catedrático**   professor

la **categoría**   category, rank; kind
la **causa**   cause; case
   a causa de   because of
  cazar   to chase; to hunt
la **cebra**   zebra
  ceder   to cede; to yield, to surrender
  celebrar   to celebrate; to be glad
  celebrarse   to take place
los **celos**   jealousy
  celoso   jealous
la **cena**   dinner, supper
  cenar   to eat supper, dinner
la **Cenicienta**   Cinderella
la **ceniza**   ash, cinder
el **censo**   census
la **censura**   censorship; criticism
el **centavo**   cent
el **centenar**   one hundred
la **central**   plant
  centrar(se)   to center; to be centered
el **centro**   center, middle
  cerca (de)   near, nearly
    de cerca   closely
  cercano   near; neighboring
  cerrar (e>ie)   to close, to shut
    cerrar con llave (e>ie)   to lock
la **certidumbre**   certainty
la **cerveza**   beer
  cesar (de)   to cease, to stop; to quit
el **césped**   lawn, grass
la **cesta**   basket
el **ceviche**   marinated raw fish
el **ciclo**   cycle
el **cielo**   sky; heaven
la **ciencia**   science
    la **ciencia ficción**   science fiction
el **científico** (*n., adj.*)   scientist; scientific
  ciento, cien   one hundred
  cierto   certain, true, sure
la **cifra**   cipher, number; figure
el **cigarillo**   cigarette
el **cigarro**   cigar
el **cine**   cinema, movie
la **cinta**   ribbon; tape
la **cintura**   waist
el **circo**   circus
  citar   to mention, to quote; to make a date
la **ciudad**   city

la **ciudadanía**   citizenship
el **ciudadano**   citizen
la **claridad**   clarity
el **clarividente**   clairvoyant
  claro   clear; light (color)
la **clase**   classroom, type, kind
la **cláusula**   clause
  clausurar   to close, to bring to a close
la **clave**   key (code)
el **clérigo**   clergyman
el **cliente**   client; customer
el **clima**   climate
el **cobarde**   coward
el **cobrador**   collector
  cobrar   to collect; to cash; to recover
el **cobre**   copper
la **cocina**   kitchen
  cocinar   to cook
el **cocinero**   cook
el **coche**   car
el **cochero**   coachman
el **código**   code (of laws)
  coger   to seize; to catch; to take
el **cognado**   cognate
el **cohete**   rocket
  cohibir   to restrain; to inhibit
  coincidir (con)   to coincide (with)
  colaborar   to collaborate
el **colchón**   mattress
la **colección**   collection; set
  coleccionar   to collect, to make a collection
el **colegio**   school; private school
  colgar (o>ue)   to hang, to suspend
la **colocación**   placing, arrangement; position
  colocar   to place; to put in place
  colorado   red
el **collar**   necklace; collar
la **coma**   comma
  combatir   to combat; to fight
  combinar   to combine, to unite
  comentar   to comment
  comenzar (a) (e>ie)   to begin (to)
  comer   to eat
el **comerciante**   merchant; businessman
el **comercio**   commerce, trade; business
el **comestible**   food article
  cometer   to commit
la **comida**   meal

el **comité**   committee

cómodo   comfortable; convenient

el **compañero**   companion; mate

   el **compañero de cuarto**   roommate

la **comparación**   comparison

comparar   to compare

la **compenetración**   mingling together

competir (e>i)   to compete

complacer   to please

el **complemento**   complement; object (grammar)

completar   to complete; to finish

*componer   to compose; to put together; to repair

comportarse   to behave

la **compra**   purchase; buying

el **comprador**   buyer, purchaser

comprar   to buy, to purchase

   comprar a plazos   to buy on credit (in installments)

comprender   to understand

comprobar (o>ue)   to verify; to check; to prove

comprometerse a/con   to bind oneself to; to become engaged to

el **compromiso**   engagement; compromise

compuesto (*p.p. of* **componer**)   compound; repaired

común   common

el **comunicado**   notice, communiqué

comunicar   to communicate; to notify

con   with

   con tal que   provided that

concebir (e>i)   to conceive; to imagine

conceder   to concede, to grant; to admit

concentrarse   to concentrate

el **concepto**   concept, idea

el **concierto**   concert

concluir (de)   to conclude, to finish

concordar (o>ue)   to agree

el **concurso**   contest

el **condado**   county

condenar (a)   to condemn (to); to sentence (to)

*conducir   to conduct, to lead; to drive (a car)

la **conducta**   behavior

el **conductor**   driver; leader

el **conejo**   rabbit

confeccionar   to make; to manufacture; to mix

la **conferencia**   lecture; conference

el **conferenciante**   lecturer

confesar (e>ie)   to confess

el **confesor**   confessor

la **confianza**   confidence, trust; familiarity

confiar en   to confide in; to entrust to

confirmar   to confirm

conformarse con   to be resigned to; to be satisfied with

confrontar   to confront; to face

confundir   to mix up; to confuse

congelar   to freeze

el **congestionamiento**   traffic jam

la **conjetura**   conjecture, guess

el **conjunto**   total, whole; (musical) band

conmemorar   to commemorate

conmover (o>ue)   to move, to touch

conocer   to know, to be acquainted with

el **conocimiento**   knowledge

la **conquista**   conquest

conquistar   to conquer

consagrarse a   to dedicate, to devote oneself to

conseguir (e>i)   to get, to obtain

el **consejero**   adviser, counselor

el **consejo**   advise, counsel

consentir (en) (e>ie)   to consent (to)

conservador   conservative

conservar   to conserve, to keep

considerar   to consider

consistir en   to consist of

consolar (o>ue)   to comfort

constatar   to verify

constituir   to consititute; to establish

construir   to construct, to build

consultar (con)   to consult (with)

el **consumidor**   consumer

consumir   to consume; to waste

el **consumo**   consumption

la **contaminación**   pollution; contamination

contaminante   polluting

contaminar   to contaminate; to pollute

contar (o>ue)   to count; to tell, to relate

contar con (o>ue)   to count on, to rely on

contemplar   to contemplate

contener   to contain; to restrain

el **contenido**   contents

contentarse (con)   to be satisfied or pleased (with)

contestar   to answer, to reply

la **continuación**   continuation

   a continuación   below, as follows

continuar   to continue
la **continuidad**   continuity
contrario   contrary; opposite
   al contrario   on the contrary
el **contrario**   opponent
contrastar   to contrast
el **contraste**   contrast
contratar   to contract for; to hire
el **contrato**   contract
contribuir (a)   to contribute (to)
controlar   to control
convencer   to convince
*****convenir en (e>ie)**   to agree to
*****convenirle (a uno)**   to be convenient for
conversar   to converse, to chat, to talk
convertir (e>ie)   to convert, to transform
convertirse en (e>ie)   to become
conyugal   pertaining to marriage
los **cónyuges**   married couple
cooperar   cooperate
el **corazón**   heart; core, center
cordial   cordial, friendly
cortar   to cut; to cut off
el **corte de pelo**   haircut
cortejar   to court, to woo
cortés   courteous, polite
la **cortesía**   courtesy, politeness
corto   short
el **corredor**   runner; corridor
corregir (e>i)   to correct
el **correo**   mail; post office
   el **correo aéreo**   airmail
correr   to run
el **correr (del tiempo)**   passage (of time)
corresponder   to reciprocate, to return; to belong
correspondiente   corresponding; respective
el **corresponsal**   correspondent; newspaper reporter
la **corrida de toros**   bullfight
el **corrido**   popular Mexican ballad
corriente   running; current; usual
la **corrupción**   corruption
la **cosa**   thing
la **cosecha**   crop; harvest
cosechar   to harvest
coser   to sew
costar (o>ue)   to cost
el **costo**   cost; expense
la **costumbre**   custom, habit
cotidiano   daily

crear   to create
crecer   to grow; to increase
el **crecimiento**   growth, increase
el **crédito**   credit
   a crédito   on credit
la **creencia**   belief, faith
creer   to believe; to think, to suppose
la **crema bronceadora**   suntan lotion
el **creyente**   believer
la **criada**   maid
criar(se)   to bring up, to rear, to educate
el **crimen**   crime
la **crítica**   criticism
criticar   to criticize
el **crítico**   critic
el **croar**   croak (of a frog)
la **crónica**   chronicle, history
el **crucero**   cruiser; cruise
el **crucigrama**   crossword puzzle
cruzar   to cross
   cruzar palabras   to speak to one another; to
   exchange words
el **cuaderno**   notebook
cuadrado   square
cuadro   table, chart; painting; scene
la **cualidad**   quality; trait
cualquier   any, whatever; whichever
cuando   when
   de cuando en cuando   from time to time, now
   and then
cuanto   how much, how many; as much/many as
   en cuanto   as soon as
   en cuanto a   with respect/regard to
cuarto   fourth
el **cuarto**   room; one fourth
el **cubierto**   place setting
cubrir   to cover; to hide
la **cuenta**   count, calculation; bill; account
   la **cuenta corriente**   checking account
   la **cuenta de ahorros**   savings account
el **cuento**   story, tale
   el **cuento de hadas**   fairy tale
cuerdo   sane; wise
el **cuero**   leather
el **cuerpo**   body; corps
la **cuestión**   question; problem, matter
la **cueva**   cave, cavern
el **cuidado**   care, attention
   con cuidado   carefully

cuidadosamente carefully
cuidar (de) to look after
culminar (en) to culminate (in)
el **culpable** (*n., adj.*) guilty (person)
cultivar to cultivate
la **cultura** culture; civilization
la **cumbre** summit, peak; top
el **cumpleaños** birthday
cumplir con to fulfill (an obligation)
el **cuñado** brother-in-law
el **cura** priest
la **cura** cure
la **curación** cure
el **curandero** healer, witchdoctor
curar to cure, to heal
la **curiosidad** curiosity
cursar to study, to take a course
el **curso** course; direction

CH

el **champán** champagne
el **champú** shampoo
la **chaqueta** jacket
la **charca** pond
la **charla** chat
charlar to chat, to chatter
el **cheque** check
el **chicano** Mexican American
el **chiquillo** child, kid
el **chisme** gossip
el **chiste** joke
chistoso funny, amusing
chocar con to collide with
el **chófer** driver
el **choque** collision; conflict

D

la **dama** lady
la **danza** dance
dañar to harm, to damage
*****dar** to give
  dar a conocer to make known
  dar a luz un niño to give birth to a child
  dar énfasis to emphasize
  dar la razón a to agree with
  dar lugar a que to give rise to
  dar un paseo to take a walk
  dar una película to show a film
  darse con el pie to kick; to tap one's foot

  darse cuenta (de) que to realize (that)
el **dato** fact
deber must, ought, have to; to owe
el **deber** duty, obligation
deberse a to be due to
débil weak
la **debilitación** weakness
la **década** decade
el **decano** dean
decidir to decide, to determine
decidirse a/por to make up one's mind to
décimo tenth
*****decir** to say, to tell
declarar to declare
decorar to decorate, to adorn
dedicar to dedicate
dedicarse a to devote oneself to
el **dedo** finger, toe
defender (e>ie) to defend
definido definite
definir to define; to establish
dejar to leave; to let; to let go
dejar de to stop; to leave off
delante de before, in front of, in the presence of
deletrear to spell
deliberar to deliberate
el **delito** crime
la **demora** delay
demorar to delay
demostrar (o>ue) to demonstrate, to prove
denotar to denote, to express
dentro inside; within
el **departamento** department; province; apartment
depender (de) to depend (on), to rely (on)
el **dependiente** store clerk
el **deporte** sport
el **deportista** sportsman, athlete
deportivo sporting, sport
depositar to deposit
el **derechista** (*n., adj.*) (political) conservative; right
el **derecho** right; law; privilege
derrumbar(se) to collapse
desafiar to challenge; to defy
el **desafío** challenge
desahogar to relieve, to alleviate
desanimar(se) to discourage
desaparecer to disappear
el **desarme nuclear** nuclear disarmament
desarrollar to develop

el **desarrollo** development
desayunar(se) to eat breakfast
el **desayuno** breakfast
descansar to rest
el **descanso** rest
la **desconfianza** distrust
el **desconocido** (*n., adj.*) unknown (person)
describir to describe
el **descubrimiento** discovery
descubrir to discover; to uncover
el **descuento** discount
descuidado careless
descuidar to neglect, to overlook
deseable desirable
desear to desire, to wish
desembarcar to land; to unload
el **desempleo** unemployment
desenfrenado unbridled, unstoppable
el **deseo** desire, wish
deseoso desirous
el **desequilibrio** lack of balance; confusion
desesperar to despair, to lose hope
el **desfile** parade
*****deshacer** to undo; to take apart
designar to designate, to appoint
la **desigualdad** inequality
desilusionar to disillusion, to disenchant
desintegrar(se) to disintegrate
desistir (de) to give up, to desist (in)
desmayarse to faint
desobedecer to disobey
desordenar to disorder
despacio slow(ly)
despachar to send, to dispatch
el **despacho** shipment; office
la **despedida** farewell, leave
despedir (e>i) to dismiss, to fire
despedirse de (e>i) to say good-bye
despejado clear, cloudless
el **desperdicio** waste; garbage
despertar(se) (e>ie) to wake up, to awaken
despoblado uninhabited
despreciar to despise, to scorn
el **desprecio** scorn, contempt
desprestigiado unpopular; having a bad reputation
destacar to stand out
destinar to appoint; to designate
el **destino** destiny, fate; destination

la **destreza** dexterity, skill
destrozar to destroy
destruir to destroy
el **desván** attic
la **desventaja** disadvantage
detallar to detail
el **detalle** detail
*****detener** to stop, to detain, to arrest
deteriorar(se) to deteriorate, to wear out
determinarse a decide; to make up one's mind
la **deuda** debt
devengar to earn
devolver (o>ue) to return
devorar to devour; to swallow up
devoto devout
el **día** day
día a día day by day
el **día feriado** holiday
el **diablo** devil
el **diamante** diamond
diariamente daily
el **diario** daily newspaper
(a) diario daily
dibujar to draw
el **dibujo** drawing
el **diccionario** dictionary
la **dictadura** dictatorship
dictar to dictate; to prescribe
dictar una conferencia to lecture
el **dicho** saying, proverb
didáctico didactic, educational
el **diente** tooth
la **dieta** diet
diferenciar to differentiate; to disagree
diferente different
diferir (e>ie) to defer, to postpone
difícil difficult
el **difunto** deceased person
el **dinero** money
el **dinero en efectivo** cash, ready money
Dios God
el **diploma** title, diploma, credential
el **diptongo** diphthong
el **diputado** representative, deputy
la **dirección** direction; management, administration; address
dirigir to direct; to address (a letter, etc.); to command
dirigirse a to address, to apply

el **disco**   record
la **discoteca**   discotheque
discriminar   to discriminate
disculpar(se)   to excuse
el **discurso**   discourse; lecture; speech
discutir   to discuss
diseñar   to design, to draw
el **disfraz**   costume, disguise
disfrutar de   to enjoy
disgustar   to displease; to dislike
disminuir   to diminish, to decrease, to lessen
dispersar(se)   to disperse, to scatter
*****disponerse a**   disposed to, ready to
disputar   to dispute
distinguir   to distinguish
distinto   distinct; different
la **distracción**   pastime
distraído   inattentive; absent-minded
distribuir   to distribute, to divide
diversificar   to diversify
la **diversión**   entertainment, amusement
diverso   diverse, different; several
divertido   amusing; funny
divertir (e>ie)   to amuse, to entertain
divertirse en/con (e>ie)   to amuse oneself, to
   have a good time
dividir(se)   to divide; to split
la **divinidad**   divinity
divorciar(se)   to divorce; to separate
doblar   to double, to fold; to bend
doble   double, duplicate
la **docena**   dozen
dogmático   dogmatical, doctrinal
el **dólar**   dollar
dolerle (a uno) (o>ue)   to ache, to pain, to hurt
el **dolor**   pain, aching; sorrow
doloroso   painful; pitiful
el **doméstico**   family servant
dominar   to dominate
el **dominio**   dominion, domination; domain
dondequiera   anywhere
dormir (o>ue)   to sleep
   dormir la siesta (o>ue)   to take a nap
dormirse (o>ue)   to fall asleep
el **dormitorio**   bedroom
la **droga**   drug; medicine
ducharse   to take a shower
la **duda**   doubt
dudar de/en   to doubt; to distrust

dudoso   doubtful
el **dueño**   owner
el **dulce** (*n., adj.*)   sweet; pleasant; candy
duplicar   to double, to duplicate
la **duración**   duration
duradero   lasting, durable
durar   to last; to endure
duro   hard, solid, firm

E

el **eco**   echo
la **economía**   economy
económico   economical
el **economista**   economist
echar   to throw
la **edad**   age; epoch, era, time
   la **Edad Media**   Middle Ages
la **edición**   edition, issue; publication
el **edificio**   building
Edipo   Oedipus
el **editor**   publisher
el **editorial**   editorial
la **editorial**   publishing house
la **educación**   upbringing; education; politeness
el **educador**   educator
educar   to educate, to instruct, to raise
educativo   educational
efectivamente   really, actually
el **efecto**   effect
efectuar   to carry out, to do, to make
la **eficacia**   efficiency
el **eje**   axis; axle
ejecutar   to execute, to perform
el **ejemplar**   copy, sample
el **ejemplo**   example
el **elefante**   elephant
elegir (e>i)   to elect; to choose, to select
eliminar(se)   to eliminate
embarazada   pregnant
el **embarque**   shipment
el **embotellamiento de tráfico**   traffic jam
embrutecer   to make irrational, brutish
emigrar   to emigrate
la **emisión**   emission; broadcast
la **emisora**   broadcasting station
emitir   to emit; to issue
emocionante   touching, exciting
la **empanada**   meat or cheese turnover
empaquetar   to pack

emparejar   to match
empeñarse en   to persist; to insist
el **emperador**   emperor
empezar (a) (e>ie)   to begin
la **emplasta**   plaster
el **empleado**   employee
emplear(se)   to employ; to appoint; to use
el **empleo**   use, employment, occupation
emprender   to undertake, to engage
la **empresa**   firm; management
el **empresario**   contractor; manager
enamorarse de   to fall in love with
el **enano**   dwarf
encabezar   to head, to lead
encadenar   to chain, to link
encantador   charming, enchanting
encantar   to enchant, to charm, to bewitch
el **encargado**   person in charge
encargado (de)   in charge (of)
encargar   to request; to order; to advise
encargarse de   to take charge
encender (e>ie)   to light
encerrar (e>ie)   to lock
encontrar (o>ue)   to find
encontrarse con (o>ue)   to meet
encontrarse (a sí mismo) (o>ue)   to find
oneself
el **encuentro**   encounter, meeting
endemoniado   possessed with the devil; perverse
endosar   to endorse
el **enemigo**   enemy
los **energéticos**   energy resources
la **energía**   energy
enero   January
el **énfasis**   emphasis
enfático   emphatic
la **enfermedad**   sickness
la **enfermera**   nurse
enfermizo   sickly
el **enfermo** (*n., adj.*)   sick (person)
el **enfoque**   focus
enfriar(se)   to refrigerate; to cool off/down
engordar   to get fat, to gain weight
enlazar(se)   to bind, to join; to become related by
marriage
enojar(se)   to get angry
el **enojo**   anger
enorme   enormous
la **ensalada**   salad

el **ensayo**   essay
la **enseñanza**   education, teaching
enseñar (a)   to show, to teach
ensuciar   to dirty, to get dirty
el **ensueño**   daydream
entender (e>ie)   to understand, to comprehend
enterarse de   to find out (about)
entero   entire
la **entidad**   entity
la **entrada**   entrance; ticket
entrante   coming
las **entrañas**   entrails; heart (*fig.*)
entrar a/en   to enter
entregar   to deliver, to hand in/over
el **entrenador**   trainer
entrenarse   to train (for a sport, etc.)
*entretener (e > ie)   to entertain
la **entrevista**   interview
el **entrevistado**   interviewee
entrevistar   to interview
el **entusiasmo**   enthusiasm
enviar   to send
la **época**   epoch, age, period
el **equipo**   team
*equivaler   to equal
equivocado   mistaken, wrong
equivocarse de   to be wrong (about)
la **era**   era
la **escalera**   ladder, steps; stairs
la **escapada**   escape
el **escaparate**   store window
escapar(se)   to escape, to flee; to run away
la **escasez**   scarcity
el **escenario**   stage
la **escenificación**   staging
la **esclavitud**   slavery
el **esclavo**   slave
Escocia   Scotland
escoger   to choose
escolar   school (*adj.*)
esconderse   to hide
Escorpión   Scorpio
escribir   to write
el **escritor**   writer
el **escritorio**   desk
la **escuela**   school
el **escultor**   sculptor
la **escultura**   sculpture
la **esencia**   essence

esencial   essential
la **esfera**   sphere
esforzarse a (o > ue)   to try hard; to make an
   effort
el **esfuerzo**   effort
eso   that
   a eso de   about
   por eso   therefore, for that reason
espacial   space (*adj.*)
el **espacio**   space
   el espacio en blanco   blank space
espantoso   frightening
el **español** (*n., adj.*)   Spanish; Spaniard
esparcir   to scatter
especial   special
el **especialista**   specialist
la **especialización**   major; specialization
especializarse   to specialize
la **especie**   species, type, kind
específico   specific
el **espectáculo**   spectacle; show
la **especulación**   speculation
especular   to speculate
el **espejo**   mirror
la **esperanza**   hope
esperar   to hope
espeso   thick
el **espíritu**   spirit
el **esposo**   husband
el **esqueleto**   skeleton
estable   stable
establecer(se)   to establish (oneself)
la **estación**   season, station
el **estacionamiento**   parking
estacionar   to park
el **estado**   state
   el estado de ánimo   state of mind
estadounidense   American
estallar   to break out; to explode, to burst
*estar   to be
   estar a favor de / en contra de   to be in favor
      of / against
   estar celoso   to be jealous
   estar de   to be acting as
   estar de acuerdo con   to agree with
   estar de buen/mal humor   to be in a good/
      bad mood
   estar de moda   to be in fashion
   estar de pie   to be standing

estar de regreso   to be back
estar de rodillas   to be on one's knees
estar de vacaciones   to be on vacation
estar de viaje   to be away on a trip
estar de vuelta   to be back
estar embarazada   to be pregnant
estar encargado de   to be in charge of
estar en órbita   to be in orbit
estar equivocado   to be wrong
estar harto de   to be fed up with
estar para   to be about to
estar relacionado con   to be related to
estatal   state (*adj.*)
estelar   stellar
la **estera**   mat
el **estilo**   style
estimar   to esteem
estimular   to stimulate
el **estímulo**   stimulus
esto   this
   por esto   therefore, for this reason
el **estómago**   stomach
estrechar   to tighten, to constrict
estrecharse (la mano)   to offer one's hand
estrecho   narrow
la **estrella**   star
estrenarse   to debut
el **estreno**   debut
la **estructura**   structure
el **estudiante**   student
estudiantil   student (*adj.*)
estudiar   to study
el **estudio**   study
estupendo   stupendous, wonderful
la **etapa**   stage, period
la **ética**   ethics
étnico   ethnic
el **europeo** (*n., adj.*)   European
evitar   to avoid
exagerar   to exaggerate
el **examen**   exam, test
examinar   to give an exam, to examine
examinarse en   to take an exam
excavar   to excavate
exceder   to exceed
exclamativo   exclamatory
exhibir   to exhibit
exigir   to demand, to require
existir   to exist, to be

el **éxito**   success
expatriar   to exile, to expatriate
experimentar   to experiment, to experience
explicar   to explain
el **explorador**   explorer
explorar   to explore
la **explosión demográfica**   population explosion
la **explotación**   exploitation
explotar   to explode; to exploit
***exponer**   to expose
el **exportador**   exporter
exportar   to export
expresar   to express
expulsar   to expel, to eject
extenderse (e>ie)   to extend
extenso   extensive
el **extranjero** (*n., adj.*)   foreigner; foreign
extrañar   to be surprised; to miss
extraño   strange
extraterrenal   extraterrestrial
extraviarse   to go astray, to lose one's way
extremadamente   extremely

F
la **fábrica**   factory
la **fabricación en serie**   production line manufacturing
fabricado   made, fabricated
el **fabricante**   manufacturer
la **fábula**   fable
la **facción**   faction (*pl.* features)
fácil   easy
facilitar   to make easy, to facilitate
la **factura**   bill
la **facultad**   department of a university
la **falda**   skirt
falso   false
la **falta**   fault, lack
faltar a   to miss
faltarle (a uno)   to lack; to need
la **falla**   defect
el **familiar** (*n., adj.*)   family (*adj.*); relative
el **fantasma**   ghost
la **farmacia**   pharmacy; drugstore
fastidioso   fastidious; annoying
favorecer   to favor
la **fe**   faith
febrero   February

la **fecha**   date
la **fecha de vencimiento**   due date
felicitar por   to congratulate (on, for)
el **fenómeno**   phenomenon
feo   ugly
la **feria**   fair
feroz   ferocious
el **ferrocarril**   railroad; train
la **ficción**   fiction
la **ficha**   piece, player
la **fidelidad**   fidelity
el **fiel** (*n., adj.*)   loyal; devout person
la **fiesta**   party, festivity
figurado   figurative
fijarse en   to notice
fijo   set, firm, fixed
la **fila**   line, row
filantrópico   philanthropic
filmar   to film
la **filosofía**   philosophy
el **fin**   end
   al fin   finally
   por fin   finally, at last
   el **fin de semana**   weekend
la **finalidad**   finality, end
financiar   to finance
financiero   finance (*adj.*)
fingir   to pretend
firmar   to sign
el **fiscal**   prosecutor
la **física**   physics
físico   physical
flaco   skinny
el **flan**   flan, custard
la **flor**   flower
florecer   to flower; to flourish
el **folleto**   pamphlet; brochure
fomentar   to foment, to instigate
el **fondo**   background, depth
   a fondo   thoroughly, completely, profoundly
fonético   phonetic
la **forma**   form
la **formación**   training, formation
formar   to form
formarse   to take shape, to grow
formular   to formulate
el **formulario**   form
fortalecer   to fortify

la **foto**   photo
la **fotocopia**   photocopy
el **fotógrafo**   photographer
fracasar   to fail
el **fracaso**   failure, ruin
el **francés** (*n., adj.*)   French, Frenchman
franco   frank
la **frase**   sentence, phrase
freír (e>i)   to fry
fresco   fresh
el **frío** (*n., adj.*)   cold
la **frontera**   frontier, border
frotar   to rub
la **fuente**   source
fuerte   strong
la **fuerza**   strength
    a fuerza de   by dint or force of
fugarse   to flee
el **fumador**   smoker
fumar   to smoke
funcionar   to function, to work
fundar   to found
el **fútbol**   soccer
    el **fútbol norteamericano**   football

G

las **gafas**   glasses
la **gallina**   hen
el **gallo**   cock
la **gana**   desire
    de buena/mala gana   willingly/unwillingly
el **ganado**   cattle
el **ganador**   winner
ganar   to win
la **ganga**   bargain
el **garabato**   scribble
garantizar   to guarantee
gastar   to waste, to spend
el **gasto**   expense, waste
el **gato**   cat
el **gaucho**   gaucho, Argentinian cowboy
el **gemelo**   twin, cufflink
general   general
    en general, por lo general   generally, in general
generar   to generate
el **género**   gender
genial   pleasant, cheerful

la **gente**   people
el **geranio**   geranium
el **gerente**   manager
el **gerundio**   gerund, present participle
el **gesto**   gesture
girar   to spin, to revolve, to rotate
el **gitano**   gypsy
la **gloria**   glory
el **gobernante**   government official
el **gobierno**   government
el **gol**   goal
el **golfista**   golfer
la **golondrina**   swallow
el **golpe**   blow, stroke
    de golpe   suddenly
golpear   to beat, to strike, to hit
el **gordo**   grand prize in a lottery
gordo   fat
la **gorra**   cap
gozar (de/con)   to enjoy
    gozar de buena/mala salud   to have good/bad health
el **grado**   degree
graduar(se)   to graduate
la **gramática**   grammar
grande   big, great, important
la **grasa**   fat, grease
la **gravedad**   gravity
el **griego** (*n., adj.*)   Greek
gritar   to shout
el **grito**   shout
el **grupo**   group
el **guante**   glove
guapo   handsome, good-looking
guardar   to save, to guard
la **guerra**   war
guerrero   warrior; warlike
el, la **guía**   guide
guiar   to guide
gustarle (a uno)   to like, to be pleasing

H

***haber**   to be, to have
    haber de   to be supposed to, to be going to
hábil   capable, clever, skilful
la **habilidad**   skill, cleverness, ability
la **habitación**   room
el **habitante**   inhabitant

habitar (en)   to inhabit, to dwell
el hábito   dress, habit
hablador   talkative
hablar   to speak, to talk
*hacer   to do, to make
　hacer calor/frío   to be hot/cold
　hacer caso   to pay attention
　hacer caso omiso de   to ignore
　hacer ejercicio   to exercise
　hacer el papel de   to play the role of
　hacer escala   to make a stop
　hacer falta   to lack
　hacer las maletas   to pack
　hacer las paces   to make up
　hacer preguntas   to ask questions
　hacerle falta (a uno)   to be lacking, to need
hacerse   to become
　hacerse ilusiones   to have illusions, to be
　　deluded
hacia   toward
el hacha (f.)   axe
el hada madrina (f.)   fairy godmother
el hambre (f.)   hunger
harto de   fed up with
hay que (haber)   it is necessary to, one must
el hechizo   charm, spell
el hecho   fact
　de hecho   in fact
el helecho   fern
el herbario   herbalist
heredar   to inherit
la herida   wound
el herido (n., adj.)   wounded; wounded person
el hermano   brother
hermoso   beautiful
hervir (e > ie)   to boil
la hierba   grass, herb
el hierro   iron
el hijo   son
el himno   hymn
el hipnotismo   hypnotism
el hipnotizador   hypnotist
el hipo   hiccoughs
hispanohablante   Spanish-speaking
la historia   story, history
la historieta   comic
el hogar   home
la hoja   leaf; sheet (of paper)

holgazán   lazy
el hombre   man
　el hombre de negocios   businessman
el homicidio   homicide
honrado   honest, honorable
honrar   to honor
la hora   time, hour
el horario   schedule
el horizonte   horizon
hospedar   to lodge
hoy   today
　de hoy en adelante   from now on
　hoy en día, hoy día   nowadays
la huelga   strike
el hueso   bone
el huésped   guest
el huevo   egg
huir (de)   to flee (from)
la humedad   humidity
húmedo   humid, wet
humilde   humble
humillar   to humiliate, to humble, to bring down
el humo   smoke
el humor   humor, mood

I
ibérico   Iberian
idealista   idealistic, idealist
identificarse con   to identify with
el idioma   language
el ídolo   idol
la iglesia   church
ignorar   to not know, to be unaware of
igual   same, equal, alike
　al igual que   as, like, just as
la igualdad   equality
ilimitado   unlimited
iluminante   iluminating
iluminar   illuminate
ilustrar   to illustrate
imaginar   to imagine
impacientarse (por)   to become impatient (for)
impedir (e > i)   to impede
imperar   to reign
el imperio   empire
el impermeable   raincoat
imponente   imposing
importar   to import; to be important

imprescindible   indispensible
impresionante   impressive
impresionar   to impress
impreso   printed
imprimir   to print
impropio   improper
el impuesto (*n., adj.*)   tax; imposed
inadecuado   inadequate
inaudito   unheard of
inaugurarse   to inaugurate
incapaz   incapable
el incendio   fire
incierto   uncertain
inclinarse a   to incline, to bend to, to be
   favorably disposed to
incluir   to include
incluso   including
incorporar(se)   to incorporate
incrementar   to increment
independizarse   to become independent
indicar   to indicate
el indígena   native, Indian
indio   Indian, native
el individuo   individual
el indocumentado   person without papers
inducir a   to induce, to persuade, to influence
   (to)
indudable   doubtless, certain
la ineficacia   inefficiency
inesperado   unexpected
la infancia   childhood, infancy
el infante   child
inferior   inferior; lower
infiel   unfaithful
influir (en)   to influence
informar   to inform
la informática   computer science
el informe   report
la ingeniería   engineering
el ingeniero   engineer
el ingenio   talent; inventive faculty
ingenuo   ingenuous, candid
Inglaterra   England
el inglés (*n., adj.*)   English, Englishman
ingrato   ungrateful
ingresar (a/en)   to enter, to enroll (in)
el ingreso   income; entrance
iniciar   to initiate

inmigrar   to immigrate
inmovilizar   to immobilize
innovador   innovator, innovative
inquietar(se)   to trouble, to worry
inscribir(se)   to register
la inseguridad   insecurity
insistir en   to insist (on)
inspirar a   to inspire
instalar   to install
instigar   to instigate
instituir   to institute
la instrucción   instruction, education
instruir   to instruct
integrar   to integrate
intentar   to try
intercambiar   to interchange
el intercambio   interchange
interesado   selfish, interested
interesar   to interest
el intermedio (*n., adj.*)   intermediate; interval
interno   internal
interpretar   to interpret
el intérprete   interpreter
*intervenir   to intervene
la intimidad   intimacy
íntimo   intimate
introducir   to introduce
la inundación   inundation, flood
inútil   useless
invadir   to invade
la invalidez   invalidity
el invasor   invader
inventar   to invent
el invento   invention
la inversa (a/por la inversa)   the other way round,
   contrariwise
invertir (e > ie)   to invest, to invert
investigar   to investigate
el invierno   winter
el invitado   guest
invitar (a)   to invite (to)
inyectar   to inject
*ir   to go
   ir de compras   to go shopping
el irlandés (*n., adj.*)   Irish, Irishman
irse (de)   to go (away from)
irreal   unreal
la irrealidad   unreality

la **isla**   island
la **izquierda** (*n., adj.*)   left
el **izquierdista** (*n., adj.*)   leftist

J
el **jabón**   soap
  jamás   never, ever
el **japonés** (*n., adj.*)   Japanese
el **jardín**   garden
    el **jardín de infantes/niños**   kindergarten
el **jardinero**   gardener
el **jarro**   pitcher
el **jefe**   boss, chief
la **jerga**   slang
el **joven** (*n., adj.*)   young; youth
  jubilarse   to retire
el **júbilo**   rejoicing
el **judío** (*n., adj.*)   Jew
el **juego**   game
el **juez**   judge
el **jugador**   player
  jugar (a) (u > ue)   to play
el **juguete**   toy
  julio   July
  junio   June
  juntar   to join, bring together
  junto   near, close to
  jurar   to swear
  justificar   to justify
  justo   just, right, fair
la **juventud**   youth

L
el **labio**   lip
el **lado**   side
    por su lado   for his/her/their part
  ladrar   to bark
el **ladrón**   thief
el **lago**   lake
la **lágrima**   tear
  lamentar   to lament
la **lancha**   boat
  lanzar   to throw, to launch
el **lápiz**   pencil
  largo   long
    a lo largo de   along; throughout; in the course of
la **lástima**   shame, pity
  lavable   washable

  lavar(se)   to wash
el **lazo**   tie
el **lector**   reader
la **lectura**   reading
la **leche**   milk
  leer   to read
    leer la suerte   to read a fortune
    leer los naipes   to read the cards
la **legumbre**   vegetable
  lejano   far, distant
  lejos   far, distant
    a lo lejos   in the distance
la **lengua**   tongue; language
el **lenguaje**   language
los **lentes**   glasses
  lento   slow
el **leño**   log
el **león**   lion
las **letras**   humanities; letters
el **letrero**   sign
el **levantamiento**   uprising
  levantar   to raise
  leve   light
el **léxico**   vocabulary
la **ley**   law
la **leyenda**   legend
  liberar   to free, to liberate
la **libertad**   liberty
la **libra**   pound
  libre   free
la **librería**   bookstore
la **libreta**   memorandum book
el **libro**   book
    el **libro de texto**   textbook
el **licenciado**   university graduate
la **licenciatura**   university degree
el **líder**   leader
la **liebre**   hare
  ligero   light; nimble
  limitar(se)   to limit
  limpiar   to clean
la **limpieza**   cleanliness; cleaning
la **liquidación**   sale
  listo   ready; clever
    estar listo   to be ready
    ser listo   to be smart, clever
el **lobo**   wolf
la **localización**   location
  loco   crazy

el **locutor**   speaker, radio announcer

  lograr   to succeed in, to manage to

la **lotería**   lottery

la **lucha**   struggle, fight

  luchar (por/para)   to fight (for)

el **lugar**   place

    en lugar de   instead of

la **luna**   moon

      la luna de miel   honeymoon

el **luterano** (*n., adj.*)   Lutheran

la **luz**   light

LL

  llamado   called; so-called

  llamar   to call

  llamarse   to be called, to be named

  llamativo   showy

la **llanura**   flatness, level ground, prairie

la **llave**   key

la **llegada**   arrival

  llegar   to arrive

    llegar tarde   to be late

  llenar   to fill

  lleno   full

  llevar   to take, to carry, to live

    llevar a cabo   to accomplish, to carry out

    llevar de paseo   to take for a walk

  llevarse   to carry off

    llevarse bien/mal   to get along well/poorly

  llorar   to cry

  llover (o > ue)   to rain

  lluvioso   rainy

M

la **madera**   wood

la **madrastra**   stepmother

la **madre**   mother

la **madreselva**   honeysuckle

la **madrugada**   early morning

la **madurez**   maturity

el **maestro** (*n., adj.*)   teacher; master

la **magia**   magic

el **mago**   magician

el **maíz**   corn

el **mal**   evil

  maldito   wicked, damned

  maléfico   malicious, evil

la **maleta**   suitcase

  malo   bad, evil

  maltratar   to mistreat

el **maltrato**   mistreatment

el **malvado**   outlaw

  mandar   to command, to send

el **mandato**   command, order

  manejar   to manage, to drive

la **manera**   manner, way

    de esta/esa manera   (in) this/that way

    de manera que   so that

la **manifestación**   demonstration, manifestation

  manifestar (e > ie)   to demonstrate, to manifest

la **mano**   hand

    la mano de obra   labor

  *****mantener**   to support (a family); to maintain

el **mantenimiento**   maintenance, subsistence

la **manzana**   apple

el **mañana**   tomorrow; the future

la **mañana**   morning

el **mapa**   map

  maquillarse   to put on makeup

la **máquina**   machine

    la máquina de escribir   typewriter

el **mar**   sea

    en alta mar   on the high seas

la **maravilla**   marvel

  maravillarse de   to be astonished at

  marcar   to mark, to score

  marciano   Martian

  marcharse (de)   to leave, to go away (from)

el **marido**   husband

el **marinero**   sailor

la **mariposa**   butterfly

el **marisco**   shell fish

el **mármol**   marble

  Marte   Mars

  marzo   March

  más   more

    más allá de   beyond

    más que nunca   more than ever

    por más que   no matter how much, as much as

la **masa (las masas)**   dough; volume; masses

la **máscara**   mask

la **matanza**   killing; slaughter

  matar   to kill

la **materia**   school subject

  materno   maternal

el **matiz**   shade, tint

  matrero   outlaw

  matricularse   to register, to enroll

el **matrimonio**   marriage; matrimony; married
  couple
  mayo   May
  mayor   bigger, greater, older
el **mayor de edad**   adult
el **mayordomo**   butler
la **mayoría**   majority
  la **mayoría de edad**   adulthood
la **medalla**   medal
  mediados (a mediados de)   in the middle of
la **medianoche**   midnight
  mediante   by means of
el **medicamento**   medication
el **médico** (*n., adj.*)   doctor; medical
la **medida**   measure
  medio   half, average
el **medio**   middle, half, means, way
    por medio de   by means of
    el **medio ambiente**   environment
    el **Medio Oriente**   Mideast
el **mediodía**   noon
  medir (e > i)   to measure
  meditar   to meditate; to consider
  mejor   better
    a lo mejor   perhaps, maybe; probably
  mejorar   to improve
la **mejoría**   improvement
  memorizar   to memorize
  mencionar   to mention
  menor   minor, less, smaller, younger
el **menor de edad**   minor
  menos   less
    a lo menos, al menos, por lo menos   at least
el **mensaje**   message
  mensual   monthly
la **mente**   mind
  mentir (e > ie)   to lie
la **mentira**   lie
el **menú**   menu
  menudo (a menudo)   frequently, often
la **mercadería**   merchandise
el **mercado**   market
    el **mercado de trabajo**   job market
  merecer   to deserve
el **mes**   month
la **mesa**   table, desk
la **meta**   goal
  metafísico   metaphysical
  meter   to put, to place

  meterse a/en   to set oneself to do something
el **método**   method
el **metro**   meter; subway
la **mezcla**   mixture
  mezclar   to mix
el **miedo**   fear
la **miel**   honey
el **miembro**   member
  mientras tanto   meanwhile
  mil   thousand
el **milagro**   miracle
la **milla**   mile
la **mina**   mine
el **minero**   miner
la **mini-falda**   mini-skirt
la **minoría**   minority
  minoritario   minority (*adj.*)
la **mirada**   look
  mirar   to look at
la **miseria**   misery, poverty
  mismo   same, very
  místico   mystic
la **mitad**   half
  mítico   mythic
el **mito**   myth
la **moda**   fashion, style
  modelar   to model
  modernizar   to modernize
  modificar   to modify
el **modismo**   idiom
el **modo**   mode, manner
    de modo que   so that
el **«mojado»**   wetback, illegal alien
  mojarse   to get wet
  molestar   to bother
la **moneda**   coin
la **monja**   nun
el **monje**   monk
el **mono**   monkey
el **monstruo**   monster
la **montaña**   mountain
  montar a caballo   to ride horseback
  montar en bicicleta   to ride a bicycle
el **montón**   pile
la **moraleja**   moral
  morder (o>ue)   to bite
  moreno   brunette, dark-complexioned
  morir (o>ue)   to die
la **mosca**   fly

el **mostrador**   counter
mostrar (o>ue)   to show
el **motivo**   motive, reason
   el **motivo de discusión**   discussion topic
mover(se) (o>ue)   to move, to stir
el **movimiento**   movement
la **muchedumbre**   crowd
la **mudanza**   alteration, change of residence
mudarse   to move, to change residence
mudo   mute
el **mueble**   furniture
la **muerte**   death
el **muerto**   dead man
la **muestra**   sample
la **mujer**   woman; wife
   la **mujer de negocios**   businesswoman
la **multa**   fine
multar   to fine
multiplicar   to multiply
mundial   world *(adj.)*
el **mundo**   world
la **muñeca**   wrist; doll
   la **muñeca de trapo**   ragdoll
el **muñequito**   little puppet; boy doll
el **músculo**   muscle
musculoso   muscular
el **museo**   museum
   el **museo de cera**   wax museum
mutuo   mutual

N

nacer   to be born
el **nacimiento**   birth
nadar   to swim
el **naipe**   playing card
la **nariz**   nose
narrar   to narrate
la **natación**   swimming
natal   native
la **natalidad**   birth rate
la **naturaleza**   nature
la **nave espacial**   spaceship
navegar   to navegate
la **Navidad**   Christmas
navideño   Christmas *(adj.)*
la **neblina**   fog
necesitar   to need
negar (e>ie)   to deny, to negate
negarse (a) (e>ie)   to refuse (to)

negociar   to negotiate
el **negocio**   business (transaction)
neoyorquino   New Yorker
el **nervio**   nerve
nervioso   nervous
neutro   neuter; neutral
nevar (e>ie)   to snow
el **nido**   nest
el **nieto**   grandson
la **nieve**   snow
la **niñera**   nursemaid
la **niñez**   youth, childhood
el **nivel**   level
la **noche**   night, evening
nombrar   to name, to appoint
el **nombre**   name
   el **nombre de pila**   first name
normalizarse   to normalize
el **noroeste**   northwest
el **norte**   north
norteamericano   American
la **nota**   grade, note
notar   to note
la **noticia**   news (item)
el **noticiero**   news broadcast
notificar   to notify
la **novela**   novel
noveno   ninth
noventa   ninety
el **noviazgo**   engagement
el **novicio**   novice
el **novio**   boyfriend, fiancé
la **nube**   cloud
nublado   cloudy
la **nuera**   daughter-in-law
nuevamente   again
nueve   nine
nuevo   new
   de nuevo   again
el **número**   number

O

obedecer   to obey
el **objeto volador no identificado**   unidentified flying object
obligar a   to oblige (to)
la **obra**   work
   la **obra de teatro**   play
el **obrero**   worker

observar   to observe
el **obstáculo**   obstacle
obstinarse (en)   to insist (on, in)
obstruir   to obstruct
obtener   to obtain
el **occidente**   occident, west
octavo   eighth
ocultar   to hide
oculto   hidden
ocupado   busy
ocupar   to occupy, to busy
ocuparse de   to take care of, to be concerned
   with
ocurrir   to occur
el **oeste**   west
la **oferta**   offer, supply
la **oficina**   office
ofrecer   to offer
el **oído**   ear; hearing
oír   to hear
el **ojo**   eye
la **ola**   wave
oler (a) (o>ue)   to smell (like, from)
las **Olimpiadas**   Olympics
olvidar   to forget
omitir(se)   to omit, to be omitted
opinar   to have, to express an opinion
el **opio**   opium
oponerse a   to be opposed to
oprimir   to oppress
optar por   to opt for
opuesto (*p.p. of* **oponer**)   opposite
la **oración**   sentence; prayer
orbitar   to orbit
el **orden**   order, system
la **orden**   order, command
ordenar   to command, to put in order
organizar   to organize
el **orgullo**   pride
orgulloso   proud
el **origen**   origin
originar   to originate
el **oro**   gold
la **orquídea**   orchid
la **ortografía**   spelling
oscuro   dark, obscure
el **otoño**   fall, autumn
otorgar (un préstamo)   to grant (a loan)

el **otro**   other
OVNI   UFO
el **oyente**   auditor, hearer

P
padecer   to suffer
el **padre**   father
la **paella**   paella, dish of rice and seafood
pagano   pagan
pagar   to pay
   pagar al contado   to pay with cash
la **página**   page
el **pago**   pay
el **país**   country
   el **país en (vía de) desarrollo**   developing
   country
el **pájaro**   bird
la **palabra**   word
el **palacio**   palace
pálido   pale
la **pampa**   pampa, extensive plain
el **pan**   bread
la **panadería**   bread store, bakery
el **panecillo**   bread roll
los **pantalones**   pants
la **pantalla**   screen
el **papel**   role; paper
el **paquete**   package
el **par**   pair
la **parada**   stop
el **paraguas**   umbrella
paraguayo   Paraguayan
el **paraíso**   paradise
parar (de)   to stop
pardo   brown
parecer   to seem
   a (su) parecer   in (his/her/their) opinion
parecerse a   to resemble
parecido (*p.p. of* **parecer**)   similar, alike
la **pared**   wall
la **pareja**   couple
parentético   parenthetical
el **pariente**   relative
el **paro**   unemployment
el **parque**   park
la **parte**   part
   por otra parte   on the other hand
participar   to participate

el **participio**   participle
particular   private; particular
la **partida**   departure
partidario   partisan, follower
el **partido**   (political) party
partir   to leave
  a partir de   beginning with, starting from
pasado (*p.p. of pasar*)   past; last
el **pasaje**   passage, journey
el **pasaporte**   passport
pasar   to pass, to happen, to spend
  pasar a máquina   to type
  pasar de moda   to go out of style
  pasar la aspiradora   to vacuum
  pasar lista   to call roll
el **pasatiempo**   hobby, pastime, amusement
la **Pascua**   Easter, Passover
pasear (a caballo)   to ride (horseback)
el **paseo**   walk, drive
el **pasillo**   corridor, short step
pasivo   passive
el **paso**   step, pace
la **patria**   native land
el **patrón**   boss; pattern
patronal   patron (*adj.*)
el **pavo real**   peacock
el **payaso**   clown
la **paz**   peace
el **peatón**   pedestrian
el **pecado**   sin
el **pecador**   sinner
el **pecho**   chest
pedagógico   pedagogical, educational
el **pedazo**   piece
pedir (e > i)   to ask for
  pedir prestado (e > i)   to borrow
peinar(se)   to comb
el **peine**   comb
pelear   to fight
la **película**   film
el **peligro**   danger
peligroso   dangerous
la **pelota**   ball
la **peluquería**   barbershop
el **peluquero**   barber
la **pena**   sorrow
  valer la pena   to be worthwhile
  la **pena de muerte**   death penalty

el **pendiente** (*n., adj.*)   pending, hanging; earring
penetrar   to penetrate
el **pensamiento**   thought
pensar (en/de) (e > ie)   to think (about/of)
penúltimo   penultimate, second to last
peor   worse
la **pequeñez**   trifle; smallness
pequeño   small
perder (e > ie)   to lose
perderse (e > ie)   to get lost
la **pérdida**   loss
el **perdón**   pardon
el **peregrino**   pilgrim
perezoso   lazy
el **periódico**   newspaper
el **periodismo**   journalism
el **periodista**   reporter, journalist
el **perjuicio**   damage
permanecer   to remain
el **permiso**   permission
permitir   to permit
perseguir (e > i)   to pursue
persistir en   to persist (in)
el **personaje**   character
el **personal**   personnel
el **personero**   agent, spokesperson
persuadir   to persuade
pertenecer a   to belong to
el **perro**   dog
la **pesadilla**   nightmare
pesar   to weigh, to be heavy
  a pesar de   in spite of
la **pesca**   fishing
el **pescado**   fish
el **pescador**   fisherman
pescar   to fish
pésimo   very bad
el **peso**   weight; unit of money (Mexico, Argentina, etc.)
el **petróleo**   oil, petroleum
el **petrolero**   petroleum seller
peyorativo   pejorative, derogatory
el **pez**   fish
el **picante**   hot, spicy food (Peru, Bolivia)
el **pie**   foot
  a pie   on foot
  de pie   standing
la **piedra**   rock; stone

la **piel**   skin, hide
la **pierna**   leg
la **píldora**   pill
   Pinocho   Pinocchio
   pintar   to paint
el **pintor**   painter
la **pintura**   paint
la **pipa**   pipe
   pisar   to step
el **piso**   floor; apartment
el **pistolero**   gunman
la **pizarra**   blackboard
el **placer**   pleasure
   planear   to plan
el **planeta**   planet
el **plano**   (floor) plan; street map; plane
   en primer plano   in the foreground
el **planteamiento**   putting a plan into execution
   plantear   to state (a problem, argument, etc.)
la **plata**   silver
la **plática**   chat, conversation
   platicar   to chat, to converse
el **platillo volador**   flying saucer
el **plato**   plate
la **playa**   beach
el **plomo**   lead
el **pluscuamperfecto**   pluperfect
   Plutón   Pluto
la **población**   town; population
   poblar   to inhabit, to populate
   pobre   poor
la **pobreza**   poverty
   poco   little, few
   por poco   almost
   ***poder (o > ue)**   to be able to
el **poder**   power
   poderoso   powerful
el **poema**   poem
la **polémica**   polemic, dispute
el **policía**   policeman
la **policía**   police
   politécnico   polytechnic, providing training in
      the sciences
la **política**   politics
el **político** (*n., adj.*)   political; politician
el **polvo**   dust
el **pollo**   chicken
   ***poner**   to put, to place
   poner atención   to pay attention

   poner en marcha   to start up
   poner en órbita   to put in orbit
   ponerse a   to set oneself to, to begin to
   ponerse celoso   to become jealous
   ponerse de pie   to stand up
el **por ciento**   percent
la **porción**   portion
el **porvenir**   future
la **posada**   inn
   posarse   to stop, to settle
   poseer   to possess
la **postal**   postcard
el **postre**   desert
el **pozo**   well
   practicar   to practice
   preceder   to precede
el **precio**   price
   precioso   precious, valuable, excellent
   precisar   to be precise, exact
   preciso   precise, necessary
   ***predecir**   to predict
el **predicado**   predicate
   predominar   to predominate
   preferir (e > ie)   to prefer
el **prefijo**   prefix
la **pregunta**   question
   preguntar(se)   to ask; to wonder
   preguntar por   to ask for (someone)
   preguntón   inquisitive
el **prejuicio**   prejudice
   premiar   to award (a prize)
el **premio**   prize
la **prensa**   press
   preocuparse (de/por)   to be worried (about)
   preparado (*p.p. of* ***preparar***)   cultivated;
      prepared
   preparar   to prepare
el **preparativo**   preparation
   ***preponer**   to place before
   prescindir de   to do without
   presentar   to present
   preservar   to preserve
la **presión**   pressure
el **preso**   prisoner
el **préstamo**   loan
   prestar   to lend
   prestar atención   to pay attention
el **presupuesto**   budget
   pretender   to pretend, to claim

prevenir (e > ie)   to warn
*prever   to foresee
previo   previous, preview (*adj.*)
la primavera   spring
primero   first
   los primeros auxilios   first aid
el primo   cousin
el príncipe   prince
principiar a   to begin
el principio   principle; beginning
   al principio   in the beginning, at first
la prioridad   priority
privado   private
privar(le) de   to deprive (someone) of
probar (o > ue)   to try, to test
probarse (o > ue)   to try on
el proceso   process, trial
procurar   to procure, to obtain
producir   to produce
el productor   producer
la profecía   prophecy
la programación   programming
prohibir   to prohibit
la promesa   promise
Prometeo   Prometheus
prometer   to promise
el prometido   fiancé
promover (o > ue)   to promote
el pronombre   pronoun
el pronóstico   prediction, prognosis
pronto   ready, quick, promptly
   de pronto   suddenly
pronunciar   to pronounce
   pronunciar un discurso   to give a speech
la propaganda   advertisement, advertising
propagarse   to spread
propicio   propitious, favorable
la propiedad   property
el propietario   owner
la propina   tip
propio   own; suitable
*proponer   to propose
proporcionar   to furnish, to provide
el propósito   purpose
la propuesta   proposal, proposition, offer
proseguir (e > i)   to pursue, to continue
el protagonista   protagonist, hero
protagonizar   to cast as protagonist
proteger   to protect

protestar   to protest
*provenir de   to proceed or originate from
provocar   to provoke
próximamente   nearly, soon
proyectarse   to project
el proyecto   project
el psicoanalista   psychoanalyst
la psicología   psychology
psicológico   psychological
el psíquico   psychic
publicar   to publish
el pueblo   town; people
el puente   bridge
la puerta   door
el puerto   port
el puesto   post, position, job
puesto que   given that
la pulgada   inch
la pulsera   bracelet
el punto   point
   el punto de partida   point of departure
   el punto de vista   point of view
el pupitre   (student) desk
puro   pure

Q
quedar (en/por)   to agree (on)
quedarle (a uno)   to be left
quedarse   to stay, to remain
los quehaceres domésticos   chores
la queja   complaint
quejarse de   to complain (about)
quemar   to burn
*querer   to want
el queso   cheese
la quiebra   bankruptcy
químico   chemical (*adj.*)
quince   fifteen
quinientos   five hundred
quinto   fifth
quitarse   to take off

R
el radical   root
la raíz   root
la rama   branch
la rana   frog
el rango   rank
la rapidez   rapidity

raro rare, strange

el rato while

la ratonera mousetrap

la raya (hair) part; stroke

el rayo ray

la rayuela hopscotch

la raza race

la razón reason, right

razonable reasonable

reaccionar to react

real real; royal

el realista (n., adj.) realistic; realist

realizar(se) to fulfill, to bring to fruition

reanudar to renew, to resume

la rebaja discount, reduction

rebajar to discount

rebelarse to rebel

*recaer to fall (back)

recalentar to reheat

recargarse to recharge

la receta recipe, prescription

recibir to receive

recién recently

   el recién casado newlywed

   el recién llegado newly arrived (person)

reciente recent

recitar to recite

reclamar to claim, to demand

recoger to gather

   recoger la cosecha to harvest

recomendar (e > ie) to recommend

recompensar to recompense, to pay

reconfirmar to reconfirm

reconocer to recognize

recordar (o > ue) to remember, to remind

recorrer to pass over, to traverse

el recorrido run, sweep, distance traveled

recrear to recreate, to amuse

el recreo recreation

el rector rector, principal

el recuerdo memory, souvenir

los recursos naturales natural resources

recurrir to resort to

rechazar to reject

el redactor editor

la red nacional national network

redondo round

reducir to reduce

reemplazar to replace

el reencuentro second encounter

la reestructuración rearrangement; restructuring

referirse (i > ie) to refer (to)

la reflexión thought, reflection

reforzar (o > ue) to strengthen, to reinforce

el refrán proverb, refrain

el refugiado refugee

regalar to give a gift or present

el regalo gift, present

regar (e > ie) to water, to irrigate

regir (e > i)) to rule, to command

registrar to inspect, to examine, to register

registrarse to be registered or matriculated

la regla rule

el reglamento regulation

regresar to return

el regreso return

el reinado reign

reírse de (e > i) to laugh at/about

relacionar con to relate to, to be related to

relajado relaxed

el relato narration, report

el religioso (n., adj.) religious; monk; nun

el reloj clock

remediar to remedy

el remedio remedy, help, resource

remendar (e > ie) to mend

rendir(se) (e > i) to exhaust; to subdue; to overcome

renovar (o > ue) to renovate

la renuncia resignation

renunciar a to resign (from)

reñir (e > i) to scold

reparar en to notice

el repartidor delivery person

el reparto cast

repasar to review

la repatriación repatriation, return to one's country

repatriar to return to one's country

repente (de repente) suddenly

repetido repetitious

repetir (e > i) to repeat

el reportaje report

el representante representative

representar to represent

reprobar (o > ue) to fail, to rebuke

requerir (i > ie) to require

el requisito requirement

el resfriado cold

resguardarse   to take shelter
la **residencia estudiantil**   dormitory
resignarse a   to resign oneself to
resistirse a   to struggle (against)
resolver(se) a (o > ue)   to solve, to determine, to resolve oneself to
respetar   to respect
el **respeto**   respect
respirable   breathable, clear
resplandecer   to gleam, to shine
responder   to respond, to answer
la **respuesta**   answer, response
restringir   to restrict
el **resultado**   result
resultar   to result
el **resumen**   summary
resumir   to resume
retirar   to withdraw
reunir(se)   to meet (with); to reunite
revelar   to reveal
revisar   to revise, to review, to examine
la **revista**   magazine, journal
el **rey**   king
los **Reyes Magos**   Three Wise Men
rezar   to pray
rico   rich; delicious
el **riesgo**   risk
el **rincón**   corner
la **riña**   quarrel
el **río**   river
la **riqueza**   richness, abundance
la **risa**   laughter
el **ritmo**   rhythm
el **rito**   rite
el **robo**   robbery, theft
el **rocío**   dew
rodar(se) (o > ue)   to roll; to film
rodear   to encompass, to encircle; to surround
rogar (o > ue)   to beg
romper (a/con)   to break (off)
romper el compromiso   to break an engagement
ronco   hoarse
la **ronda**   round, night patrol
la **ropa**   clothing
la **ropa interior**   underwear
el **rostro**   face
el **rubí**   ruby
rubio   blond
el **ruego**   prayer, request

el **ruido**   noise
la **ruina**   ruin
el **rumbo**   direction
rumbo a   towards, in the direction of
ruso   Russian
la **ruta**   route
rutinario   routine

S

la **sábana**   (bed) sheet
***saber**   to know
el **saber**   knowledge
la **sabiduría**   wisdom
el **sabio**   wiseman
sacar   to take out
sacar notas   to get grades
el **sacerdote**   priest, clergyman
la **sacerdotisa**   priestess
sacrificar   to sacrifice
sagrado   sacred, holy
la **sala**   room
la **sala de clase**   classroom
la **sala de conferencias**   lecture room
la **sala de espera**   waiting room
la **salida**   exit
***salir (de)**   to leave, to go out
salir bien/mal en un examen   to do well/ poorly on an exam
salir con   to go out with, to date
el **salón**   living room
el **salón de belleza**   beauty salon
el **salón de exhibiciones**   exhibition hall
la **salsa**   Latin dance; sauce
saltar   to jump
la **salud**   health
saludar   to greet
el **saludo**   greeting
salvo (sano y salvo)   safe and sound
sanar   to cure, to heal
sangrar   to bleed
sano   healthy
el **santo**   saint
el **santuario**   sanctuary
la **sátira**   satire
***satisfacer** (*conj. like* **hacer**)   to satisfy
satisfecho   satisfied, content
el **sauce llorón**   weeping willow
el **secretario**   secretary
el **secreto** (*n., adj.*)   secret

secundario   secondary
la sed   thirst
la seda   silk
seguida (en seguida)   immediately
seguir (e>i)   to follow; to continue
según   according to; as
segundo   second
la seguridad   security; confidence; certainty
  la seguridad social   social security
seguro   secure; sure
el seguro   insurance
la selección   selection, choice
seleccionar   to select
la selva   forest; jungle
el semáforo   traffic light
la semana   week
el semanario   weekly publication
sembrar (e>ie)   to sow, to seed; to spread
semejante   similar, like; such
la semejanza   resemblance
el senador   senator
sencillo   simple
el sendero   path
sensato   judicious, wise
sensible   sensitive
sensual   sensuous
sentarse (e>ie)   to sit down
el sentido   sense; feeling
el sentido figurado   figurative sense
el sentimiento   sentiment, feeling; sensation
sentir (e>ie)   to feel; to perceive; to regret
sentir orgullo/vergüenza   to be proud/ashamed
  of
sentirse (e>ie)   to be moved; to be affected; to
  feel
la señal   sign, mark, signal
señalar   to mark; to point out
separar   to separate
séptimo   seventh
*ser   to be
  ser de   to be made of
  ser suspendido   to fail
el ser   existence, life, being, essence
el ser humano   human being
la serie   series
serio   serious
el servicio   service
el servidor   servant
servir de/para (e>i)   to serve; to act as; to be for

servirse de (e>i)   to make use of; to employ
el sexo   sex
sexto   sixth
sideral   sidereal, stellar
siempre   always
  siempre que   whenever; provided that
la siesta   afternoon nap
el siglo   century
el significado   meaning
significar   to signify, to mean
el signo   sign, mark
siguiente   following; next
la sílaba   syllable
el silencio   silence
silencioso   silent; still, quiet
la silla   chair
simbolizar   symbolize
la simbología   symbology
la simpatía   sympathy; congeniality
simpático   pleasant, nice
sin   without
  sin embargo   however, nevertheless
el sindicato   union
el sinónimo   synonym
Sísifo   Sisyphus
el sistema   system
el sitio   place, site
situar   to place
soberano   sovereign
sobornar   to bribe
sobrar   to exceed, to surpass, to be left over
sobrarle (a uno)   to have to spare
sobre   above, on
el sobre   envelope
sobrenatural   supernatural
*sobresalir   to excell, stand out
sobrevivir   to survive
la sobrina   niece
el sobrino   nephew
la sociedad   society
el socio   partner
socorrer   to assist, to aid
el socorro   aid, assistance, help
el sol   sun
solamente   only
el soldado   soldier
la soledad   solitude, loneliness
soler (o>ue)   to be in the habit
solicitado (p.p. of solicitar)   in good demand

solicitar   to solicit, to apply for
la **solicitud**   application, request
solo   alone
sólo   only
el **soltero**   unmarried; bachelor
solucionar   to solve
la **sombra**   shade; shadow, darkness
el **sombrero**   hat
el **sonido**   sound; noise
sonreír (e>i)   to smile
sonriente   smiling
la **sonrisa**   smile
soñar (con) (o>ue)   to dream (about)
la **sopa**   soup
soportar   to suffer, to bear
sorprendente   surprising
sorprender(se)   to surprise; to be surprised about
la **sorpresa**   surprise
la **sortija de compromiso**   engagement ring
*****sostener**   to support; to maintain
el **sótano**   basement
suave   smooth, soft
la **subida**   going up; elevation, rise
subir a   to go up, climb, mount
subordinar   to subordinate, to subject
suceder   to happen, to occur
sucesivo   successive, consecutive
el **suceso**   event, happening
sucio   dirty
la **sucursal**   branch (of a commercial house)
el **suegro**   father-in-law
el **sueldo**   salary
el **suelo**   floor; ground, soil
el **sueño**   sleep; dream
la **suerte**   luck; chance, hazard
el **suéter**   sweater
suficiente   sufficient
el **sufijo**   suffix
sufrir   to suffer, endure; to bear
sugerir (e>ie)   to suggest
el **sujeto**   subject, topic; individual
sumamente   chiefly, highly
sumergir(se)   to dive, to plunge
suministrar   to supply, to provide
superar   to overcome
la **superficie**   surface
superior   superior; upper; better
supervisar   to supervise
suplicar   to implore, to beg

*****suponer**   to suppose
suprimir   to suppress, to eliminate
supuesto (*p.p. of* **suponer**)   assumed; so-called
   por supuesto   of course
surgir   to come forth; to surge
suspender   to suspend; to stop
la **sustancia**   substance
el **sustantivo**   noun
sustituir   to substitute
el **sustituto**   substitute
el **susto**   scare, fright

T

el **tablero**   board
el **talonario de cheques**   checkbook
tallar   to carve
tamaño   size
también   also, too; as well
el **tambor**   drum
tampoco   neither
el **tanque**   tank
tanto   so much
   por lo tanto   therefore
la **tardanza**   delay; slowness
tardar (en)   to delay (in)
tarde   afternoon; late
la **tarea**   task, homework
la **tarifa**   price list, fare, rate
la **tarjeta**   card
   la **tarjeta de crédito**   credit card
   la **tarjeta postal**   postcard
el **taxi**   taxicab
la **taza**   cup
el **té**   tea
la **teatralización**   performance
el **teatro**   theatre
el **teclado**   keyboard
la **técnica**   technique
el **técnico** (*n., adj.*)   technical; technical expert;
   technician
la **tecnología**   technology
el **techo**   ceiling; roof
el **tejado**   roof
tejano   Texan
el **tejido**   texture, tissue; fabric
la **tela**   cloth, fabric
telefonear   to phone
el **telefonista**   telephone operator
el **teléfono**   telephone

el **telegrama**   telegram
la **telenovela**   soap opera
la **telepatía**   telepathy
el **televidente**   TV viewer
la **televisión**   television
el **televisor**   television set
el **telón**   curtain
el **tema**   theme
  temblar (e>ie)   to tremble, to shake, to shiver
el **temblor (de la tierra)**   earthquake
  temer   to fear
  temeroso   afraid, fearful
el **temor**   fear
la **tempestad**   storm
la **temporada**   season
  temporal   temporary, temporal
  temprano   early
la **tendencia**   tendency
  tenderse (e>ie)   to stretch oneself on the
      ground; to lay down
  *****tener**   to have
    tener calor/frío   to be hot/cold
    tener celos   to be jealous
    tener cuidado con/en   to be careful
    tener éxito   to succeed
    tener ganas de   to desire, to feel like
    tener hambre   to be hungry
    tener la culpa de   to be guilty
    tener lugar   to take place
    tener miedo de   to be afraid of
    tener prisa   to be in a hurry
    tener razón   to be right
    tener sed   to be thirsty
    tener sentido   to make sense
    tener sueño   to be sleepy
    tener vergüenza de   to be ashamed of
la **tentativa**   attempt
la **teoría**   theory
  tercero   third
la **terminación**   ending, completion
  terminar   to finish; to end
el **término**   end, ending
  terrenal   worldly, mundane
el **tesoro**   treasure
el **testigo**   witness
  tibio   warm
el **tiburón**   shark
el **tiempo**   weather; tense; time
la **tienda**   shop, store

la **tierra**   earth; land; soil; ground
el **tigre**   tiger
la **tilde**   accent mark (as in ñ)
la **timidez**   shyness
  tímido   shy
el **tío**   uncle
  típico   typical
el **tipo**   type; guy
la **tira cómica**   cartoon, comic strip
la **tiranía**   tyranny
el **tirano**   tyrant
  tirar de   to pull
el **titular**   headline
el **título**   title; heading; diploma
la **tiza**   chalk
la **toalla**   towel
el **tobillo**   ankle
el **tocadiscos**   record player
  tocar   to play; to touch
  tocarle (a uno)   to be one's turn
  todavía   still; yet; even
  todo   all, every
  todopoderoso   all-powerful
  tomar   to take; to drink
    tomar apuntes   to take notes
    tomar por   to take (mistake) for
la **tontería**   foolishness
  tonto   silly, foolish
  toparse con   to come across, to run into
el **tópico**   topic, subject
  torcer(se) (o>ue)   to twist
la **torta**   cake
la **torre**   tower
la **tortuga**   turtle, tortoise
  tosco   coarse, rough
el **trabajador** (*n., adj.*)   industrious; workman
  trabajar   to work
el **trabajo**   work; labor
el **trabalenguas**   tongue twister
  traducir   to translate
  *****traer**   to bring
el **tráfico**   traffic
la **tragedia**   tragedy
  trágico   tragic
la **traición**   treason, treachery
  traicionar   to betray
  traicionero   treacherous
el **traje**   dress, suit
la **trama**   plot

la **tranquilidad** tranquility, quiet
tranquilo quiet, calm
transcurrir to pass (time), to elapse
el **tránsito** traffic, transit, passage
transmitir to transmit
transportar to transport, to carry
el **transporte** transportation
el **trapo** rag
el **tratado** treaty
el **tratamiento** treatment
tratar (de) to try
tratarse de to be about
través (a través de) through
la **trayectoria** trajectory
el **trébol** clover
tremendo tremendous
el **tren** train
el **triángulo** triangle
la **tribu** tribe
el **tribunal** court of justice
el **trillizo** triplet
el **tripulante** crew member
tripular to man (a plane, a ship, etc.)
triste sad
triunfar to conquer; to triumph
el **triunfo** triumph, victory
el **trofeo** trophy
la **trompa** trunk of an elephant
el **tronco** trunk; stalk
la **tropa** troop
tropezar(se) con (e>ie) to stumble; to come
across
el **trote** jogging; trot
el **trozo** piece, chunk, fragment
el **truco** trick
el **trueno** thunder
el **tulipán** tulip
la **tumba** tomb
turbar to disturb, to disquiet
el **turno** turn

U

último last, latest; final
el **umbral** threshold
el **ungüento** unguent, salve
únicamente only, simply
único unique; only
la **unión** union, harmony
unir to join, connect

usar to use
el **uso** use; usage
el **usuario** having the sole use of a thing
usurpar to usurp
utilizar to utilize
la **uva** grape

V

las **vacaciones** vacation
vacilar en to hesitate, to vacillate
vago vague
*****valer** to cost; to be worth
más vale it is better
valer la pena to be worthwhile
valerse de to make use of
válido valid
el **valor** value; price; worth
valorar to value; to appraise
valorizar to value; to appraise
el **valle** valley
la **vanidad** vanity
el **vapor** vapor, steam
el **vaquero** cowboy
variar to vary, to change
la **variedad** variety
el **vaso** glass
el **vecindario** neighborhood
el **vecino** neighbor
el **vehículo** vehicle
la **vejez** old age
la **velada** evening
la **velocidad** velocity
el **vendedor** seller, vendor
vender to sell
venerar to venerate, to worship
*****venir** to come
la **venta** sale
la **ventaja** advantage
la **ventana** window
la **ventanilla** small window
*****ver** to see
el **verano** summer
veras (de veras) really
la **verdad** truth
verdadero true, real
la **verdura** greens, vegetables
el **verso** verse, poem
el **vestido** dress
vestir(se) (e>i) to dress, to dress oneself

la **vez**   turn, time
   a la vez   at the same time
   a su vez   in its turn
   a veces   sometimes
   de una vez por todas   once and for all
   de vez en cuando   from time to time; now and
     then
   en vez de   instead of
   por primera vez   for the first time
  viajar   to travel
el **viaje**   travel, trip
la **víbora**   snake
el **vicio**   vice
la **vida**   life
el **vidrio**   glass
  viejo   old; aged; ancient
el **viento**   wind
el **Viernes Santo**   Good Friday
  vietnamita   Vietnamese
  vigilar   to watch over, to keep guard
el **villancico**   Christmas carol
el **vinagre**   vinegar
el **vínculo**   tie, bond
el **vino**   wine
  violar   to violate; to rape
la **virtud**   virtue
el **virreinato**   viceroyship
el **visitante**   visitor
  visitar   to visit
la **víspera**   eve, day before
la **vista**   sight; vision; view

  vívido   vivid, bright
la **vivienda**   housing, dwelling
  vivir   to live
  vivo   alert; alive
la **vocal**   vowel
  volar (o>ue)   to fly
el **volcán**   volcano
la **voluntad**   will; goodwill
  volver (o>ue)   to turn; to return
   volver a + *inf.* (o>ue)   to do again
   volver la espalda (o>ue)   to turn one's back
  volverse (o>ue)   to become
el **votante**   voter
  votar por   to vote for
la **voz**   voice
el **vuelo**   flight
  la vuelta   turn; return
  vulgar   common, vulgar

Y
la **yerbabuena**   mint
el **yerno**   son-in-law

Z
  zambullir(se)   to dive
el **zapatero**   shoemaker
la **zapatilla**   slipper
el **zapato**   shoe
  zarpar   to set sail
el **zorro**   fox

Índice